U0871635

中国开放型经济税收发展研究报告（2017年度）

——全球合作应对BEPS背景下中国企业“走出去”税收问题研究

中国国际税收研究会　编

中国税务出版社

图书在版编目（CIP）数据

中国开放型经济税收发展研究报告. 2017 年度：全球合作应对 BEPS 背景下中国企业“走出去”税收问题研究/中国国际税收研究会编. -北京：中国税务出版社，2018. 7

ISBN 978-7-5678-0705-1

Ⅰ. ①中… Ⅱ. ①中… Ⅲ. ①税收管理-研究报告-中国-2017 Ⅳ. ①F812. 423

中国版本图书馆 CIP 数据核字（2018）第 128072 号

版权所有 · 侵权必究

书　　名：中国开放型经济税收发展研究报告（2017 年度）
——全球合作应对 BEPS 背景下中国企业“走出去”税收问题研究
作　　者：中国国际税收研究会　编
责任编辑：刘　菲　范竹青
责任校对：于　玲
技术设计：刘冬珂
出版发行：中国税务出版社
北京市丰台区广安路 9 号国投财富广场 1 号楼 11 层
邮政编码：100055
http：//www. taxation. cn
E-mail：swcb@ taxation. cn
发行中心电话：（010）83362083/86/89
传真：（010）83362046/47/48/49
经　　销：各地新华书店
印　　刷：北京天宇星印刷厂
规　　格：787 毫米×1092 毫米　1/16
印　　张：19. 25
字　　数：323000 字
版　　次：2018 年 7 月第 1 版　2018 年 7 月第 1 次印刷
书　　号：ISBN 978-7-5678-0705-1
定　　价：48. 00 元

如有印装错误　本社负责调换

本书编委会

主　　　编：王　力　张志勇

顾　　　问：郝昭成

副　主　编：伊　兵　廖体忠　赵兴玉　魏仲瑜　杨志强

执行副主编：靳东升

委　　　员：（按姓氏笔画排序）

王咏梅　王振华　刘　斌　孙玉刚

吴　燕　汪蔚青　张勤芬　陈　叶

周振家　赵书博　彭　宁　温晓杰

薛路生　冀彦明　臧传杰

前 言

2008年世界金融危机以后，世界经济持续低迷，一些国家财政入不敷出，有些跨国公司利用复杂的公司结构和国际避税地，运用高级的避税工具转移利润，产生税基侵蚀与利润转移（Base Erosion and Profit Shifting，BEPS），导致国际双重不征税的结果，并越来越受到国际社会的普遍关注。针对该问题，2012年6月，二十国集团（Group 20，G20）财长和央行行长会议一致认同，利用各国之间的合作来应对当前BEPS问题的挑战，同时委托经济合作与发展组织（Organization for Economic Co-operation and Development，OECD）对相关问题进行研究。OECD于2013年2月发布了《应对税基侵蚀与利润转移》（Addressing Base Erosion and Profit Shifting）报告，并于同年6月发布了《税基侵蚀与利润转移行动计划》（Action Plan on Base Erosion and Profit Shifting，AP-BEPS，以下简称BEPS行动计划），7月正式向G20财长会议提交了15项BEPS行动计划，相应设定了时间表和路线图，9月在G20圣彼得堡峰会上得到各国领导人背书。[①] 2015年11月，G20领导人峰会正式批准了所有15项成果报告。BEPS行动计划按照“税收与实质经济活动和价值创造相匹配”的原则来创新国际税收新规则，重建国际税收新秩序，标志着近百年来最大规模的一次国际税收规则重塑取得了重大进步，被誉为“百年来国际税收领域根本性变革”。[②]

BEPS行动计划标志着国际税收由“务虚”向“务实”的转变，是近百年来国际税收领域的重大改革，将会推动世界各国税制改革

---

① 中国国际税收研究会. 世界税收发展研究报告2014［M］. 北京：中国税务出版社，2014：264—274.

② 中国国际税收研究会. 世界税收发展研究报告2016［M］. 北京：中国税务出版社，2016：1.

相应同步变化，有利于在全球范围内营造更加公平的国际税收环境。BEPS 行动计划自 2015 年实施以来，得到越来越多的国家的认同，目前已有 60 多个国家积极参与。

面对国际税收近百年来的首次重大变革，我国须客观评估此轮国际税改带来的挑战和机遇，立足于我国当前兼具居住地国和来源地国双重身份这一税收地位，从国内法和税收协定两个层面完善我国的国际税收管理体系。我国高度重视 BEPS 行动计划成果在国内层面的转化，积极参与国际税收新规则的制定。2015 年 10 月 12 日，习近平总书记主持中共中央政治局第二十七次集体学习时强调：“要推动变革全球治理体制中不公正不合理的安排，推动国际货币基金组织、世界银行等国际经济金融组织切实反映国际格局的变化，特别是要增加新兴市场国家和发展中国家的代表性和发言权，推动各国在国际经济合作中权利平等、机会平等、规则平等，推进全球治理规则民主化、法治化，努力使全球治理体制更加平衡地反映大多数国家意愿和利益。”[①] 我国政府参与国际税改行动，不仅修订了一系列的税收管理措施，而且在 2017 年 6 月 7 日与 67 个国家和地区的政府代表共同签署了《实施税收协定相关措施以防止税基侵蚀和利润转移的多边公约》（以下简称《BEPS 多边公约》），这一举措标志着我国已初步落实 BEPS 行动计划并取得较大成果。

值得一提的是，虽然 BEPS 行动计划的主要目的是对公司利润征税规则的改进，但是这些应对措施一旦广泛采取，必然对其他税种及跨国征管，对整个国际税收规则的重塑，以及对“走出去”企业税收风险的防范等，产生极为重要的影响。在我国推动“一带一路”倡议的背景下，越来越多的企业“走出去”。如何进一步了解和掌握 BEPS 行动计划的要义和目标要求，懂得在全球合作应对 BEPS 背景下，更好地实施“走出去”战略，不仅对于国际税收领域的专家学者和实务工作者很有必要，而且对“走出去”企业更加

① 源自中央政府门户网站：www.gov.cn。

重要。基于上述认识，中国国际税收研究会研究确定《中国开放型经济税收发展研究报告（2017 年度）》的年度研究专题为《全球合作应对 BEPS 背景下中国企业“走出去”税收问题研究》。

本课题由中国国际税收研究会副秘书长靳东升担任课题组组长及执行副主编。课题组成员包括：中国铁路总公司陈叶，北京大学副教授王咏梅，中国税务出版社刘淑民，首都经济贸易大学教授赵书博，上海交通大学海外教育学院税务教研组前组长汪蔚青，上海市国家（地方）税务局吴燕、张勤芬，大连市国际税收研究会臧传杰，中国国际税收研究会冀彦明。

《全球合作应对 BEPS 背景下中国企业“走出去”税收问题研究》的撰写工作是在中国国际税收研究会的组织下，经过课题组成员的共同努力完成的。课题组分工如下：靳东升、陈叶和王咏梅承担全书的总纂。每部分分别由不同人员执笔，前言由靳东升执笔，报告概要由陈叶执笔，第一部分由汪蔚青、吴燕和张勤芬执笔，第二部分至第四部分由王咏梅执笔，第五部分由赵书博执笔，附录由臧传杰执笔。冀彦明为课题研究的顺利进行做了大量联系协调和稿件整理工作，做出了积极贡献。中国税务出版社刘淑民编审为本研究报告出版付出了辛勤劳动。黑龙江省国家税务局、上海市国家（地方）税务局，以及大连市地方税务局等单位对本研究报告的撰写工作也给予了大力支持。

在此，向所有为本报告的出版给予大力支持的单位和个人表示衷心感谢！由于水平有限，本报告难免存在疏漏之处，敬请读者批评指正。

中国国际税收研究会课题组

2017 年 12 月

报告概要

当前，经济的全球化和跨国企业（Multi-national Enterprises，MNEs）实施激进的税收筹划使国际 BEPS 愈加激烈。BEPS 本义是指跨国企业利用国际税收规则存在的不足及各国税制差异和征管漏洞，将利润转移到只有少量经济活动或没有经济活动的低税率或零税率国家或地区，以最大限度地减少其全球的总体税负，甚至达到双重不征税的效果，造成对资本输出或价值创造地相关国家税基的侵蚀。[①]

自 2015 年 11 月 G20 领导人峰会正式批准所有 BEPS 行动计划的 15 项成果报告以后，越来越多的国家对 BEPS 问题达成共识。2017 年 6 月 7 日，中国国家税务总局局长和来自 67 个国家和地区的代表签署了《实施税收协定相关措施以防止税基侵蚀和利润转移的多边公约》（《BEPS 多边公约》）。《BEPS 多边公约》旨在迅速修订双边税收协定以实施与税收协定相关的 BEPS 行动计划的建议，它的签署是税收协定发展历史上的重要里程碑，开始了国际税收协定的新格局。

BEPS 行动计划作为百年来国际税收领域的重大突破，是一种重要的国际税收协调机制，旨在完善国际税收规则、制止跨国企业规避全球纳税义务、打击侵蚀各国税基行为。BEPS 行动计划的基本目标和核心意义是通过协调各国税制，修订税收协定和转让定价国际规则，提高税收透明度和确定性，以应对跨国企业税基侵蚀和

---

① 温彩霞，刘嘉怡，于嘉音，等. 积极参与国际税收改革——国家税务总局公布 G20 税基侵蚀和利润转移项目 2014 年成果［J］. 中国税务，2014（12）.

利润转移给国际税收公平秩序带来的挑战，在全球范围内推动建立国际财税新秩序新规则以实现反国际避税。①

本研究报告从 BEPS 行动计划的背景与内涵入手，分析了 BEPS 行动计划对政府和“走出去”企业带来的机遇与挑战，阐述了 BEPS 行动计划参与国的落实措施。通过介绍 BEPS 行动计划在中国成果转化现状，提出 BEPS 背景下中国企业“走出去”的应对策略和建立“走出去”税收风险防范体系的具体建议，最后对我国税务机关支持企业“走出去”提出了具体政策建议。报告共分五个部分：

第一部分介绍 BEPS 行动计划的背景与内涵，以及带来的机遇与挑战。首先，在当前经济全球化和跨国企业实施激进的税收筹划的背景下，BEPS 行动计划能够重构国际税收规则，规避全球范围内各个国家单独采取行动引发的对跨国公司的双重征税、双重不征税，以及对国际经济复苏的伤害。通过简要介绍 15 项 BEPS 行动计划的内容，重点分析 BEPS 行动计划的核心是反避税和重塑国际税收新秩序。其次，从政府和企业两个方面分别分析实施 BEPS 行动计划带来的机遇与挑战。对所有参与政府来说，BEPS 行动计划意味着一个全新的国际税收规则体系重塑成型，各国特别是发展中国家可提高话语权、融入国际税收体系；对于“走出去”企业来说，则需要通过提高全球信息披露要求、更新关联方交易定价规则、规范税收协定优惠享受等方式，真正达到维护国家利益、提高经济发展水平的最终目标。

第二部分搜集整理并阐述包括 G20 成员、“一带一路”沿线国家及地区和传统避税地在内的各个 BEPS 行动计划参与国家（地区），对 BEPS 行动计划各项目的落实措施。G20 成员作为 BEPS 行动计划的主要背书方，在执行过程中承担着更重要的义务，大多数国家都在致力于推进 BEPS 行动计划，展现出 G20 较强的凝聚力。

① 颜洪立. 税基侵蚀和利润转移对我国税收的影响——以北京市朝阳区地方税务局为例［J］. 税收征纳，2017（1）：10-11.

在新的国际形势下，各国急需达成反避税共识，并运用国际税收竞争协调的双重性进行反避税合作，实现经济发展中的协调和平衡，建立公正、合理的国际经济新秩序。

第三部分阐述BEPS行动计划在中国成果转化情况。中国作为OECD合作伙伴身份参与BEPS行动计划，高度重视BEPS行动计划成果在国内的转化。2015年BEPS行动计划最终报告颁布以来，中国国家税务总局出台了许多跨境税收相关政策，税收征管体制改革也随之不断深化。BEPS行动计划项目对中国有深远的影响和积极的现实意义，需要按照BEPS行动计划项目在中国进行成果转化的相关原则，在已有成果的基础上，结合中国的实际继续深化BEPS行动计划成果转化，建立跨国企业的税务风险监控和应对机制，参与和引领国际税收秩序重构和全球经济的复苏与健康发展。

第四部分从策略层面和操作层面提出BEPS背景下中国企业"走出去"的应对策略，以及建立"走出去"税收风险防范体系的具体建议。策略层面，中国跨国企业应建立全球化战略体系，梳理和重构价值链信息，制定"走出去"风险防范应对体系；操作层面，中国跨国企业应关注国际税收规则的新发展，同步开展运营模式的转型，制定税务风险管控模式和长期税务人才战略目标，建立全球转让定价政策架构和全球纳税管理信息申报体系，遵守BEPS行动计划转让定价资料合规性要求，恰当运用国内和国际税收框架下的救助机制。对照BEPS行动计划，本部分逐一提出中国跨国企业的具体应对方案。中国企业"走出去"的过程中，面临着来自税收政策和自身管理、运营和财务等方面的风险。除了向当地税务部门和税务组织寻求帮助和调解外，更重要的是"走出去"企业应当通过深入研究并缜密规划、合理运用税收协定。税务部门应建立高效的税务风险管理体系，积极主动应对BEPS时代的税务风险，为企业"走出去"保驾护航。

第五部分对我国税务机关在BEPS背景下支持企业"走出去"提出具体政策建议。我国税务部门应当顺应BEPS时代企业"走出去”的新形势，加快谈签与修订税收协定的步伐，充分发挥相互协商程序的作用，加强全球税收合作，不断提升税务管理与服务水平，为“走出去”企业提供稳定、透明、可预期的税收环境。同时应进一步加强“走出去”企业境外所得税管理，防止国际逃避税，启动相互协商程序，保护企业享受税收公平待遇，降低企业跨国经营风险。

为更具实用性和指导性，本报告增加了附录，方便读者查阅和比较。其中，附录1是BEPS行动计划一揽子报告的项目概述；附录2是中国签订的税收多边公约；附录3是中国签订的避免双重征税协定（安排）；附录4收集了“走出去”企业的国际税收案例；附录5是英文缩略语，便于读者检索。

目 录

1. BEPS 行动计划带来的机遇与挑战 …… 1

1.1 BEPS 行动计划的背景和意义 …… 1

1.1.1 国际政治博弈推动了 BEPS 行动计划 …… 2

1.1.2 应对 BEPS 达成国际合作的共识 …… 3

1.1.3 国际税收秩序发展新阶段的要求 …… 4

1.1.4 大数据时代使变革成为可能 …… 5

1.1.5 BEPS 行动计划的意义 …… 5

1.2 BEPS 行动计划的内容概要 …… 6

1.2.1 BEPS 行动计划的基本框架 …… 6

1.2.2 BEPS 行动计划的基本内容 …… 7

1.3 BEPS 行动计划的影响及作用 …… 21

1.3.1 BEPS 行动计划框架集中体现反避税 …… 22

1.3.2 领袖合作实施新规则 …… 22

1.3.3 重塑国际税收新秩序 …… 23

1.4 BEPS 行动计划带来的机遇与挑战 …… 25

1.4.1 百年国际税收规则新变革 …… 25

1.4.2 增强国际税收一致性 …… 25

1.4.3 追求国际税收公平 …… 26

1.4.4 增加国际税收行政负担 …… 26

1.4.5 难以达成共识 …… 27

1.5 中国面临的机遇与挑战 …… 28

1.5.1 参与重建国际税收规则 …… 28

1.5.2 参与国际税收再分配 …… 29

1.5.3 争取国家话语权 …… 31
1.5.4 融入国际税收体系 …… 31
1.5.5 实质征税原则有利于维护我国权益 …… 32
1.5.6 现实国情国力与国际社会的差距 …… 32
1.5.7 履行国际税收义务的压力 …… 33
1.6 中国“走出去”企业的机遇与挑战 …… 33
1.6.1 全球信息披露要求的提高 …… 33
1.6.2 更新关联方交易定价规则 …… 35
1.6.3 规范税收协定优惠享受 …… 35
1.6.4 完善受控外国公司征管法规 …… 35
1.6.5 拓展常设机构定义范围 …… 36
1.6.6 限制境外融资费用税前扣除 …… 37

2. BEPS行动计划参与国家（地区）落实措施 …… 38

2.1 G20成员的落实措施 …… 38
2.2 “一带一路”沿线国家（地区）的落实措施 …… 56
2.3 其他国家（地区）的落实措施 …… 68
2.3.1 区域经济合作反避税 …… 68
2.3.2 传统避税地应对BEPS行动计划 …… 68
2.4 落实措施综述 …… 70
2.4.1 国家之间的税收利益博弈 …… 70
2.4.2 国家与跨国企业之间的税收利益博弈 …… 71

3. BEPS行动计划在中国的转化情况 …… 73

3.1 BEPS行动计划对中国的积极影响 …… 73
3.1.1 有利于推动中国深化税制改革 …… 73
3.1.2 有利于更广泛地参与国际税收合作 …… 74
3.1.3 有利于保护中国的税基 …… 74
3.1.4 有利于为跨境交易提供透明的税收环境 …… 75
3.1.5 有利于推动“一带一路”建设 …… 75

3.2 中国已经落实的BEPS行动计划成果 …… 76
3.2.1 中国单独采取的措施 …… 76
3.2.2 中国参与的双边及多边措施 …… 77

4. BEPS行动计划背景下中国企业“走出去”应对策略 …… 79
4.1 BEPS行动计划背景下的税收风险 …… 79
4.1.1 企业在投资环节存在的税收风险 …… 79
4.1.2 企业在融资阶段的税收风险 …… 80
4.1.3 全球供应链管理的税收风险 …… 81
4.1.4 企业在投资退出阶段的转让定价风险 …… 83
4.1.5 BEPS行动计划新增的税收风险 …… 84
4.2 税收风险防范的具体措施 …… 85
4.2.1 财税经理人时刻关注各国税收变动 …… 85
4.2.2 财税经理人具有全局意识，做好税务风险管理 …… 86
4.2.3 针对企业发展各阶段做出及时应对 …… 87
4.2.4 深入研究并缜密规划税收管理 …… 88
4.2.5 合理运用税收协定降低企业的税赋成本 …… 95
4.2.6 高效专业的税务风险管理 …… 96
4.2.7 全球化配置业务团队和税务团队 …… 96
4.2.8 对境外税收风险实行生命周期管理 …… 98
4.3 策略层面应对措施 …… 106
4.3.1 构建全球化战略体系 …… 106
4.3.2 梳理和重构价值链信息 …… 109
4.3.3 建立税收风险防范体系 …… 113
4.4 操作层面应对措施 …… 117
4.4.1 建立控股公司架构及全球共享中心 …… 117
4.4.2 制定税务风险管控模式 …… 119
4.4.3 制定国际化人才的培养机制 …… 120
4.4.4 建立全球转让定价政策架构 …… 122
4.4.5 建立全球纳税管理信息申报体系 …… 123
4.4.6 做好“三级文档”的合规性准备工作 …… 124

4.4.7 运用税收框架下的救助机制 …… 126
4.5 应对BEPS行动计划的具体方案 …… 128
4.5.1 方案1：应对数字经济的税收挑战（第1项行动计划） …… 129
4.5.2 方案2：消除混合错配安排的影响（第2项行动计划） …… 130
4.5.3 方案3：制定有效的受控外国公司规则（第3项行动计划） …… 132
4.5.4 方案4：对利息扣除的税基侵蚀予以限制（第4项行动计划） …… 133
4.5.5 方案5：更有效地打击有害税收实践（第5项行动计划） …… 134
4.5.6 方案6：防止税收协定优惠的不当授予（第6项行动计划） …… 135
4.5.7 方案7：防止人为规避构成常设机构（第7项行动计划） …… 136
4.5.8 方案8：确保转让定价结果与价值创造相匹配（第8项—第10项行动计划） …… 137
4.5.9 方案9：衡量和监控BEPS（第11项行动计划） …… 138
4.5.10 方案10：强制披露规则（第12项行动计划） …… 139
4.5.11 方案11：转让定价文档和国别报告（第13项行动计划） …… 140
4.5.12 方案12：使争端解决机制更有效（第14项行动计划） …… 142
4.5.13 方案13：多边工具（第15项行动计划） …… 142

5. 支持中国企业“走出去”的税收政策建议 …… 144

5.1 加强全球税收合作 …… 144
5.1.1 根据《税收征管互助公约》加强征管合作 …… 144
5.1.2 利用国际联合信息分享与协作特别工作组开展反避税工作 …… 146

5.1.3 利用亚洲税收管理与研究组织加强与亚洲国家的合作 …… 148
5.1.4 利用欧洲税收管理组织向欧洲国家学习 …… 149
5.1.5 加强与金砖国家的合作 …… 149
5.1.6 增加外派税务代表的规模 …… 150
5.1.7 加强税收情报的交换与分析 …… 151
5.2 加快谈签与修订税收协定的步伐 …… 156
5.2.1 根据经贸关系谈签新的税收协定 …… 157
5.2.2 在交通协定基础上谈签新的税收协定 …… 164
5.2.3 争取降低一些税收协定中的预提税税率 …… 164
5.2.4 尽量统一国有金融机构利息免税的条款 …… 167
5.2.5 根据相互投资情况设计税收饶让条款 …… 168
5.2.6 根据《BEPS 多边公约》修订税收协定 …… 169
5.3 充分发挥相互协商程序的作用 …… 171
5.3.1 鼓励更多企业用相互协商程序维护权益 …… 172
5.3.2 加快相互协商程序结案速度 …… 176
5.3.3 提升相互协商程序的处理效果 …… 179
5.4 不断提升税务服务与管理水平 …… 181
5.4.1 对“走出去”企业实施分级管理 …… 181
5.4.2 提升政策应用水平 …… 182
5.4.3 对企业实施税收风险指引 …… 183
5.4.4 培养国际税收专门人才 …… 187
5.5 构建友好型税制 …… 187
5.5.1 提高税收法律层次 …… 188
5.5.2 降低企业所得税税率 …… 188
5.5.3 引入总部税收优惠 …… 191
5.5.4 完善消除国际双重征税的办法 …… 194

结束语 …… 196
附录 1 BEPS 行动计划一揽子报告的项目概述 …… 197
附录 2 中国签订的税收多边公约 …… 203

附录 3　中国签订的避免双重征税协定（安排） …………………… 264
附录 4　“走出去”企业国际税收案例 ………………………………… 274
附录 5　英文缩略语 …………………………………………………… 283
参考文献………………………………………………………………… 285

1. BEPS 行动计划带来的机遇与挑战

当前的国际税收秩序正面临全球化和数字化经营模式所带来的技术挑战，以及国际政治经济格局演变所带来的规则主导权挑战。G20 和 OECD 主导的 BEPS 行动计划意味着近百年来传统的国际税收秩序将历经其形成起的第一次重大变革。此次变革从应对数字经济挑战、加强各国所得税制协调、修订传统税收规则、提高税收信息透明度和完善税收争端解决机制五个方面重塑国际税收秩序。被誉为“百年来国际税收领域根本性变革”的 BEPS 行动，已引起了全世界商界、政府和学术界广泛而持续的关注。

1.1 BEPS 行动计划的背景和意义

税收在国家之间如何分配，即跨国经济活动中的税基划分关系，是国际税收秩序处理的中心问题。在经济全球化的背景下，跨国经济活动所带来的收入国际化已经成为一种常态，BEPS 对各国经济利益的影响因而也越来越显著。[①] BEPS 本义是指跨国企业利用国际税收规则存在的不足，以及各国税制差异和征管漏洞，将利润转移到只有少量经济活动或没有经济活动的低税率或零税率国家或地区，以最大限度地减少其全球总体的税负，甚至达到双重不征税的效果，造成对各国税基的侵蚀。BEPS 愈演愈烈，引起了全球政治领袖、媒体和社会公众的高度关注。为此，2012 年 6 月，G20 财长和央行行长会议同意通过国际合作应对 BEPS 问题，并委托 OECD 开展研究。2013 年 6 月，OECD 发布《税基侵蚀与利润转移行动计划》（《BEPS 行动计划》），并

① 张泽平. 全球治理背景下国际税收秩序的挑战与变革 [J]. 中国法学，2017 (3).

于当年 9 月在 G20 圣彼得堡峰会上得到各国领导人背书。①

各国对于 BEPS 项目相关工作的关注和积极参与前所未有，超过 60 个国家直接参与了技术小组，而更多国家则通过区域性对话积极参与对各项报告的评论。各个区域性税收组织，如非洲税收征管论坛（African Tax Administration Forum，ATAF）、税务部门负责人会晤与研究中心（Exchange and Research Center for Leaders of Tax Administration，CREDAF）及美洲税收管理组织（Inter-American Center of Tax Administration，CIAT）等与国际货币基金组织（International Monetary Fund，IMF）、世界银行（World Bank，WB）及联合国（United Nations，UN）等国际性组织一同致力于应对 BEPS 的相关工作。包括企业和社会团体在内的其他相关方面纷纷提出意见和建议。通过 11 次公开咨询和多次网络直播（超过 40000 人次浏览），OECD 就其 23 个讨论稿一共收集了超过 12000 页的建议。②

2017 年 6 月 7 日，包括中国香港在内的 67 个国家和地区的代表签署了广受全球预期的《实施税收协定相关措施以防止税基侵蚀和利润转移的多边公约》（《BEPS 多边公约》）。随后，多个国家（地区）相继签署或承诺签署上述公约。至此，BEPS 行动计划实施步伐不断加快，影响力也越来越大。

从实际内容来看，BEPS 行动计划实际上是反 BEPS（Anti-BEPS）行动计划，即反对税基侵蚀与利润转移的计划。BEPS 行动计划作为百年来国际税收领域的重大突破，受到了发达国家和发展中国家的普遍认可和高度重视，是完善国际税收规则、遏制跨国企业规避全球纳税义务、打击侵蚀各国税基行为的重要的国际税收协调机制。③

1.1.1 国际政治博弈推动了 BEPS 行动计划

经济全球化是当今国际时代潮流中最突出和最重要的特征和趋势，是世界生产力发展和科技进步到现今阶段的必然结果。而当今经济全球化主要是贸易自由化、投资国际化、金融一体化、生产要素流动全球化等。在全球化

① 河北财税联盟. 税务总局发布 G20 税基侵蚀和利润转移项目 2014 年成果.

② 经济合作与发展组织. OECD/G20 税基侵蚀和利润转移（BEPS）项目 2015 年成果最终报告（Ⅰ）[M]. 国家税务总局国际税务司，译. 北京：中国税务出版社，2016：7-8.

③ 邓力平，邓秋云. 对我国参与 BEPS 行动计划的三点看法 [J]. 国际税收，2016（12）.

进程中，各国开放程度越来越高，经济依存度不断提高，市场自由化程度也越来越高。经济全球化使世界各国的经济联系在一起，这在促进各国经济合作的同时，也使得一国的经济波动可能殃及他国，甚至影响全世界，加剧了全球经济的不稳定性，尤其对发展中国家的经济安全构成了极大的威胁，所以说经济全球化也意味着“风险全球化”。①

数字经济的出现进一步加快了世界范围内资源的配置，为各国经济提供更加广阔的发展空间。但是，当前数字经济实质上是由发达资本主义国家主导的。它们掌握着推动经济全球化趋势的现代信息技术，主导着世界市场的发展，左右着国际经济活动的游戏规则。这种经济全球化使世界经济发展更加不平衡，两极分化更加严重。2008 年美国次贷危机引发全球金融危机，造成全球实体经济和虚拟经济双双下跌，各国政府的税收收入大幅减少②，企业破产数量增加，产业和经济结构出现了国际性大调整，加剧国际经济发展的不平衡，一些主权国家原有的税基受到侵蚀，造成了国家间国际税收竞争的紧张关系，弱化了主权国家在国际经济条件下的税收能力。

在新经济主导的世界形势下，固有的经贸、投资、货币领域的国际协同合作已经不能适应全球化进程，各国几乎同时意识到建立国际财税新秩序的紧迫性，通过打造 BEPS 行动计划作为突破口来实现制度创新。

国际政治关系的发展对推动 BEPS 行动计划起到了重要作用。竞争与合作永远都是国际政治关系的主旋律，相比其他利益和矛盾更为敏感、棘手的领域而言，各国更愿意联手打击流动性资本的国际逃税避税行为，在原有基础上加强合作，寻求制约跨国逃税行为的国际税收新规则。③

1.1.2 应对 BEPS 达成国际合作的共识

避税与反避税总是在相互博弈过程中不断发展和变化。一方面，随着经济全球化的发展，生产要素跨境流动日益便捷，国际税收竞争日趋激烈，为跨国公司寻求避税提供了方便的土壤。另一方面，2008 年国际金融危机后，许多国家特别是经济发达国家出现财政困难，打击国际避税成为诱人的政策选项。在此背景下，加强国际反避税合作成为 G20 领导人关注的重要议题之

①② 王德明. 对外贸易与国家安全 [J]. 试题与研究，2011 (25).

③ 邓力平，邓秋云. 对我国参与 BEPS 行动计划的三点看法 [J]. 国际税收，2016 (12).

一。2009 年 4 月，G20 伦敦峰会提出要对不愿进行税收信息交换的避税区采取措施；2011 年 11 月，G20 戛纳峰会推动签署《多边税收征管互助公约》；2013 年 9 月，G20 圣彼得堡峰会承诺将实施自动情报交换以提高税收透明度，并委托 OECD 启动研究消除 BEPS 的 15 项行动计划；2014 年 7 月，OECD 对外发布了《金融账户涉税信息自动交换标准》；2014 年 11 月，G20 布里斯班峰会，通过了该标准；2015 年 10 月 5 日，OECD 正式发布 BEPS 15 项行动计划的研究成果；10 月 8 日，得到 G20 财长与央行行长秘鲁利马会议审议通过，11 月在 G20 安塔利亚峰会得到与会领导人批准。

可见，BEPS 行动计划的提出、研究的开展和成果的落实，都反映了国际社会加强国际反避税合作的共识。无疑，在 G20 的有力推动下，BEPS 行动计划将在今后一个时期引领国际反避税的发展趋势。[①]

1.1.3 国际税收秩序发展新阶段的要求

国际税收秩序的变化是以经济全球化不同发展阶段的要求为背景的。初期的全球化是基于殖民扩张、占有领土、资源掠夺等，一般来说在税收上的国际争议较少。最初的或第一阶段的国际税收协调是从第一次世界大战后出现的，特点是建立起限制来源国征税权，促进资本跨境流动的国际税收秩序。第二阶段的国际税收协调是从 1948 年 1 月 1 日《关税及贸易总协定》（General Agreement on Tariffs and Trade，GATT）生效开始，主要与当时全球化经济自由贸易相对应，国际税收协调主要表现为关税和贸易环节的税收谈判。[②]

与以往不同的是，当前的国际税收协调处于高水平的全球化阶段，跨境投资创造的价值大于跨境贸易创造的价值。国际税收协调主要表现为投融资领域生产经营所得税收的协调和税后利润分配的税收协调。税收成为影响国际经济合作、国际收支平衡甚至国际投资头寸的首要因素，税收政策与汇率政策、利率政策深入互动，影响全球投资损益，关乎全球价值创造、GDP 和全球财富分配等。[③]

跨国企业激进的税收筹划，既规避来源国税收，也规避居民国税收，也

---

① 龚辉文. 对 BEPS 行动计划及其成果的若干认识［N］. 中国财经报，2016-07-12.

②③ 廖体忠. 国际税收协调的又一里程碑［J］. 国际税收，2017（6）.

就是收入在任何一个国家不缴税或少缴税，因而居民国和来源国的税基都被侵蚀，利润被转移到了低税率或免税国家和地区，造成国际税收失衡。据第 11 项行动计划的初步报告，2014 年全球因 BEPS 导致的税收流失 1000 亿～2400 亿美元，相当于全球企业所得税总额的 4%～10%。而且，实证研究发现，由于 BEPS 的存在，实施激进税收筹划的跨国企业获得不正当的竞争优势，强化对公司债权的依赖，使投资流向错误的目的地，影响了对部分急需的公共基础设施的财政支持。

1.1.4 大数据时代使变革成为可能

从客观上看，经济全球化发展以及 BEPS 形势的严重，使得重建国际税收秩序显得更加迫切。从主观机制上来讲，世贸组织等一些国际性组织已经积累了一些国际税收合作成功的经验，国际上已经具备了各个国家之间开展国际税收合作的基础。G20 和 OECD 等国际组织和机构，联系和带动各个国家的组织作用和能力已经显现。加上科学技术进步和大数据时代的到来，为国际税收合作提供了技术基础。实施 BEPS 行动计划，重构国际税收新秩序成为可能。

1.1.5 BEPS 行动计划的意义

BEPS 行动计划遵循的根本原则为：利润在经济活动发生地和价值创造地征税。BEPS 行动计划的目标在于：堵塞国际税收规则漏洞，防止跨国企业以合法方式通过人为筹划向低税或者无税区域转移利润。

BEPS 行动计划的实质是国际政治、经济、贸易乃至文化碰撞融合的一个投影，其影响不局限于税收本身。在全球范围内推动建立国际财税新秩序新规则，是 BEPS 行动计划的基本目标之一。① 总体来讲，BEPS 行动计划是对国际税收标准进行的重大变革。这次变革不仅仅是应对 BEPS 问题，同时也是为了确保现行跨境交易的国际税收框架和消除双重征税的可持续性。国际税收秩序的重塑，建立新的规则，这是 BEPS 行动计划的核心意义所在。②

① 主编视点 [J]. 国际税收，2016 (12).

② 经济合作与发展组织. OECD/G20 税基侵蚀和利润转移（BEPS）项目 2015 年成果最终报告（Ⅰ）[M]. 国家税务总局国际税务司，译. 北京：中国税务出版社，2016：9.

1.2 BEPS 行动计划的内容概要

BEPS 行动计划内容非常丰富，汇集了 OECD 专家多年的研究成果，收集了国际税收领域相当丰富的实际情况。

1.2.1 BEPS 行动计划的基本框架

BEPS 行动计划倡议协调各国税收制度、加强国家间的合作、增强税收透明度等。15 项行动计划主要包含三方面内容：一是保持跨境交易相关国内法规的协调一致；二是突出强调实质经营活动并提高税收透明度；三是提高税收确定性。

第 1 项行动计划——应对数字经济面临的税收挑战；

第 2 项行动计划——消除混合错配安排的影响；

第 3 项行动计划——制定有效的受控外国公司规则；

第 4 项行动计划——限制利用利息扣除和其他款项的税基侵蚀；

第 5 项行动计划——考虑透明度和实质性活动，有效打击有害税收实践；

第 6 项行动计划——防止协定优惠的不当授予；

第 7 项行动计划——防止人为规避构成常设机构；

第 8 项—第 10 项行动计划——确保转让定价结果与价值创造相匹配；

第 11 项行动计划——评估和监控 BEPS；

第 12 项行动计划——强制披露规则；

第 13 项行动计划——转让定价文档和国别报告；

第 14 项行动计划——使争议解决机制更有效；

第 15 项行动计划——制定用于修订双边税收协定的多边协议。

在 15 项 BEPS 行动计划中，与税收协定相关的主要有 5 项，分别是：第 2 项行动计划（消除混合错配安排的影响）、第 6 项行动计划（防止协定优惠的不当授予）、第 7 项行动计划（防止人为规避构成常设机构）、第 14 项行动计划（使争议解决机制更有效）和第 15 项行动计划（制定用于修订双边税收协定的多边协议）。

BEPS 行动计划成果的性质是软性法律文件，不具有法律约束力。但根据约束性强弱可将 15 项行动计划分为“最低标准”（minimum standards）、“强化标准”和“最佳实践”（best practices）三大类。其中只有四项“最低标准”将纳入监督执行机制，包括：（1）考虑透明度和实质性活动，有效打击有害税收实践（第 5 项行动计划）；（2）防止协定优惠的不当授予（第 6 项行动计划）；（3）转让定价文档和国别报告（第 13 项行动计划）；（4）使争议解决机制更有效（第 14 项行动计划）。[①] 因此，“最低标准”的四项计划可能在近期内对跨国公司产生最大的影响。

最低标准是为了应对一些情况下，某些国家的不作为对其他国家产生的负面溢出效应（包括竞争的不利影响）。意识到促进公平竞争的重要性，所有 OECD 和 G20 成员都一致同意在应对有害税收实践、防止协定滥用、国别报告、完善争端解决等领域实施相关成果。

并非所有的 BEPS 行动计划参与者都支持税收协定和转让定价的相关标准，BEPS 行动计划已对现有标准进行更新，并将付诸实施。

在其他领域，如混合错配安排建议和利息扣除的最佳实践等，各国已就一般税收政策方向达成一致意见。在这些领域中，各国希望通过实施已达成共识的措施，不断进行总结，从而进一步考虑这些措施是否应该成为未来的最低标准。

基于最佳实践的指南也将支持各国未来采取的强制披露举措或受控外国公司（Controlled Foreign Company，CFC）立法。

1.2.2 BEPS 行动计划的基本内容

将 BEPS 行动计划的 15 项内容进行分类，主要有五个方面：一是应对数字经济带来的挑战；二是协调各国企业所得税税制；三是重塑现行税收协定和转让定价的国际规则；四是提高税收透明度和确定性；五是开发多边工具促进行动计划的实施。[②]

■第 1 项行动计划——应对数字经济面临的税收挑战（Action 1：Addressing the Tax Challenges of the Digtal Economy）

数字经济是信息与通信技术广泛传播与不断变革的结果。由于信息与通

---

① 主编视点 [J]. 国际税收，2016（12）.

② 谭舒. 国际反避税与 BEPS 行动计划 [J]. 山西青年，2016（7）.

信技术对包括零售、金融服务甚至教育和传媒等经济行业产生广泛影响，因此很难从税收角度将数字经济与其他经济隔离并划清界限。

该报告共 10 章，详尽分析了数字经济及其商业模式和主要特征。数字经济本身不会产生独特的 BEPS 问题，但某些特征会加剧 BEPS 问题产生的风险。BEPS 行动计划提出，在数字经济时代，增值税（Value Added Tax, VAT）应向消费地国缴纳的原则。该报告列举了对跨境 B2C 交易征收增值税所面临的挑战。依据 OECD 发布的《国际增值税/货物劳务税指南》所提出的建议，此类交易的增值税应在消费者所在国征收，并通过建立有效机制加以实施。

应对数字经济挑战，需要国际税收体系做出更为根本性的改变。该报告指出，数字经济带来的变化也给国际税收体系带来系统性的挑战，即现行国际税收框架已不能确保利润在经济活动发生地及价值创造地征税。这些挑战主要涉及利润联结度、数据在现代经济中的作用等，并且从直接税收与间接税收两个方面解决起来都比较困难。如何应对数字经济带来的税收挑战，目前各国还未能达成充分共识。报告深入探讨了应对数字经济挑战的多种备选方案，包括基于“显著的经济存在”这一概念的新的联结度判定原则。依此方案，如果一个企业从国内消费者中获得大量收入，并且具备通过数字化方式连接该国客户目标，或具备与该国用户之间的联系互动大量发生的特点，那么根据显著的经济存在原则，则该企业可能会被认为在该国有应税活动的场所。该报告并未将这一方案作为一项国际标准的建议而推荐采用，但是，如果有的国家认为有必要采用这一方案来处理 BEPS 问题，那么报告认为该国完全可以这么处理涉税问题。①

■第 2 项行动计划——消除混合错配安排的影响（Action 2：Neutralising the Effects of Hybrid Mismatch Arrangements）

混合错配安排（Hybrid Mismatch Arrangements）是一种跨境税收筹划。它利用两国对同一混合金融工具、财产转让或实体规定的不同税务处理，以达到双重不征税或长期递延纳税，且有悖于其中任何一国意愿的结果。

常见的混合金融工具的例子：某金融工具被在一国（地区）被视为债权，而被另一国（地区）视为股权，因而该金融工具下发生的付款在支付国可以

① 经济合作与发展组织. OECD/G20 税基侵蚀和利润转移（BEPS）项目 2015 年成果最终报告（Ⅰ）[M]. 国家税务总局国际税务司，译. 北京：中国税务出版社，2016：36-319.

抵扣，在收款国却被作为免税的股息处理。

该报告共 15 章，试图通过消除从混合错配中获得的税收利益来解决混合错配问题。报告针对国内法反错配规则和税收协定范本条款给出了一般性建议和具体建议，促进不同国家间的操作趋于一致。这些建议措施将结束一笔支付获得多重扣除，即：一笔支付在一国（地区）作为费用扣除的同时在另一国（地区）不被视为收入相应征税，或者一笔已付外国税款对应产生多项外国税收抵免等情况。这些建议规则一旦转化为国内法和税收协定条款，将有效消除混合错配的税收影响，防止此类安排被用作 BEPS 的工具，而且不会对跨境贸易和投资产生不利影响。

国内法通用规则的制定，与其他税收管辖区规则互相协调，相关的指引和案例解释了这些规则应该如何应用，为实施有关建议措施提供了有力支持。这些规则一旦实施，将自动应用于纳税人的筹划安排，无须税务机关实施其他干预。

如果部分国家未能引入反错配措施，将无法阻止混合错配安排的发生，但这并不妨碍其他国家保护自己不受此类安排的影响。由于存在首要规则和次要规则，一国（地区）无须依赖对方国家（地区）国内法实施相应规则来消除混合错配，同时也防止两个以上国家对同一安排应用反错配规则，从而避免产生双重征税。①

■第 3 项行动计划——制定有效的受控外国公司规则（Action 3：Designing Effective Controlled Foreign Company Rules）

受控外国公司（CFC）规则是为了应对纳税人将利润转移至其拥有控制权益的外国低税负担子公司，导致避税结果的风险而制定的规则。通过受控外国公司规则，纳税人所在税收管辖区无须等待外国子公司实际分配其所得，即可对该所得拥有征税的权利，因为所得的分配往往可以无限期递延。报告指出了由知识产权、服务和数字交易产生的流动性所得对现有受控外国公司规则带来的挑战。

该报告共 7 章，强调需要制定强有力的受控外国公司规则，提出构建有效受控外国公司规则的建议。因为跨国集团很容易就可以设立用以归集利润的低税负非居民关联企业。在满足一定条件时，受控外国公司规则可赋予税

① 经济合作与发展组织. OECD/G20 税基侵蚀和利润转移（BEPS）项目 2015 年成果最终报告（Ⅱ）[M]. 国家税务总局国际税务司，译. 北京：中国税务出版社，2016：1-253.

收管辖区对跨国集团所设立的外国低税负担子公司取得的所得直接征税的权利，以打击上述避税行为。因此，由于受控外国公司规则缺位而无法征税的部分所得，现在可通过受控外国公司规则纳入征税范围。但是，需要注意的是，受控外国公司规则在不同的国家（地区）之间或存有不同的政策目的，不能应对所有可能导致 BEPS 结果的所得。

BEPS 行动计划确认各国并无义务引入受控外国公司规则。报告中提出了有效的受控外国公司规则所需的构成要件，并且指出由于各税收管辖区的税制总体设计不同，受控外国公司规则的政策目标也可能不同。因此，本领域的建议并非强制各国施行的最低标准，而是集合各国经验以作参考的最佳实践。有意愿的国家可以将该建议引入作为其受控外国公司规则，也可以参考该建议完善自身的受控外国公司规则。

受控外国公司规则是转让定价规则和其他规则的支持和补充。在某些情况下，受控外国公司规则与转让定价规则可能针对同一所得，但在实践中不太可能出现仅使用受控外国公司规则或转让定价规则而完全无需使用另一规则的情况。①

■第 4 项行动计划——限制利用利息扣除和其他款项的税基侵蚀（Action 4：Limiting Base Erosion Involving Interest Deductions and Other Financial Payments）

通过第三方及关联方利息支付来转移利润，是国际税收筹划中最为简便可行的利润转移技巧之一。② 再加上大多数国家对债务和权益采用不同的课税方式，导致了税收驱动下债务融资的倾向性。跨国集团可通过集团内融资轻而易举地增加该集团的债务水平，从而产生远超其实际第三方利息费用的集团内利息扣除。跨国集团还可利用这部分债务形成免税所得。

该报告共 11 章，在利息扣除方面，一个用来促进不同国家间规则操作趋于一致的方案业已详细制定，推荐方法关键内容中包括了固定扣除率规则，该规则允许实体扣除不超过基准净利息/息税折旧摊销前利润（Earnings Before Interest，Taxes，Depreciation and Amortization，EBITDA）比率的净利息费用，该基准固定扣除率可在 10%~30%的区间内设置。推荐方法同时包括了可选择的集团扣除率规则，该规则允许企业扣除不超过其所在集团的净利息/息

① 经济合作与发展组织. OECD/G20 税基侵蚀和利润转移（BEPS）项目 2015 年成果最终报告（Ⅲ）[M]. 国家税务总局国际税务司，译. 北京：中国税务出版社，2016：7-117.

② 郝昭成. 百年重塑国际税收体系 [J]. 国际税收，2016（11）.

税折旧摊销前利润比率的净利息费用，前提是该比率高于基准固定扣除率。报告中也包括了用来支持一般利息限额规则并解决某些特殊风险的针对性规则。① 通用方案旨在确保企业抵扣的净利息直接与其从事的经济活动产生的应税所得挂钩，并致力于促进该领域下各国规则的协调。

各国目前没有义务引入利息扣除限额规则。但各国同意将利息扣除限额规则作为通用方法以促进各国税收实践的逐渐融合，未来也可能进一步考虑是否将该方法作为最低标准要求各国强制施行。各国也可运用其他一般性或针对性的利息限额规则，作为报告中推荐方法的补充，以应对 BEPS 风险或实现更广泛的税收政策目标。

总体而言，某些行业没有被区别对待。报告推荐方法的设计初衷就是为了适用于大多数行业。但是，报告也指出银行和保险业有其独有特征，会继续研究上述行业应适用的规则。同时，报告也为满足特定条件的公益项目提供了豁免可能，供各国选择。超额利息费用不允许税前扣除，但当期不允许扣除的利息费用或未使用的利息扣除额度可以向前或向后结转。②

■第 5 项行动计划——考虑透明度和实质性活动，有效打击有害税收实践（Action 5：Countering Harmful Tax Practices More Effectively，Taking into Account Transparency and Substance）

对有害税收实践的关注集中在利用优惠税制进行转移利润和特定纳税人的个别规定缺乏透明度两个方面，BEPS 行动计划对有害税收实践工作的改革，其重点和现在的中心工作是要求优惠税制具有实质性活动和透明度，包括要求对相关税收裁定信息进行强制性自动交换。

该报告共 7 章，基于各方一致同意的相关方法，提出了一个最低标准，主要集中在与知识产权有关的问题以及透明度问题。

优惠税制在运行过程中如果缺乏透明度会使其他国家采取防御性措施的难度更大。2014 年进度报告包含一个达成一致意见的框架，对涉及优惠税制的裁定信息进行强制性自发交换。2015 年最终报告中的框架将对缺乏强制自动信息交换会带来 BEPS 问题的所有裁定进行自动信息交换。

BEPS 行动计划不是针对所有裁定，信息共享需要平衡，对其他税务当局可能有用的信息才会被交换。第 5 项行动计划中的透明度框架针对涉及具体

---

① 谭舒. 国际反避税与 BEPS 行动计划［J］. 山西青年，2016（7）.

② 经济合作与发展组织. OECD/G20 税基侵蚀和利润转移（BEPS）项目 2015 年成果最终报告（Ⅲ）［M］. 国家税务总局国际税务司，译. 北京：中国税务出版社，2016：135-273.

纳税人的裁定信息，这类信息如果缺乏强制自动交换可能会带来 BEPS 问题。因此，报告中规定了需要对其信息进行交换的六类裁定。

并非所有的“专利盒”都有害。培育创新是发展战略的一个重要因素，诸如专利的无形资产已成为许多商业模式的核心价值驱动之一。如果能够吸引真实活动的开展，优惠税制的确能够支持一个国家的发展和创新。然而，如果一项税制只是鼓励企业将利润从价值创造地转移到低税负地区，该项税制确有可能是有害的。

该报告应对“专利盒”的方法是要求这类税制仅将税收利益给予那些有效开展实质性经营活动而取得所得的纳税人。采用“关联法”（Nexus approach）可以评估一项无形资产制度是否符合实质性活动要求，从而确保税收优惠与实质性经营活动相关联。

“专利盒”有关的关联法是一种用纳税人的支出来衡量实质性活动的方法。具体来讲，它是指与纳税人实际价值增加有关的开发活动直接支出的比例，这一比例用以说明纳税人从事了多少实质性活动。

当前对无形资产税制的审议是通过有害税收实践论坛进行的。有害税收实践论坛将继续审议和监控无形资产优惠税制，并视情况对现有无形资产税制进行修订以符合关联法要求。新的和修订后的相关税制的实施也将予以评估和监控，确保其与达成共识的关联法和信息报告要求相符合。

现有的评估和审议机制用于确保各国履行自动信息交换的义务，有害税收实践论坛将进行年度审议。在这一审议过程中，实施框架内裁定的国家将提供以下信息：自动交换信息的总数量，各类裁定信息自动交换的数量和每次与哪些国家进行交换。①

■第 6 项行动计划——防止协定优惠的不当授予（Action 6：Preventing the Granting of Treaty Benefits Inappropriate Circumstances）

协定滥用（treaty shopping）一般是指并非协定缔约国税收居民的人，试图通过安排获取只给予该缔约国税收居民的协定优惠。这种策略通常通过在有合适税收协定的国家中设立公司来实施，因为这些公司仅在文件中存在，在现实中却没有或几乎没有任何实质存在，因此经常构成“邮箱公司”“空壳公司”或“导管公司”。② 该问题可以根据报告中所达成一致的最低标准，通

① 经济合作与发展组织. OECD/G20 税基侵蚀和利润转移（BEPS）项目 2015 年成果最终报告（Ⅲ）［M］. 国家税务总局国际税务司，译. 北京：中国税务出版社，2016：341-463.

② 郝昭成. 百年重塑国际税收新体系［J］. 国际税收，2016（11）.

过对双边税收协定做出修订来解决。

该报告共3章，提出了防止税收协定滥用的最低标准措施。解决协定滥用问题的最低标准要求至少在双边税收协定中采取有效应对协定滥用的规则。首先，协定的标题和序言中应明确阐明，协定缔约国双方意在防止为通过逃避税（包括协定滥用安排）所造成的不征税或少征税行为创造条件。其次，缔约国为执行这一共同意愿，要在协定中：（1）结合采用特别反滥用规则“利益限制条款”（Limitation on benefits provision，LOB）和一般反滥用规则“主要目的测试”（Principal purpose test，PPT）；（2）纳入“主要目的测试”或纳入“利益限制条款”并辅之以应对导管安排的机制，比如对导管融资安排适用主要目的测试。对于仅充当导管作用，将取得的所得支付给第三国投资者的实体，不允许其享受协定优惠。①

该报告提出了反滥用规则的建议是，协定滥用与国内法滥用一样，可以通过结合采取以下方法解决：（1）特别反滥用规则，该方法能提供更大的确定性，但只能应对已知的滥用策略；（2）一般反滥用规则或司法原则，该方法确定性较小，但能确保以前未被识别或未被解决的滥用交易得到应对。上述两种方法对于解决协定滥用同样有效，但是由于各国有不同的法律环境和政策倾向，因此，在最低标准能够确保协定滥用得到有效解决的情况下，各国在确定采取何种规则时拥有一定的灵活性。②

该报告还为防止协定滥用而制定新的保护措施，同时就如何执行这些措施给予了一定的灵活度。最后，报告也指出了与无税或低税率国家（地区）签订税收协定过程中应有的政策思考。③

■第7项行动计划——防止人为规避构成常设机构（Action 7：Preventing the Artificial Avoidance of Permanent Establishment Status）

税收协定通常只赋予缔约国一方仅对外国企业归属于在该缔约国国内设立的常设机构（Permanent Establishment，PE）的利润才具有征税权。因此，协定中常设机构的定义对于非居民企业是否在另一国构成纳税义务至关重要。

该报告共4章，对常设机构定义做了修改，主要针对不恰当地规避常设

①② 崔晓静. 中国与“一带一路”国家税收协定优惠安排与适用争议研究［J］. 中国法学，2017（4）.

③ 经济合作与发展组织. OECD/G20 税基侵蚀和利润转移（BEPS）项目 2015 年成果最终报告（Ⅳ）［M］. 国家税务总局国际税务司，译. 北京：中国税务出版社，2016：7-191.

机构的安排，包括以佣金代理人安排代替分销商，或实质在某国开展合同谈判，但不正式在该国订立合同，而是在国外确定或批准合同，或者经常代表外国企业行使订立合同权力的人，虽然全部或几乎全部代表紧密关联企业，却声称为“独立代理人”。另外，定义修改后，还通过将《OECD税收协定范本》第五条第四款的特定豁免活动限定为准备性辅助性活动，并应对紧密关联企业营业活动拆分问题，解决了通过特定豁免活动规避常设机构的问题。

按照新规则，子公司本身不会构成母公司的常设机构。但是，和现行规则一样，如果子公司代表母公司开展活动达到一定程度，则有可能依据子公司的活动判定该公司构成常设机构。

常设机构定义的修改会影响到数字化公司。虽然常设机构定义的修改工作中考虑到数字经济的主要特征。但修改内容尤其针对跨国集团内某公司销售货物或劳务实质造成了合同的订立，而应视同销售活动由该公司完成的人为安排。另外，常设机构定义的修改还确保如果某企业在一国开展实质经营活动，则不能享受常设机构定义中经常包括的豁免待遇。①

■第8项—第10项行动计划——确保转让定价结果与价值创造相匹配（Action 8-10：Aligning Tranfer Pricing Outcomes with Value Creation）

转让定价导致BEPS问题严重。实践证明，独立交易原则是一项实用且公平的准则，纳税人和税务机关可以根据独立交易原则评估关联企业间的转让价格，并避免双重征税。然而，由于独立交易原则偏重于依据合同条款分配功能、资产和风险，这就导致现有的独立交易原则应用指南很容易被不当使用。

第8项—第10项行动计划主要涉及OECD《跨国企业与税务机关转让定价指南》（以下简称《转让定价指南》）的修改。第8项行动计划关注与无形资产的受控交易相关的转让定价问题。对有价值的无形资产所产生的利润进行不合理的分配，很大程度上造成了BEPS问题。第9项行动计划解决实际决策和实际控制的认可问题。第10项行动计划关注其他高风险领域，包括商业不合理受控交易的利润分配、跨国企业集团利用转让定价方法，以及使用与价值创造不匹配的支付方式等。第8项—第10项行动计划的目的是使《转让

① 经济合作与发展组织.OECD/G20税基侵蚀和利润转移（BEPS）项目2015年成果最终报告（Ⅳ）[M].国家税务总局国际税务司，译.北京：中国税务出版社，2016：199-273.

定价指南》可以确保产生的营业利润与经济活动发生地相匹配。[①]

这些报告只考虑用“独立交易原则”来处理转让定价，认为直接在现行的独立交易原则体系下解决具体 BEPS 问题是最有成效的。在大多数情况下，特别是当交易涉及的两国税收体系大致相同时，独立交易原则在税收管辖区之间能够有质效地分配跨国企业所得。相反，采用其他替代性的转让定价基本原则，例如公式分配，需要在很多关键问题上达成国际共识，但各国认为这些共识很难在短期或中期内达成。[②] 加之公式分配不能防止不当使用，也不能确保利润与价值的真正匹配。

转让定价规则最主要的修订内容是加强对应用独立交易原则的指引，确保达到利润与相应经济活动所创造的价值相一致的结果。这项工作主要涉及以下几个重要方面：

（1）涉及无形资产的交易。有价值的无形资产所产生的利润如果被不当分配，将导致 BEPS 问题。

（2）合同约定的风险分配及相应的利润分配，与实际开展的经济活动所创造的价值不匹配的问题。

（3）资本充裕的跨国集团成员作为资金提供者所获得的资金回报，与其从事的经济活动不匹配的问题。[③]

（4）当一项交易不具商业合理性时，该交易重新定性的问题。

（5）集团劳务和大宗商品交易。

处理风险分配时《转让定价指南》修改稿提供了风险分析的框架，以便从转让定价角度确定应将风险分配给哪个关联企业。仅仅基于合同分配风险，而没有实际商业运营支持的税收筹划并不足以重新分配风险。要承担风险，关联企业需要执行有意义的、有具体内容的风险控制职能，并且要有财务能力去承担该风险。例如，如果一家企业没有实际控制与关联借贷相关的财务风险（仅在被要求提供资金时提供资金，而不评估关联借款方的信用情况），则与财务风险相关的利润不能分配至该企业，这家企业将只能获得无风险收益，甚至更低——例如该交易缺乏商业合理性，则可以使用关于“否认交易”的指引。

---

① 经济合作与发展组织. OECD/G20 税基侵蚀和利润转移（BEPS）项目 2015 年成果最终报告（I）[M]. 国家税务总局国际税务司，译. 北京：中国税务出版社，2016：27.

② 李传翠. 转让定价：需更注重交易实质 [N]. 中国税务报，2015-11-13.

③ 董立强. 浅析 BEPS 中的转让定价规则 [J]. 现代商业，2016（7）.

报告要求分析交易双方的合同关系与其实际行为是否相符，来准确界定关联企业之间的真实交易。[①] 分析的起点是交易双方的合同。如果合同不完整或者与实际行为不符，实际行为将用于澄清和补充合同。再结合转让定价方法的合理应用，可防止将利润分配至没有做出贡献的企业，最终达到将利润分配至实际开展相应商业活动的企业。

为了处理与无形资产相关的转让定价问题，《转让定价指南》明确指出，企业仅拥有法律所有权并不能使其享有利用无形资产的全部收益（甚至不能享有任何收益）。需要通过准确界定集团关联企业间的实际交易安排，来判断执行重要功能、控制重大经济风险及贡献资产的关联企业，并由这些企业享有与其价值贡献相符的适当回报。《转让定价指南》还提供了关于难以估值的无形资产具体指引，确保税务机关与纳税人之间的信息不对称不会影响分析结论，从而确保难以估值的无形资产能够获得合理的回报。此外，《转让定价指南》还消除了特殊合同安排（如成本贡献协议）导致不合理分配利润的可能性。

对于难以估值的无形资产这一特定类别，其特点是在交易发生时，不存在可靠的可比物，或者估值的高度不确定性，并且税务机关与纳税人信息不对称。为了应对信息不对称带来的挑战，《转让定价指南》提出了一种针对难以估值的无形资产的定价方法。如果纳税人不能证明其在确定无形资产价格时已经考虑了各种不确定性，那么这种定价方法确保税务机关可以采用无形资产的“事后”结果，作为判断“事先”定价合理性的依据。

《转让定价指南》明确了集团协同效应带来的收益应分配给为协同效应做出贡献的集团成员，并且确保这些收益不能单独剥离并分配至低税率地区的企业。关于地域优势（如选址节约），《转让定价指南》要求先确定地域优势是否带来收益。如果是，则根据独立企业在相似环境下的分配方式，来分配这些留存优势或收益。

确定“现金盒”企业（cash-boxes）的利润的方法。资本充裕但不开展任何其他相关经济活动的企业（即所谓“现金盒”企业），没有能力执行控制投资风险和其他风险的职能，因此不享有任何超额收益。此类企业保留的利润不会超过无风险收益。此外，如果这些收益被定性为利息或者经济上与

① 范苏蓉. BEPS 行动计划在扬州国税转让定价管理中的应用研究［D］. 江苏：扬州大学，2017.

利息等效的付款，那么这部分利润仍然要符合第 4 项行动计划关于利息扣除的相关规定。

对于独立交易原则应用于集团内低附加值劳务，《转让定价指南》修订稿提供了一项可选的简化程序。简化程序列举了很多常见的集团内劳务，采用一致的分摊标准，并且通过具体的报告要求提供更大的透明度。为了确保简化程序不会导致侵蚀税基的劳务支付，简化程序允许各国在实施这一方法时引入门槛规则。这一简化程序与 G20 发展工作组委托开发的工具包一起使用，将保护发展中国家免于因支付过多服务费而被侵蚀税基。

新《转让定价指南》处理大宗商品的转让定价问题时指出可比非受控价格法通常是适用于分析关联企业间大宗商品交易的合理转让定价方法，市场报价（例如大宗商品交易市场报价）有可能作为确定独立交易价格的参考。新《转让定价指南》还对如何确定大宗商品交易的定价日做出规定。明确交易利润分割法作为最合适的转让定价分析方法的具体情形，并说明用于可靠分割利润的具体方法。①

■ 第 11 项行动计划——评估和监控 BEPS（Action 11：Measuring and Monitoring BEPS）

BEPS 导致的税收流失和经济影响比较复杂，而且已有数据不足，估算其对税收和经济的影响较为困难。尽管如此，大量的证据表明，BEPS 问题普遍存在并造成广泛影响。实证研究发现，由于 BEPS 的存在，实施激进税收筹划的跨国企业获得不正当的竞争优势，强化对公司债权的依赖，使外商直接投资（Foreign Direct Investment，FDI）流向错误的目的地，而且影响了对部分急需的公共基础设施的财政支持。

该报告共 4 章，考虑了几种估算税收流失规模的方法。BEPS 指标指示意义在于"BEPS 指标面板"利用了各类数据源并使用不同标准来显示 BEPS 行为，并监测不同的 BEPS 方式。六项指标可以用于间接测算 BEPS，随时跟踪 BEPS 问题的趋势变化，在未来也可以为各个国家监控 BEPS 应对措施的实施效果提供工具。这些指标可以显示财务指标与实际经济活动的背离情况，大型跨国企业的利润率差异，跨国企业与可比国内企业的有效税率差异，以及利用无形资产和利息进行的利润转移情况。没有一个单一的指标可以描绘

① 经济合作与发展组织. OECD/G20 税基侵蚀和利润转移（BEPS）项目 2015 年成果最终报告（V）[M]. 国家税务总局国际税务司，译. 北京：中国税务出版社，2016：9-355.

BEPS的全部面貌，不过，这些指标合起来可以为BEPS的存在和随时间增加的趋势提供强有力的证据。这些指标是对已有的上百个实证研究的补充。

国别报告（Country-by-country report，CbC）数据可以用来估算BEPS的规模和监控BEPS应对措施的实施效果。在适当的情况下，国别报告数据可能被用于经济和统计分析。尽管由于严格的保密条款，国别报告数据只能提供给政府机构，或者在部分国家可以给有资格的研究者，但在未来也可能极大地丰富BEPS分析的数据。可以在确保纳税人的信息不被泄露的情况下，使政府对大型跨国企业在全球的经营和交易情况有全面的了解。这些统计分析将不会披露纳税人的特定信息。

报告要求各项建议与时俱进，从而保证新的数据、方法和工具能够用来监督和分析BEPS各项行动的效果和经济影响。第11项行动计划为各国政府提供了如何更好利用数据的建议，这些数据包括已收集的和作为BEPS项目成果将要收集的数据，例如：国别报告数据、符合新的披露要求的企业涉税数据，尤其是跨国企业的相关数据。鼓励各国政府加大力度支持税收征管部门、税政部门、统计部门和学术研究人员，在更新数据的基础上对跨国企业经营活动开展更多研究。对BEPS研究的深入和跨国企业税收和经营统计数据的发布将有利于更好地监控BEPS。[①]

■第12项行动计划——强制披露规则（Action 12：Mandatory Disclosure Rules）

强制披露规则要求筹划方和（或）纳税人在早期向税务机关披露其使用的符合一定特征的筹划安排。该规则可使税务机关尽早获得激进或滥用性税收筹划安排及安排使用者的信息，以便税务机关及时应对。

该报告共4章，给出了关于强制披露规则的一系列建议，使各国可以根据其需要设计强制披露规则，以在早期获取激进或滥用性税收筹划安排和安排使用者的信息。建议包括以下内容：（1）报告义务责任人；（2）税收筹划安排的特征种类；（3）强制披露时间节点；（4）罚则。

纳税人不需要披露所有的税收筹划安排。一个强制披露规则不可能识别所有可能引发避税风险的交易。纳税人将有义务披露符合强制披露规则描述或者设定特征的交易。特征作为识别应披露避税安排的工具，一般分为两类：

---

① 经济合作与发展组织.OECD/G20税基侵蚀和利润转移（BEPS）项目2015年成果最终报告（Ⅵ）[M].国家税务总局国际税务司，译.北京：中国税务出版社，2016：1-501.

通用特征；具体特征。通用特征针对筹划方案的一般特性，具体特征则针对特定领域，如利用亏损的交易。

税务机关可通过多种途径，如修订法律法规、风险评估和审计，以及改变沟通策略，使用所获取的税收筹划安排，以及安排使用者的信息，以改变纳税人或筹划方的避税行为，并打击避税筹划安排。

报告指出，各国没有义务引入强制披露规则。它不是强制各国施行的最低标准，各国可自由选择是否引入强制披露规则。当一国有意引入强制披露规则时，报告中的建议将有利于其平衡信息披露的质量、时效，以及纳税人的税收遵从负担。①

■第 13 项行动计划——转让定价文档和国别报告（Action 13：Transfer Pricing Documentation and Country-by-country Report）

该报告主要关于转让定价同期资料，涉及《转让定价指南》第五章的内容及附录，重点分为转让定价文档和国别报告。

转让定价文档指南要求跨国企业向所有相关国家的税务机关提供“主体文档”，内容包括概括性地介绍其全球运营信息和转让定价政策，并要求其向各国提交更具体的“本地文档”，内容包括相关的重要关联交易、交易金额，以及企业对于这些交易所做的转让定价分析。

国别报告是税务机关实施高级别转让定价风险评估，或者评价其他 BEPS 风险的一项工具。国别报告要求跨国企业按年度向其实际经营所在的税收管辖区申报国别报告，包括其根据集团内部经营活动分布指标计算的全球收入分配和税款缴纳情况，以及在各税收管辖区从事经营活动的集团成员实体名单及其所从事的经营活动。②

这些信息必须提供给相关的国家政府。为了确保这些潜在敏感信息的保密性，它们将不会对外公布。这些信息的处理方式与大部分其他纳税人信息一样。

主体文档与本地文档将由跨国企业直接提交给本地税务机关。国别报告将由最终控股企业提交给其居民国税务机关，并依据政府间交换机制，如多边主管当局间协议、双边税收协定或税收情报交换协议，通过自动情报交换在国与国之间共享。在特定情况下，次要机制可作为替代方式，如本地提交，

① 经济合作与发展组织．OECD/G20 税基侵蚀和利润转移（BEPS）项目 2015 年成果最终报告（Ⅲ）［M］．国家税务总局国际税务司，译．北京：中国税务出版社，2016：489-635．

② 陈益刊．反避税重磅文件剑指何处？［J］．中国外资，2016（6）．

即国别报告由子公司提交给其所在国税务机关。

三个文档（国别报告、主体文档和本地文档）的同时获取，将要求纳税人阐述一致的转让定价立场，并为税务机关提供有用的信息，这些信息可用于转让定价风险评估、税务调查资源的有效分配，以及调查目标的确定等。

发展中国家也可获取这些信息。当满足了保密性、一致性和合理使用的原则后，一个国家可通过国别报告交换协议，或者在一定的条件下通过本地提交，获得上述信息。国别报告的信息不可用于转让定价调整。对具体交易和定价基础的详细转让定价分析，应基于完整的功能风险分析及可比性分析，而国别报告中的信息不足以替代上述分析。国别报告所披露的信息不能单独构成认定转让定价安排是否合理的结论性证据。需要注意的是，这些信息不能被税务机关用于基于所得公式分配而实施的转让定价调整。①

当一国没有适当的保密措施，或有违反保密义务的情况而未妥善解决时，信息交换国可能暂停信息交换，并导致拒绝交换国别报告。②

■第 14 项行动计划——使争议解决机制更有效（Action 14：Making Dispute Resolution Mechanisms More Effective）

该报告共有两部分内容：一是最低标准、最佳实践和监督程序；二是对具有强制约束力的相互协商程序（Mutual agreement procedure，MAP）仲裁的承诺。

为更好解决争议，各国就有效和及时解决争端而制定一套最低标准和一些最佳实践达成了一致。最低标准将确保各国全面而善意地履行与相互协商程序有关的协定义务，征管程序可以促进协定相关争议的预防和及时解决。最佳实践包括 11 项建议。

通过相互协商程序解决协定争议要有时间限制，最低标准规定，各国应致力于在平均 24 个月内解决一个相互协商案件。各国为实现上述目标而取得的进展将被定期评估。最低标准的执行将通过一套监督机制来评估，从而确保对最低标准承诺的有效实施。评估包括三项内容：各国由税收协定、国内法规构成的法律框架；相互协商工作指南；实际履行最低标准的情况。此外，

---

① 经济合作与发展组织. OECD/G20 税基侵蚀和利润转移（BEPS）项目 2015 年成果最终报告（V）[M]. 国家税务总局国际税务司，译. 北京：中国税务出版社，2016：365-479.

② 王建伟. 国别报告应重点关注的内容（含 18 个问题解答）——国家税务总局 2016 年 42 号公告解读之三［EB/OL］. http：blog. sina. com. cn/s/blog_62083e2c0102wma2. html.

很多国家已经承诺在其双边税收协定中也会引入强制性和有约束力的仲裁机制。①

■第 15 项行动计划——制定用于修订双边税收协定的多边协议（Action 15：Developing Multilateral Instrument to Modify Bilateral Tax Treaties）

针对双边协定的庞大数量而言，更新现有的双边税收协定是一项非常繁重的工作。因此，各国政府同意就制定多边协议的可行性进行研究，而多边协议的效用即相当于同时协商数千个双边税收协定。该报告探索制定一个旨在落实与修改税收协定相关的多边协议以应对 BEPS 问题的工作方案，即：《BEPS 多边公约》。《BEPS 多边公约》的目标是通过对双边税收协定的修订，使解决 BEPS 问题的措施得以迅速和顺利地执行。

制定《BEPS 多边公约》的必要性不仅在于解决 BEPS 问题，而且可以确保消除双重征税的国际共识框架可持续发展。尽管《BEPS 多边公约》在国际税法领域没有先例，但在国际公法其他领域存在通过《BEPS 多边公约》修改双边条约的先例。

该《BEPS 多边公约》将修订现有的双边税收协定，以确保行动计划项目中与税收协定有关的各项措施得到快速实施。关于混合错配安排、协定滥用、常设机构和相互协商程序的协定措施将被纳入《BEPS 多边公约》中。②

1.3 BEPS 行动计划的影响及作用

BEPS 行动计划的核心是反避税。正如 OECD 所指出的："税基侵蚀和利润转移就是利用合法手段使应税利润减少或消失，或者通过税收筹划将利润转移到低税或无税地区的现象或行为。"因此，BEPS 行动计划的核心就是反避税。这从 OECD 设计的 15 项 BEPS 行动计划的内容也可以得到佐证。③

税收是一国主权的核心之一，各国都有权根据本国意愿建立各自的企业所得税税制，包括选择适用的税率。BEPS 行动计划并非意在限制各国的征税

① 经济合作与发展组织. OECD/G20 税基侵蚀和利润转移（BEPS）项目 2015 年成果最终报告（Ⅳ）[M]. 国家税务总局国际税务司，译. 北京：中国税务出版社，2016：281-351.

② 经济合作与发展组织. OECD/G20 税基侵蚀和利润转移（BEPS）项目 2015 年成果最终报告（Ⅳ）[M]. 国家税务总局国际税务司，译. 北京：中国税务出版社，2016：359-447.

③ 龚辉文. 对 BEPS 行动计划及其成果的若干认识 [N]. 中国财经报，2016-07-12.

主权。相反，BEPS 行动计划旨在通过帮助各国维护由本国经济活动所产生的税基，恢复和强化各国的税收主权。其主要方式是修订完善现行制度，使之适用于可移动的经营活动，并有效解决侵蚀他国税基、扭曲资本和劳动配置等不公平问题。①

1.3.1 BEPS 行动计划框架集中体现反避税

第 1 项行动计划“应对数字经济的税收挑战”主要是解决数字经济的发展对传统国际税收规则带来的挑战，数字经济及其商业模式本身并不会造成独特的 BEPS 问题，只是它的一些关键特征会加剧 BEPS 产生的风险，而识别这些风险的措施在其他行动计划中都会讨论到。

第 5 项行动计划“考虑透明度和实质性活动，有效打击有害税收实践”主要针对不同税收管辖区的有害税收竞争行为，而不是针对纳税人的避税行为。但是税收管辖区的有害税收竞争行为有时会被纳税人利用而加剧 BEPS 的问题，就此而言，消除有害税收实践的措施实际也有利于反避税。

第 11 项、第 14 项、第 15 项行动计划实际上属于 BEPS 项目的保障性措施，它们本身不是以消除 BEPS 为直接目的，而是为其他行动计划中提出的措施有效实施提供保障的。而其余的十一项行动计划，就是直接针对避税行为的措施。②

许多 BEPS 策略利用了不同国家税收规则之间的相互作用，这意味着一国的单边行动并不能充分解决问题。此外，各国政府如果各行其是，可能导致对企业的双重甚至多重征税。这无疑将对全球投资、经济增长和就业产生负面影响。因此，有必要通过国际协调推动和加强各国保护税基的国内行动，并提供 BEPS 问题的国际综合性解决方案。

1.3.2 领袖合作实施新规则

对 BEPS 计划的领导原则与执行力很重要。自 BEPS 项目启动以来，OECD 得到了 G20 持续有力的支持，BEPS 问题成为各国财长和领导人的重要

---

① OECD/G20 税基侵蚀和利润转移（BEPS）项目常见问题解答［EB/OL］. http：//blog. sina. com.

② 龚辉文. 对 BEPS 行动计划及其成果的若干认识［N］. 中国财经报，2016-07-12.

议题。此外，所有 G20 成员都平等参与了 BEPS 项目。各国政府最高层始终如一地参与和支持对建立公平的竞争环境、确保国际税收规则标准的协调一致无疑具有至关重要的意义。①

合作是基础。BEPS 项目成果的产出，充分证明了 OECD 和 G20 戮力合作，能够就影响全球的重要改革达成共识。G20 成员中的非 OECD 国家是 BEPS 行动计划项目的合作伙伴方，平等地参与了 OECD 行动计划财政事务委员会及其下属技术团队的决策过程。此外，在 BEPS 项目实施的整个过程中，其他国家和利益相关方也定期开展了富有成效的对话。发展中国家也参与了 BEPS 项目。80 余个发展中国家及非 OECD、非 G20 经济体在 BEPS 项目第一年组织的四次区域性深度磋商会议和五次全球性主题论坛中发表了观点。2014 年 11 月，OECD 发起了新的结构化对话过程，基于 3 个要件：一是发展中国家和区域性税收组织直接参加财政事务委员会和技术工作组的各项会议；二是在世界五个地区，开展面向负责税收政策与征管的官员的区域研讨会，以确保不能定期参加在巴黎召开会议的国家的参与；三是能力建设支持，如，开发工具箱、帮助各国实施 BEPS 应对措施等。对发展中国家而言，一些 BEPS 行动计划的实施显得更为重要和紧迫。譬如，对通过利息支出和其他款项支付实现的税基侵蚀予以限制（第 4 项行动计划）、防止协定滥用和人为规避构成常设机构（第 6 项、第 7 项行动计划）、转让定价，尤其是造成税基侵蚀的支付（第 8 项、第 9 项、第 10 项行动计划）、转让定价同期资料和国别信息报告（第 13 项行动计划）。另外，转让定价可比物的缺乏和滥用低效率税收优惠政策也被认为是应重点关注的问题。②

1.3.3 重塑国际税收新秩序

在 BEPS 行动计划实施阶段，有一个组织化且具有包容性的架构容纳所有有兴趣的国家和税收管辖区以平等身份参与相关工作。这一架构将支持和监控各项措施的实施，并随时评估其影响。

BEPS 行动计划系列措施旨在提高国际税收规则的一致性，强化其对经济

① 董学智. BEPS 全球治理语境下重塑国际税法——以税收征管的国际合作与协调为视角［J］. 财税法论丛，2015（3）.

② OECD/G20 税基侵蚀和利润转移（BEPS）项目常见问题解答［EB/OL］. http://blog.sina.com.

实质的关注，保障税收环境更加透明。政策制定者应将这些措施尽快付诸实施，以营造一个更加稳定和可持续的国际税收环境。

BEPS 行动计划各项措施中，有一些可直接适用，如经修订的转让定价指南，但是政府制定的很多措施则需由国家立法机构来推行。与协定相关的 BEPS 行动计划措施将在现行双边税收协定网络中得到应用。此外，相关的工具包也正在探索开发之中，它将提供有效措施解决发展中国家面临的具体税收问题。后续技术性工作将涵盖利润归属规则、利润分割法的应用指南，以及集团内比例在利息扣除规则中的应用等。

提升一致性。目前，BEPS 行动计划项目已经制定了（税收协定）范本规则，并确定了最佳实践，确保在国内政策设计中纳入对跨境交易的考量。范本规则可消除利用国内税法差异使所得规避纳税的混合错配安排。相关措施还包括：构建有效的受控外国企业税制的几个关键要素；制订利息扣除方面的通用方法；有关强制性披露制度的最佳实践。此外，相关工作还将确保企业与政府处于平等地位，消除或修订存在有害因素的优惠税制规定，以及交换有关具体裁定方面的信息。

强化实质性要求。转让定价规则已经得到更新，确保其结果与实际经济活动相符。鉴于知识产权定价的困难，有关难以估值无形资产如商标和专利等的定价方法也已经制定出来。在产品交易和低附加值服务方面，则已经设计了简易化机制，这两个领域与发展中国家尤其相关。在协定滥用方面，各国已同意实施一项最低标准，以确保协定优惠仅给予那些合适的对象。此外，常设机构定义（设定非居民征税的门槛标准）也经过修订，以更好反映商业实情，阻止大量发生的筹划和避税行为。

保障税收透明度和确定性的提高。BEPS 的规模和经济影响相关指标目前已经设计出来，这些指标为监控和评估 BEPS 行动计划各项措施实施的有效性和影响提供了工具；建立强制性披露制度的相关建议也已成形；对转让定价同期资料的要求已经过大幅修订，各方已就一个包含多个经济活动指标的国别报告模板达成共识。此外，各国还一致同意就大范围的裁定交换信息。有效的争端解决机制也得到强化，其中包括部分国家有意使用仲裁解决相关问题。同时，各方就四个领域设立最低标准、构建公平环境达成共识，即协定滥用、国别报告、争端解决和有害税收实践。在这些领域，各国承诺将一致实施相关措施，防止由于个别国家的不作为而给其他国家带来负面溢出效应（包括对竞争力的不利影响）。

1.4 BEPS 行动计划带来的机遇与挑战

从 BEPS 行动计划成果的形成过程来看，对国际税收规则的修订是多国共同协作的结果。BEPS 行动计划吸纳了 80 多个国家的意见，其中包括 34 个 OECD 成员国、所有 G20 成员，以及 40 多个发展中国家。它们携手解决所有国家正面临的挑战——堵塞国际税收规则漏洞，这些漏洞会被跨国企业利用，蓄意地通过合法方式将利润转移到低税或免税地区。

1.4.1 百年国际税收规则新变革

BEPS 行动计划修订了《OECD 税收协定范本》和《转让定价指南》，并为完善国内法提出建议。这些是由参与国政府设计并同意的软性法律文件，将用于解决双重不征税并完善应对双重征税相关机制。BEPS 行动计划一旦通过，它们将由包括 OECD 成员国、G20 成员和发展中国家在内的各国按照其法律和宪法体系实施。BEPS 这些成果和一揽子措施的出台，标志着百年来国际税收体系的第一次根本性变革取得了重大成功。国际税收规则的重构，多边税收合作的开展，有利于避免因各国采取单边行动造成对跨国公司的双重征税、双重不征税以及对国际经济复苏的伤害。①

1.4.2 增强国际税收一致性

从 BEPS 行动计划的内容来看，着力于增强政府间国际税法规则的一致性、协议间利润配比的合理性、国际税收征管的确定性，以及国际税收合作的效率性等，② 这些内容的安排充分体现了国际税收协调新机制的战略和技术高度，力求从重建良好有效的税收基础性的工作秩序做起，开展多边税收合作来开展实施。

---

① 陈益刊，缪琦. 国际反避税规则重大变局 中企“避税港注册”或事与愿违 [N]. 第一财经日报，2015-10-13.

② 曹明星. BEPS 方略：新威权主义重构国际税收秩序的集结号？[J]. 国际税收，2014 (7).

1.4.3 追求国际税收公平

BEPS行动计划拥有比较强的技术性的色彩，必然会表现出其相应的战略局限性，如会加剧实体经济活动税收的竞争，越来越多的国家会使用特殊的优惠税收政策来吸引特定的经济活动，造成对相关国家税基的侵蚀。还有BEPS行动计划的实施会导致较长时期国际税收政策的不确定性，因为各国需要相当长的时间，可能需要10年以上的时间来落实BEPS所要修订的内容，不可避免造成一些国家对所签署的税收协定进行调整的时间不一和资源的耗费，且国与国之间的协调也会涉及自身能力大小，很难取得各自满意的成果。BEPS行动计划的内容是反避税，其派生出来的意义是追求税收公平，这一点应当有所体现。

1.4.4 增加国际税收行政负担

由于BEPS行动计划相关资料涵盖范围十分广泛且内容复杂，《BEPS多边公约》的实施必将加重纳税人和政府税务机关大量的工作增加其行政负担。

一般来说，绝大多数的企业都是“希望能够照章办事”的好企业，或者有一些企业因为缺乏内部专门人才，也未能聘请外部顾问，提供必要的意见、建议，从而恰当地发现企业内部存在的问题，故而忽视了法律法规。[①] 只有极少数企业是BEPS行动计划所针对的“坏角色”也即忽视法规的企业。BEPS行动计划针对“坏角色”这类企业群体的影响最小——因为他们本身就忽视法规，所以即使法规内容有所增加，也不会改变他们的行为。客观地说，这类企业大部分都规模较小，这就意味着利用BEPS行动计划进行转让定价审计的可能性比较低，即使是进行审计，审计人员可能不是转让定价专家，这意味着双方主要会通过磋商确定解决方案并继续后续工作，而不会花更多时间思索，究竟什么是各项计划的正确答案。相反，BEPS行动计划对于“希望能够照章办事”的跨国好企业的不利影响最大。

① 德洛里斯·R.赖特，哈里·A.基兹，贾斯汀·路易斯，拉纳·奥滕.BEPS行动计划8最终报告：经济学家的看法（下）[J].陈新，译.国际税收，2016（9）.

原因在于，这些企业可能必须花费大量的时间和资源来理解并执行 BEPS 行动计划相关法律法规，而结果可能是企业最终在各个管辖区的应缴纳税款的数额并没有什么改变，但企业的成本上升了。而对于那些“坏角色”企业应该受到哪些不利影响，如何才能实现？BEPS 行动计划目前似乎还没有具体措施要求。这些企业聘请了众多的顾问，惯于寻觅法规的软肋也就是通常所说的“机会”并加以利用。有些企业可能在高税率及税收管辖严格的区域开始多交税了，但长远发展不利于高税率及税收管辖严格的区域或国家的长远利益。①

由 BEPS 行动计划产生的激励结构或机制会产生一些扭曲结果。目前企业界普遍存在的“公司倒置”，即一些国家税率较高且税务机关做法咄咄逼人，就会迫使该国的企业想方设法保护自己，即该公司通常会购买一家规模较小的位于税收友好的国家，然后将企业总部搬迁至这个国家。现行的 BEPS 行动计划条件下，现行法规及其执行一定会导致这种现象的发生。与此相对应的，企业还会自然而然地将高价值的岗位（如研发和其他技术性的岗位）搬离高税率和税收管辖严格的区域或国家，这样就会减少高价值岗位存在于高税收国家，而这些国家的跨国企业在税率及税收管理方面非常严格，但留下的只是销售人员和仓储设施。这种纳税人针对强势税收征管的对策，会减少而不是增加高税收国家的税收收入。

对应地，BEPS 行动计划促使政府理解其强制实施的各类相关法规对跨国企业行为的影响和相应产生的激励结构或机制。国际化的潮流使得世界变得更小了，企业可以把几年以前无法集中管理的各项功能集中起来，因此，对政府来说，在实施严苛的税法之前，必须对全球大势有所认识。总体上来说，《BEPS 多边公约》的实施必将加重纳税人和各国税务部门的行政负担。

1.4.5 难以达成共识

尽管 BEPS 行动计划产生很大影响，但是，在不同国家得到的认同并不一致，各个国家落实程度不一也会影响 BEPS 行动计划的实际效果。欧盟最积

① 德洛里斯·R.赖特，哈里·A.基兹，贾斯汀·路易斯，拉纳·奥滕. BEPS 行动计划 8 最终报告：经济学家的看法（下）[J]. 陈新，译. 国际税收，2016 (9).

极，改革措施涉及12项行动计划，其他G20国家大多只落实了最低标准，而俄罗斯、巴西、墨西哥等国对成果转化几乎没落实。[①] 这种态度差异主要是对BEPS行动计划没有达到共识。税收是高度主权化的，税收立法、执法、司法都与主权高度相关，而协调经济全球化的BEPS行动计划是完善国际税收规则、遏制跨国企业规避全球纳税义务、打击侵蚀各国税基行为的重要的国际税收协调机制，是与税收高度主权化相对立的。这是BEPS行动计划本身就存在的内生局限性。

1.5 中国面临的机遇与挑战

实施BEPS行动计划后，对构筑其上的国际税收规则有着深远的影响。同样也给我国带来了很多新课题。

1.5.1 参与重建国际税收规则

就世界经济逐渐步入全球化的进程而言，国际税收规则制定的进程基本分为以下几个阶段：第一阶段为“一战”后建立了以建立来源国征税权为代表的国际税收协调机制；第二阶段为《关税及贸易总协定》生效后，自由贸易在全球逐步兴盛带来的关税和贸易环节税收谈判的国际税收协调机制；第三阶段为冷战结束后互联网科技迅猛发展并迅速普及后，资本全球流动并带来生产要素在全球低成本的配置，在资源高度整合基础上遍及全世界大多数国家的收益产生地与纳税地不一致带来的更加深入和彻底的税收协调机制。

在国际税收规则建立之初，跨国企业以制造业为主，以无形资产、营销模式、关联交易等对税收分配影响巨大的要素尚未完全成型，因此缔约国之间的税收协定也是收入来源地国和税收居民国之间的税收利益分配为主，因此税收协定的协调重点多表现为如何避免所得税的双重征税和防止偷漏税。随着科技进步、互联网的发展、数字经济的崛起，跨国企业在全球根据双边税收协定的漏洞制订相应的架构和职能设定来规避收入来源地国征税，同时

① 主编视点［J］. 国际税收，2016（12）.

规避居民国征税。据不完全统计，BEPS 导致的全球企业所得税流失占全球企业所得税总额的 4%~10%，即每年 1000 亿~2400 亿美元。导致税收流失的原因很多，其中包括跨国企业进行的恶意税收筹划。[①]

而从政府的角度而言，自 2009 年世界经济危机以来，从美国的《海外账户税收合规法案》（Foreign Account Tax Compliance Act，FACTA）到 BEPS 行动计划，再到现在的《金融账户涉税信息自动交换标准》，对很多国家的政府来说在税收管理上完全是一种新的状态。随着世界经济一体化，导致税源更广泛，而更多国际组织的介入，税收管理开始改变过去的封闭状态。每个国家的企业所得税征收均有其国内法来约束，但由于各国税务机关间缺乏透明度和合作机制，导致很多跨国交易在收入来源国和居民企业国均没有被征税。由于信息的不对称，各国政府税收损失惨重。为此，G20 委托 OECD 牵头推进了 BEPS 行动计划。

习近平总书记在 2014 年 11 月 16 日 G20 布里斯班峰会发表讲话时指出，“加强全球税收合作，打击国际逃避税，帮助发展中国家和低收入国家提高税收征管能力”。[②] 其核心要义就是加强合作，共同打击国际逃避税，同时，中国参与和推进 BEPS 行动计划的另一个目标还在于帮助发展中国家和低收入国家提高税收征管能力。

随着 BEPS 行动计划的推出，随着越来越多的国家和地区加入 BEPS 行动计划，签署了多边公约和双边合作协议，中国将会更多地参与重塑一个全新的国际税收规则体系。

1.5.2 参与国际税收再分配

据路透社报道：爱尔兰当地时间 2017 年 8 月 16 日，爱尔兰政府宣布，将遵守欧盟委员会裁定，接受苹果公司补缴的 130 亿欧元的税款。苹果公司也已将这笔税款交由第三方机构托管。欧盟认为：苹果公司与爱尔兰政府间协议违反了其“禁止企业借政府扶持之名展开不公平竞争的规则”。但爱尔兰政府也表示，其将继续表达对欧盟委员会裁决的抗议，因此其还将继续等待苹

---

① 经济合作与发展组织. OECD/G20 税基侵蚀和利润转移（BEPS）项目 2015 年成果最终报告（Ⅰ）[M]. 国家税务总局国际税务司，译. 北京：中国税务出版社，2016：29.

② 中国新闻网，http：//www. chinanews. com/gn/2014/11-17/6781734. shtml.

果的上诉结果。[①]

这是一个非常典型的协定滥用案例。爱尔兰并非一个全球征税的国家，据称其给予苹果公司的税收政策也并非仅给予苹果公司一家。可是欧盟委员会频频对跨国企业进行这种反避税行动，揭示了在新的国际税收规则秩序下，国际税收规则面临着再分配的局面。

由于现行国际税收规则多形成于20世纪20年代，规则侧重通过对税收居民、常设机构、积极所得、消极所得等在税收协定中的界定来划分缔约双方的税收权益。传统的跨境货物贸易和劳务服务涉及关税、货物劳务税及所得税，在传统的国际税收规则中也能查找到相应的管理规定。然而互联网技术推动着数字经济的迅猛发展，让这些传统的国际税收规则出现了大片盲区。

数字经济主要依赖无形资产、全球化产业布局，依托互联网进行实物货物或知识产权的交易，购买方可以在全世界任何一个地方下单，通过国际物流将货物送到买家手中。这时，传统国际税收规则中的居民、非居民、常设机构，对跨境数字经济发展显得应对无力。特别是一些跨国公司利用自己在世界经济中的优势，与部分国家或地区进行磋商，利用国家或地区间的税制差异或缺陷，采取激进的税收筹划避免纳税义务，使其在全球税负明显低于合理水平。同时，有些国家为了保护和扶持本国跨国企业在全球的竞争力，即便看到这种状况，也采取听之任之的做法，并不在国内税法中加以限制，也从另一方面更大程度地侵蚀了税收规则不健全、收入比较低的发展中国家的税收利益。

作为处于经济转型期的国家，我国的经济发展既具有发展中国家的特征，又具有发达国家的部分特点。长期以来，跨国公司习惯于将中国子公司定位为功能单一的合约加工、合约销售或合约研发公司，仅给予中国子公司微薄的利润回报。[②] 然而，当中国已经成为世界第一大贸易国、第二大经济体、第二大投资输入国和第二大对外投资国，中国子公司在跨国公司全球布局中承担的功能越来越丰富，在全球价值链中做出的贡献也越来越大。跨国公司依然按照以前的定位给予中国子公司极低的回报，这在相当大的程度上侵蚀了我国的税基。这次BEPS行动计划中提出的从经济行为发

---

① 路透社新闻，http：//www.bbc.com/news/world/2016/12-5/.

② 廖体忠.BEPS行动计划的影响及我国的应对［J］.国际税收，2014（7）.

生地及价值贡献角度对跨国公司利润进行分配的理念和方法，为包括我国在内的很多发展中国家、低收入国家在今后的国际税收管理中争取和维护税收权益提供了机遇。

1.5.3 争取国家话语权

经济基础决定了上层建筑。政府管理本国经济的措施往往体现在对汇率、利率、税率这“三个率”的宏观经济政策上。其中以税率为代表的税收政策作为财政政策的一部分，而财政政策作为政府宏观经济的核心政策，与本国经济水平密切相关。而经济水平又决定了这个国家税收管理的水平。健全的税收立法制度、和谐的税收征管环境、完善的税收征管体系和丰富的税收管理经验是一国进行税收管理的基础。随着我国从资本输入国转为资本净输出国，随着资本“走出去”的，还应该有完善、可行的对外投资的国际税收规则体系。

所有的规则都是参与各方谈判并达成一致的结果，国际税收规则也不例外。中国是发展中国家中唯一的联合国安理会常任理事国，其政治影响力和经济实力在发展中国家中首屈一指。因此，还需要我国在参与国际税收规则的制定时，提高我国国际税收规则话语权。

BEPS 行动计划制订过程的开放性，使发展中国家有机会参与国际税收规则的研究、讨论并发出自己的声音，有助于提升发展中国家在国际税收规则的制定和形成过程中主动保护本国利益，扩大影响力。同时，积极参与 BEPS 行动计划的研讨和修订，也快速提升了我国在税收国际规则制定上的话语权。

1.5.4 融入国际税收体系

由于各国输入、输出国际资本的结构不同，征管能力也不同，参与国际税收信息交换的频率、信息采集成本、信息使用需求和实际效益都存在不同，通常发展中国家以资本输入为主，征管能力又较弱，可能会承担更多的信息提供义务和成本，而信息交换的效益可能更多地为发达国家所分享。因此，在国际税收征管合作中，强调发达国家援助发展中国家的税收能力建设是非常有必要的，这是对税收信息交换权利义务不匹配的一种补偿。① 而这种援助若没有发展中国家积极参与国际税收规则的制定、并将之以法律文本的形式固定下来，是无法得到保障的。因此，此轮国际税收改革，发达国家和发展中国家都期待中国在制定税收国际规则、维护良好税收秩序方面发挥重要作用。

就我国而言，2016 年 G20 杭州峰会，习近平主席就"支持国际税收合作以建立一个全球公平和现代化的国际税收体系"等内容与 G20 成员领导人达成共识。② 2017 年 6 月 7 日，经国务院授权，中国国家税务总局局长王军代表中国政府签署了《实施税收协定相关措施以防止税基侵蚀和利润转移的多边公约》（《BEPS 多边公约》）。截至 2017 年底，我国已签署了 3 个多边税收条约，与 106 个国家签署了避免双重征税的税收协定，内地与香港特别行政区、澳门特别行政区签署了避免双重征税的安排，大陆与台湾签署了避免双重征税协议。③ 可以看出，我国在尽力融入国际税收体系并履行一个大国应有的责任。

1.5.5 实质征税原则有利于维护我国权益

作为处于经济转型期的国家，我国的经济发展既具有发展中国家的特征，又具有发达国家的部分特点。长期以来，跨国公司习惯于将中国子公司定位为功能单一的合约加工、合约销售或合约研发公司，仅给予中国子公司微薄的利润回报。近年来，中国公司在跨国公司全球布局中承担的功能越来越丰富，在全球价值链中做出的贡献也越来越大。这次 BEPS 行动计划中提出的从经济行为发生地及价值贡献角度对跨国公司利润进行分配的理念和方法，为我国在今后的国际税收管理中争取和维护我国税收权益提供了机遇。④

1.5.6 现实国情国力与国际社会的差距

受制于研究能力、经验、语言和资源约束等因素影响，我国在参与国际

① 龚辉文. 对 BEPS 行动计划及其成果的若干认识［N］. 中国财经报，2017-07-12.

② 2016 年 G20 杭州峰会公告［EB/OL］. http：//www. askci. com/news/finance/20160906/08515359851_2. shtml.

③ 国家税务总局网站，http：//www. chinatax. gov. cn/.

④ 颜洪立. 税基侵蚀和利润转移对我国税收的影响——以北京市朝阳区地方税务局为例［J］. 税收征纳，2017（1）.

税收规则制定方面仍与发达国家存在相当距离，BEPS 行动计划的最终成果能在多大程度上符合我国利益和期望尚难以预测。①

1.5.7 履行国际税收义务的压力

BEPS 行动计划的最终成果已在 G20 峰会上由各国领导人背书，虽然在法律层面并不形成硬性约束，但政治层面的承诺以及其他国家在 BEPS 行动计划框架下开展的税制改革，都将不可避免地对我国税收制度和税收管理产生重要影响。不论 BEPS 行动计划实施的最终结果如何，我国都将面临接受新规则和履行国际义务的压力。②

1.6 中国“走出去”企业的机遇与挑战

科学技术的进步和互联网的迅猛发展，不仅使跨国企业通过资本全球流动和数字经济赚取了巨额利润，同时也给各国政府进行全球税收合作带来了机遇和挑战。实施 BEPS 行动计划以后，各国政府在国际税收合作和税收信息透明化趋势下，将越来越多地采取双边和多边信息共享，对于中国“走出去”企业而言，同样面临着本国政府与被投资国政府在税收上的监督与约束。

1.6.1 全球信息披露要求的提高

随着全球经济一体化的深入，跨国企业的商业模式正发生着深刻的变革，借助其全球经营布局而进行的税收筹划和避税安排显得更加复杂和隐蔽。单个国家专门针对某一种避税类型采取的特别反避税措施，难以有效应对层出不穷的避税手段，为此越来越多的国家开始启用一般反避税规则（General anti-avoidance rule，GAAR）。③ 第 12 项行动计划建议把各国设计

① 廖体忠. BEPS 行动计划的影响及我国的应对 [J]. 国际税收，2014 (7).

② 何杨，张慧祎. BEPS 行动计划对政府及企业的影响分析 [J]. 国际税收，2016 (12).

③ 高阳，贾兰霞. 深入解读《一般反避税管理办法（试行）》——访国家税务总局国际税务司副司长王晓悦 [J]. 国际税收，2015 (1).

纳税人税收筹划方案披露机制，以加强各国税务当局对税收风险的监管和防控。企业需要根据当地政府的要求披露过激的税收筹划方案以及方案使用者早期信息。

强制性披露规则要求“走出去”跨国经营的企业对其涉税行为及税收筹划予以强制性披露。包括披露核心资料、本地资料、分国别报告等文档，内容涵盖集团公司全球组织架构、财务数据、税务数据、转让定价政策等各项信息。各国税务机关将根据这些信息对企业纳税行为进行评估。

截至2016年9月，101个税收管辖区承诺实施《统一报告标准》（Common Reporting Standard，CRS），84个税收管辖区已签署金融账户涉税信息交换多边主管当局间协议。《多边税收征管互助公约》已覆盖104个税收管辖区，其中89个税收管辖区已生效执行。

各国信息披露要求将不断提高，我国“走出去”跨国经营的企业将面临信息收集的时效性和成本的挑战：

（1）披露工作时间要求比较紧，对现有的信息系统和人员储备要求较高。

（2）“走出去”企业较少像境外跨国公司那样常态化收取知识产权特许权使用费，因此无形资产管理的商务模块缺少。

（3）转让定价政策体系缺失。

（4）很多企业“走出去”还沿用以前的投资路线，而已有部分国家对设立在避税岛的公司实行惩罚性税收，以打击有害税收实践。通过设立在第三国的中间持股公司投资海外项目，可能被认定为税收协定滥用，导致税负增加。

（5）没有专门负责税收信息报告和转让定价的职业化团队。

同时，各国税务机关之间信息沟通的增强，使企业的供应链、无形资产、人员调动、融资等经营信息将透明可视。如果信息收集方式较为原始，缺乏可视化的进度和状态监控措施，企业可能无法做好税务风险预警，或信息申报的质量欠佳，导致在面对税务机关质疑时措手不及。[①] 为此我国“走出去”企业需了解各国对信息披露的具体政策及要求，并据此制定和调整企业信息系统与信息披露的工作文档和流程。各国对于信息披露的立法会有时间和内容上的差异，这将加大我国“走出去”企业的合规工作量。

---

① 吴嘉源，安洁．“走出去”企业面临六大税务挑战［N］．中国税务报，2016-03-04.

1.6.2 更新关联方交易定价规则

我国“走出去”跨国经营的企业，技术输出已日益普遍，但在向境外子公司或关联企业提供商誉、商标、专有技术和客户清单等无形资产时，很少收取相关特许权使用费，减少了境内企业应税所得，损害了我国税收利益。[①]同时“走出去”跨国经营的企业集团内劳务服务日益频繁，与此同时免费提供劳务、不合理分摊劳务费用等情况不断涌现。随着全球税收信息披露的要求不断提高，我国“走出去”跨国经营的企业需及时建立、完善和更新企业关联交易定价规则，减少税收风险。

1.6.3 规范税收协定优惠享受

BEPS 行动计划中与税收协定有关的有五项：第 2 项、第 6 项、第 7 项、第 14 项和第 15 项。这些措施有个共同的特点，都是需要通过双边协定或多边税收公约来实现。由于涉及双边税收协定和多边税收公约，这些行动计划的落实将对现有的国际税收规则带来极大影响。

各国政府已开始通过修改协定文本、调整协定的国内法解读、加强非居民企业税收协定优惠申请征管等一系列措施，防止企业滥用税收协定优惠。可以预见，未来“走出去”跨国经营的企业在不同国家享受税收协定优惠的难度会大幅增加。如果不及时进行相关架构、安排的调整，很可能导致税务成本增加、税后投资回报减少的不利后果。[②]

1.6.4 完善受控外国公司征管法规

全球已有 36 个国家设置了受控外国公司（CFC）规则。也有很多国家由于其经济特点并不需要受控外国公司规则。而我国已经开始对受控外国企业法规进行细化更新，逐渐加强对境外税源的管理和挖掘。

对于“走出去”跨国经营的企业而言，若对这一反避税措施的推进、落

① 陈奇志. G20 重点关注 6 种无形资产避税手段［N］. 中国税务报，2015-07-10.

② 吴嘉源，安洁.“走出去”企业面临六大税务挑战［N］. 中国税务报，2016-03-04.

地没有足够的关注，可能导致中国国内税收支出增加，甚至导致境外已缴纳税收无法在境内进行抵免的情形。①

1.6.5 拓展常设机构定义范围

在传统国际贸易中，所得税按国际税收协定或各国国内税法规定，在非居民企业常设机构或固定营业场所所在地，以及非居民个人住所或劳务发生地征收。

BEPS 行动计划关于常设机构的定义进行修改，强化了对常设机构的监管，以防止贸易活动征税权在不同国家之间的划分规则被滥用，确保跨国集团不会通过复杂的供应链安排来进行人为规避税收监管。这些修改都使得企业更加难以通过一些特定人为安排规避构成常设机构。同时，OECD 将针对常设机构利润归属问题提供更多的指引，以便及时通过多边工具实施对于税收协定中常设机构规则的修改。

规避构成常设机构的行为主要分为四类：第一类，通过佣金代理人或类似安排避免构成常设机构；第二类，通过特定活动的豁免条款规避构成常设机构；第三类，通过合同拆分规避构成常设机构；第四类，保险公司在某一国开展大规模业务活动却不在当地设立常设机构。许多 OECD 成员国的税务诉讼案均涉及佣金代理人安排，可见这一安排在许多国家都已是税务机关重点关注的事项。对于我国“走出去”跨境经营的企业而言，其他需要关注的风险包括：过去境外税务机关定义为准备性或辅助性的活动，现在可能被重新定义为核心业务活动，从而构成常设机构需要纳税；过去关于建筑工地的豁免条款由于被跨国企业通过关联交易形式被滥用，而在未来将会被严格限制使用。

为实现贸易利润征税权的再分配，也为了应对电子商务带来的跨境税收新形势，各国政府将对“常设机构”这一概念进行更宽泛和详细的定义与解读。通过人员派遣或者雇佣市场所在地代理人的形式开展跨境业务的企业在相关国家构成常设机构并承担额外税负的风险将增加。若额外的税负无法在居民国进行税收抵免，则很多按照传统模式“走出去”的跨境经营企业的整

① 吴嘉源，安洁.“走出去”企业面临六大税务挑战［N］. 中国税务报，2016-03-04.

体税负将有所上升。[1]

1.6.6 限制境外融资费用税前扣除

为了防止跨国公司利用关联方借款任意避税，各国税法都开始对关联方借款费用的税前扣除进行严格限制，跨境企业向关联方支付的超过债资比的利息支出将不得在税前扣除。

由于境外资金成本较国内更为低廉，加上我国实施外汇管制，进而增加了“走出去”企业境外融资的内在需求和迫切性，然而这些利息扣除的新老规定，对于我国“走出去”跨国经营的企业而言，大大增加了利息扣除的难度和后续风险程度。

① 吴嘉源，安洁.“走出去”企业面临六大税务挑战［N］.中国税务报，2016-03-04.

2. BEPS 行动计划参与国家（地区）落实措施

在国际税收百年历史上，从来没有过国际社会如此大规模地齐心协力共同应对 BEPS 的挑战，也少见许多国家如此迅速地采取行动积极响应 G20 的号召。

2.1 G20 成员的落实措施

G20 由中国、美国、日本、德国、法国、英国、意大利、加拿大、俄罗斯、澳大利亚、南非、阿根廷、巴西、印度、印度尼西亚、墨西哥、沙特阿拉伯、土耳其、韩国 19 个国家及欧盟组成，人口将近世界总人口的 2/3，生产总值约占全世界的 85%，贸易额占全球的 80%。G20 迄今已举行过 11 次峰会，主要讨论全球重大经济金融热点问题，为推动世界经济复苏及国际金融体系改革做出重要贡献。①

2016 年 11 月 24 日，OECD 公布了《实施税收协定相关措施以防止税基侵蚀和利润移转的多边公约》（《BEPS 多边公约》）。这标志着举世瞩目的 BEPS 行动计划在历经近三年半之后，其全部 15 项内容终于逐一推进完毕。首次高层签字仪式也于 2017 年 6 月举行。

作为 OECD 起草的 BEPS 行动计划的最大背书方，G20 在 2017 年 7 月德国汉堡峰会上，继续以公报形式呼吁 G20 杭州峰会上的有关内容，以促进 15 项行动计划最终成果的转换。G20 成员采纳 BEPS 项目的力度和广度最为整齐一致。以下是 G20 各国关于 BEPS 行动计划的执行情况。

---

① 中华人民共和国外交部网站，http：//www. fmprc. gov. cn/web/gjhdq_676201/gjhdqzz_681964/ershiguojituan_682134/jbqk_682136/.

■ 中国

（1）中国大陆

中国始终积极参与 BEPS 行动计划的制订与落实。中国认为，《BEPS 多边公约》的签署，实现了国际税收合作的多重目标，既能应对 BEPS，保护国家税基安全，又为多边税收合作提供法律框架，为跨境纳税人提供税收确定性，增进跨国投资者的信心。[①]

2016 年 2 月 23 日，OECD 发布“BEPS 包容性框架”，并于几天后在上海举行的 G20 财长会议上签署通过。中国当选为框架的副主席，增强了中国在国际税收领域的规则制定权和话语权。

中国是修订协议数量最多的国家之一，中国税务部门对进一步深化国际税收合作有“三点期待”：一是期待更多协议伙伴加入《多边税收征管互助公约》（以下简称《公约》）。中国愿意通过不同的渠道，与各国分享参与 BEPS 行动计划和《公约》制定工作的体验；二是期待《公约》在各国批准生效和执行。《公约》的签署只是第一步，今后执行的任务会更重，需要从立法、执法、技术与人才等方面做好准备。各国要切实履行承诺，确保《公约》实施的一致性和协同性；三是期待共同促进经济包容发展。中国将积极落实 G20 杭州峰会的共识，促进税收政策多边协调和税收征管多边合作，构建公平和现代化的国际税收体系，同时帮助发展中国家加强税收征管能力建设，推动经济全球化和包容发展。

近年来，我国全面参与国际税收改革，充分利用 G20 委托 OECD 对国际税收治理体系进行重塑的有利时机，积极参与 BEPS 行动计划，立足我国自身推进税收改革的成效和经验，先后向 OECD 提出一系列立场声明和建议，不断将发展中国家的诉求和理念有机融入国际税收新规则体系，逐步筑牢由过去的“参与者”到现在的“引领者”、由简单的双边合作到综合的多边合作的基础，为促进公平和现代化的国际税收体系建设发出了中国声音，为打造“创新、活力、联动、包容”的世界经济贡献了中国智慧。[②]

①发布《特别纳税调查调整及相互协商程序管理办法》

为进一步完善特别纳税调查调整及相互协商程序相关工作，国家税务总局借鉴 BEPS 行动计划成果，发布了《特别纳税调查调整及相互协商程序管

① 国际税改取得重大成果　中国签署《BEPS 多边公约》[EB/OL]. http：//www. ccstock. cn.

② 中国政府签署《BEPS 多边公约》[EB/OL]. http：//news. eastday.

理办法》（国家税务总局公告 2017 年第 6 号发布，以下简称《办法》）。

《办法》吸收 G20 国际税改的最新成果，结合我国税收实践，对特别纳税调查调整作出进一步完善，具体包括：进一步规范明确了特别纳税调查调整程序；增加了无形资产、劳务关联交易的相关规定；对特别纳税调查中的重要事项予以明确。

总体来看，《办法》对特别纳税调查调整的规定更加清晰透明，内容更加全面，符合新的国际税收形势。

《办法》规定实际税负相同的境内关联方之间的交易，只要该交易没有直接或者间接导致国家的税收收入减少，原则上不作特别纳税调整。但如果境内关联方之间的交易直接或者间接导致应税利润从我国境内转移到境外的，税务机关有权对其进行特别纳税调整。

《办法》规定的相互协商程序既适用于税收协定缔约一方实施特别纳税调查调整引起另一方相应调整的协商谈判，也适用于双边或者多边预约定价安排的谈签。《办法》规定的相互协商程序不适用于涉及税收协定条款解释或者执行的相互协商程序。

②116 个双边税收合作机制全力服务对外开放

中国国家税务总局与 OECD、IMF 等 25 个国际组织建立了合作关系，与包括“一带一路”沿线国家（地区）在内的 116 个国家和地区主管税务当局建立了双边税收合作机制，并与金砖国家建立税务局长会晤机制。避免双重征税协定作为双边税务合作的法律基础，充分发挥了为跨境纳税人减轻税收负担、避免双重征税、提高税收确定性、解决涉税争议的积极作用，有效服务了我国“引进来”和“走出去”的对外开放战略。

2016 年，中国与柬埔寨、罗马尼亚、波兰、马来西亚、巴基斯坦等国签署税收有关协定、议定书，此外还与美国、加拿大、法国分别签署了税务合作备忘录。与此同时，在避免双重征税协定框架下积极开展双边磋商，为纳税人解决跨境涉税争议，2016 年开展双边磋商 67 例，为跨国企业消除双重征税 50 亿元。同时，借助联合国国际税收合作专家委员会的平台，中国积极参与《联合国发展中国家转让定价实用手册》的编写和修订工作，提出了“成本节约、市场溢价”等具有世界影响力的反避税观点与理念，得到了积极评价。

OECD 税收政策与管理中心主任帕斯卡认为：“中国目前正在全面参与国际税收规则的改变，已经成为我们正在建立的国际税收社区的重要成员，中国在推动 G20 成员将税收提到非常重要的议程方面发挥了重要作用。”

到 2017 年 12 月，中国与 116 个国家和地区建立了双边税收合作机制，签订双边税收协定、安排和协议已达 106 个，覆盖绝大多数“一带一路”沿线国家（地区），形成世界上第三大税收协定网络，覆盖了中国主要对外投资目的地。[①]

（2）中国台湾

我国台湾地区“立法院财政委员会”于 2013 年 4 月 1 日初审通过“反避税条款”，自 2015 年开始，企业在免税天堂设立境外公司，其企业的居住者身份，将视其“实际管理处所”所在地决定。实际管理处所若在台湾地区，就视为台湾企业，并负起缴纳全球所得税的义务。“实际管理处所”的认定，例如企业的董事长或总经理等主要经理人的生活与工作重心都在台湾地区，或营业活动、重要决策都是在台湾地区进行等。此次修法除了配合推动会计准则与国际接轨，导入国际会计准则（International Financial Reporting Standard，IFRS），降低上市公司编制财务报表后所产生的税务冲击，防范企业利用海外子公司及个人利用海外“空壳公司”避税。台湾地区参考国际“受控外国公司（CFC）制度”，修订部分所得税条文。2015 年度起，台湾地区营利事业直接或间接持有，符合一定条件之国外关系企业半数以上资本或对该关系企业具有“重大影响力”，应按该关系企业当年度盈余，依据持股比率确认投资收益；该关系企业实际分配盈余时，免重复计入所得额课税。企业在免税天堂设立境外公司，其企业的居住者身份，将视其“实际管理处所”，并负起缴纳全球所得税的义务。

为避免企业将公司登记于台湾之外以规避税负的情形，台湾地区于 2016 年 7 月公布了所得税规定，营利事业实际管理处所（Profit enterprise management，PEM）在台湾地区内的，应视为总机构在台湾的营利事业，履行所得税法及所得基本税额条例所规定的相关税款报缴、扣缴及股利凭单填报等义务。

2017 年 5 月台湾地区修订了“实际管理处所适用办法”，其重点是实际管理处所在台湾的构成要件、不纳入实际管理处所判断要件、自行申请适用实际管理处所以及举证责任。该办法澄清了处分实际管理处所股权之所得来源地认定，为与分配股利适用相同的课税基准，处分实际管理处所股权应视

① “税收利益共同体”丝路实践——瞭望新闻周刊。

为“处分台湾区内的营利事业股权”，其增益为台湾地区来源所得，应依相关税法规定征免所得税。①

此前台湾地区所签订为避免双重课税的所得税协定中有关“信息交换”条文，一般为个案性信息的交换。2017 年 5 月重新修订的有关税务用途信息交换及相互提供其他税务协助条约或协定的授权签订，其范围扩及应自动或自发提供缔约他方的咨询，并包含持有金融账户资讯者应进行金融账户尽职调查及信息提供，实现了统一报告标准在台湾地区的立法。

（3）中国香港

香港特别行政区财经事务及库务局在 2016 年 10 月 6 日发布了《打击“侵蚀税基及利润转移”措施咨询文件》（以下简称咨询文件），并邀请相关持份者（公众）对政府即将采取的有关打击“侵蚀税基及利润转移”的措施发表意见。这意味着香港作为 BEPS 行动计划合作框架成员之一，继 2016 年 6 月向 OECD 就 BEPS 行动计划及其实施作出承诺后，正式开始着手落实 BEPS 行动计划在香港实施的准备工作。

咨询文件旨在集中落实 BEPS 行动计划提及的 4 项最低标准。为了有效实现上述措施，咨询文件亦涵盖了第 8 项—第 10 项和第 15 项行动计划方案。咨询文件定于 2016 年 12 月 31 日前征询相关持份者（公众）的意见，并在 2017 年年中向立法会提交有关《税务条例》（Inland Revenue Ordinance，IRO）的修订建议。

2017 年 6 月，中国香港和爱尔兰签署了涉税信息自动交换协议，预计将于 2018 年进行首次信息交换。中国香港政府发言人表示，中国香港政府一直在寻求扩大香港的金融账户涉税信息自动交换网络。目前，中国香港共有 12 个金融账户涉税信息自动交换伙伴，其中包括爱尔兰。香港政府还在计划将 OECD 的《多边税收征管互助公约》扩展至香港。

■ 美国

2016 年美国在国际税法方面所做努力主要关注于使美国税源流失的跨国集团税务倒置交易，响应 OECD 号召就 BEPS 项目进行国内立法、加快美国人境外账户在全球合规申报的执行进程。

在 BEPS 项目中建议参与国家要求跨国集团在分国别报告中对每个有经营

① 记者林政忠、吴泓勋. 中国台湾防堵利用免税天堂避税，反避税条款立法院初审过［N］. 联合报. 经济日报. 2013-04-01.

活动的国家进行报告。作为回应，美国国内收入局（Internal Revenue Service，IRS）在6月发布了最终法规 T. D. 9773，要求跨国企业提供分国别报告。T. D. 9773 要求最终集团母公司为美国公司的跨国集团公司，如果上年集团年度收入达到 8. 5 亿美元，则需要在年度纳税申报时提交 8975 号申报表，以满足分国别信息收集要求。报告要求提供集团中每个实体的名字、税收居民管辖地、当地纳税人代码、主要的经营活动。

2016 年 2 月 17 日，美国财政部发布新修订的《美国所得税协定范本》。为了打击税基侵蚀行为，该修订版强化了利益限制条款，增加了反滥用税收协定规则，采纳了强制仲裁程序。修改税收协定范本是美国对 G20 税收改革做出的制度性回应。G20 国际税收改革目的是打击跨国公司国际逃避税和双重不征税。美国是跨国投资最多的国家，自然受到的冲击最大，因此美国国内对 BEPS 意见不一。但是美国在相互协商以解决国际争端并增强税收确定性，防止税收协定滥用两个领域是持积极态度的，这两者都符合美国利益。①

2016 年 4 月国内收入局发布了临时法规 T. D. 9761，旨在抵制公司通过倒置交易及某些倒置后避税交易以规避税法第 367 条和 7874 条的税务安排。随后，国内收入局于 10 月发布了最终法规 T. D. 9790，将税法第 385 号的债权/股权分类规则进行了明确，通过在某些情况下对关联方之间的借款重新定义为股权以抵制收益剥离的问题。

此外，美国还发布了受控外国公司反避税条例，并基于 901（m）条款出台一些临时性和拟定的规定，基于所谓的“覆盖资产收购”原则对境外税收抵免进行限制。此外，政府于 2016 年发布了 2016-73 号通知，关于包含外国企业和入境非确认交易的三方重组。

美国财政部和国内收入局已经就《国内税收法典》第 367 条第（a）和（d）款出台了最终规定，以防止某些财产被免税转移至境外，包括（尤其是）外国商誉和持续经营价值。最终的财政规章大致上反映了 2015 年 9 月颁布的暂行财政规章的规定，保留了暂行财政规章中包含的追溯生效日期，因此，最终财政规章适用于 2015 年 9 月 14 日当天以及之后发生的境外转移行为。

2017 年 7 月，美国通过了《虚拟货币商业统一监管法》，将规范虚拟货

① 廖体忠. 2016 年世界税收十件大事点评［J］. 国际税收，2017（2）.

币的业务活动设定法律框架。该法案内容包括许可证、互惠、消费者保护、网络安全、反洗钱等诸多监管方面，必将极大影响美国数字货币领域的立法与监管进程，进而影响虚拟货币商业领域的税收监管。

■日本

日本2015年修改了《消费税法》，以落实BEPS行动计划，对跨境电子服务实行增值税消费地征税原则。即自2015年10月1日起，日本对跨境电子服务提供商应在日本进行税务登记（音乐、电子书、广告等），在B2C模式下，2015年7月1日开始缴纳8%消费税（2019年10月1日起为10%）。在B2B模式下，采取“反向征税”方式，规定接受服务的本国事业者缴纳消费税，从而推进BEPS行动计划的落实，促进数字经济的发展。①

日本2016年税改大纲要求，跨国公司自2016财年起，向当地税务机关提交同期资料文档时应分别提供地方文档、主文档和国别报告，详细提供跨国企业集团机构组织、经营战略、跨国关联交易和集团内部融资活动情况，以落实第13项行动计划——要求纳税人向税务机关提供高水平的转让定价资料（地方文档、主文档和国别报告），强化对跨国企业集团全球运营情况的跟踪和管理，以维护本国税收权益，推进国际税收秩序公平、公正。

日本于2017年告别单一税率，2021年引入增值税（消费税）发票制度。日本自1989年4月1日引入消费税以来，一直采用单一税率。为缓解消费税的累退性，日本结束单一税率时代，在2017年4月1日上调消费税税率至10%（与地方消费税合计：中央7.8%、地方2.2%），同时引入消费税减轻税率8%（与地方消费税合计：中央6.24%、地方1.76%），适用对象为食品、饮料（酒类除外）和报纸，并且将于2021年4月1日引入国际通行的增值税（消费税）发票制度，取代现行无须区分税率和税额的进项税额抵扣制度。②

日本正处在税务改革的重要时期，2016年12月，执政联盟发布《2017年税收改革提案大纲》，受控外国公司规则发生重大修订，使其接近于BEPS第3项行动计划报告中提出的“最佳实践”建议。

■德国

在OECD发布BEPS行动计划之前，德国已于2013年修改税法以应对混合错配问题，并相应出台了股利收入的税收原则。根据新修订的税收

① 刘馨颖. 日本消费税增税改革的几点启示［N］. 中国财经报，2016-10-25.

② 刘馨颖. 亚洲主要国家税改最新动向［N］. 中国税务报，2016-05-12.

原则，只有当股息支付不减少收款人的收入时股息支付人才能享受股息税前扣除，此外，基于双重税收协定的股息支付的税前扣除也要遵从上述原则。

此外，德国政府发布了关于关联方跨境支付的特许权使用费的税前扣除的草案。该草案规定：关注特许权使用费因为收取方可以享受知识产权优惠，而得以缴纳较低的税收的情况，而这种知识产权税收优惠制，不符合第 5 项行动计划报告中的“关联法”的规定。如果该草案获得批准，将适用于 2017 年 12 月 31 日以后应支付的特许权使用费。

就中德双边税收而言，双方于 2014 年签署了新的避免双重征税协定及议定书（以下简称新中德协定），新中德协定于 2016 年 4 月 6 日生效，适用于 2017 年 1 月 1 日之后所取得的所得。新中德协定对相关条款进行了广泛修订。主要包括：判定工程建筑型常设机构的时间从 6 个月延长到 12 个月，股息所得的预提所得税限制税率降低至 5%，调整财产收益在居民国与来源国之间征税权划分的原则等。此外，新中德协定还增加了防止协定滥用的条款，旨在防范以获取税收协定优惠为主要目的的安排或交易，并允许两国适用各自的国内法打击滥用税收协定的行为。这些规定与 OECD 关于 BEPS 第 6 项行动计划——防止税收协定优惠的不当授予相吻合。

2017 年，由于外商投资的数量不断增加，尤其是中国投资者的投资，为了更好地保护本国企业，德国联邦政府认为有必要相应调整现有的评估程序，计划大幅度扩大外商投资管制的适用范围并延长各个阶段的审查期。修正案不仅扩大了特定行业审查的适用范围，而且还扩大了跨行业审查的适用范围，并进一步阻止其规避。

■ 法国

在数字经济的传播日渐广泛的背景下，法国也面临着跨国公司在法国境内通过网络获得数据并加以利用获得利润，而将所得转移至避税地等问题，这就使对来自法国境内所得的征税无法有效实施，从而导致大量的税收流失。此外，跨国企业利用海外的关联公司转移风险和职能以躲避法国政府的征税。为此，法国政府展开了一系列行动以应对数字经济带来的税收问题。

在加强税收调查力量方面，法国政府一方面加强税务机构的税收调查力量，设立了税务警察，拥有调查的强制性权力，以执行税法、调查偷税漏税案件、打击违法犯罪行为。另一方面，在国外税警的基础上，拓展了法国国内税警的调查权。①

为加强银行的透明度，增强法国银行的涉税信息报送义务，法国政府要求法国银行每年都要报送其国外分支机构的名单，以及其经营业务的详细内容，包括交易、营业额等内容。

为解决避税地对于税收情报交换的回避问题和不合作态度，法国采取了公布这些国家和地区名单的措施，并规定凡是向该名单中国家或地区的居民支付利息、股息及特许权使用费，其适用的预提税税率将提高到 75%。

2016 年 11 月，法国提议要求公开分国别报告信息。然而在 2017 年，这项法国议会通过的法律被法国宪法委员会裁定为违宪。该项要求公开分国别报告信息的法律侵犯了宪法赋予公司的自由权，将造成公司的商业敏感信息泄露给竞争对手。此外，为应对数字经济挑战，法国正在考虑设立新税种，对在其境内网络数据的收集及利用征税，同时对数字经济中的常设机构重新定义，特别是规定将在法国境内为网络数据的收集提供服务的公司，视为虚拟常设机构。

■ 英国

英国 2015 年财政法案引入新税种——转移利润税，规定从 2015 年 4 月 1 日起，凡跨国公司在英国经营所产生的利润转移至国外时，将被征收 25% 的所得税。企业必须在 30 天内缴纳所有税额，否则将面临处罚。

2016 年是英国脱欧局势风起云涌的一年，在脱欧公投以前，英国财政大臣奥斯本于 3 月 16 日宣布对英国税收体制进行重大调整：5 年内将公司税主要税率从目前的 20% 降至 17%，达到 G20 成员最低水平；将资产（不包括住宅）出售的资本增值税率从 18% 降至 10%；打击不健康食品，对含糖饮料生产商加征新税；限制企业用过去亏损和债务利息抵税；进一步打击跨国公司避税行为。② 此外，英国政府于 2016 年发布了很多税务文件，其中最重要的是，政府公布了将构成财政法案 2017 相关条款的草稿，包括：利息扣除限制条款、税务亏损结转限制条款、放宽实质持股免税条件以及关于成本分摊协议的"专利盒"规则的修订等。

2017 年 8 月 7 日，英国政府表示，将在未来数月内发布针对脱欧政策重

---

① 杨杨，杨晓倩. 法国数字经济税收相关问题探析——基于全球 BEPS 行动计划 [J]. 税收经济研究，2015（04）：7-12.

② 英国宣布下调公司所得税至 17% [EB/OL].（2016-03-21）[2018-02-03]. http://www.caam.org.

要事宜的文件，该意见书涵盖的主题将包括英国想要达成的关税同盟替代选项，下阶段脱欧谈判会涉及的爱尔兰边境问题，以及英国对欧盟欠费的财务计算公式。英国未来与欧盟的谈判结果还存在很大变数，因此对税收政策的影响也存在很强的不确定性。

另外，英国政府发布了关于将从 2017 年 1 月 1 日开始实施的混合错配规则的操作指南草稿向公众征求意见，截止日期为 2017 年 3 月 10 日。此外，政府在许多方面开始征询意见，例如实质持股免税改革、增值税合并纳税范围。

关于多边协定，英国政府表示，不会采纳对常设机构定义的大部分修改，因为英国已经单边实施的利润转移税，会带来相同的结果。这种无论其他国家意向如何都不改变双边协定的态度值得关注。

英国也在积极推进第 4 项行动计划，政府发布了一项新法案的草案，草案包括集团比率规则的运用和公共基础设施项目的豁免，总体上与 2016 年 12 月草案一致，但也有一些区别，比如包括了结转限额按集团净英国利息收入额提高的可能性。草案实施的日期为 2017 年 4 月 1 日。

■ 意大利

意大利在 BEPS 行动计划项目的落实中主要关注通过税收优惠制度刺激经济增长，2015 年制定“专利盒”制度来鼓励企业开展研发活动时，就依据第 5 项行动计划采用了“关联法”，要求纳税人享受税收优惠政策的收入必须与其创造知识产权的研发活动有直接联系。①

2016 年，意大利作为欧盟成员国之一参加了欧盟增值税跨境裁定试点项目。在该项目中，当纳税人计划在两个或多个参与成员国间开展复杂的跨境交易时，可以要求就其面临的增值税处理问题进行预先裁定。该试点项目于 2013 年 6 月开始，将持续到 2018 年 9 月 30 日。

2016 年 1 月 1 日生效的意大利 2016 年预算法案，将所有数字出版物的增值税税率从 22%降到 4%。该举措与欧盟法院在 2015 年 3 月对电子书税收问题作出的裁决相冲突。欧盟法院认为，增值税低税率只能适用于欧盟《增值税指令》附件三涵盖的商品与服务，即只适用于“实物方式提供的书籍”。②

---

① 李娜. BEPS 项目在欧盟的落地情况及对中企赴欧投资的影响［J］. 国际税收，2016（12）：24-27.

② 高仲芳. 国际税讯［J］. 国际税收，2016（4）.

在意大利 2017 年预算法案中，名义利息扣除发生变化：40%额外折旧政策扩大到某些有形资产；提供资产税基提升的机会；研发费用税收抵免的扩充。此外，意大利还规定如果跨国公司不提交或者不按要求提交分国别报告的，将被处以 1 万~5 万欧元的行政罚款。

■ 加拿大

2014 年加拿大联邦政府推出离岸税务线人计划（Offshore Tax Informant Program，OTIP），重点打击国际逃税漏税，对于举报隐瞒海外资产税务的，追缴税款达 10 万加元以上的，线人将获得税金的 5%~15%作为奖励。[①] 加拿大税务局计划在 2017—2018 财政年度，审查游走于加拿大与 4 个海外地区共 10 万宗交易，锁定极可能涉及避税或瞒税的税民身份。

此外，加拿大政府解释了加拿大将如何把最近签署的 OECD 多边公约条款纳入加拿大的税收协定体系中，从而打击税基侵蚀和利润转移。加拿大政府表示，最低标准包括将新的序言和实质性技术规则引入现有税收协定。技术规则旨在防止“税收协定滥用”，即企业和投资者通过股权架构获取其本不应享有的税收协定中规定的税收优惠。加拿大将引入公约中提到的“主要目的测试”，对于那些主要目的之一就是为了获取税收协定下税收优惠的股权安排或交易，这一测试将剥夺它们所享受的税收优惠。从长远来看，加拿大将争取在双边基础上进行谈判，详细制定符合最低标准的税收优惠范围。最低标准的采用将影响加拿大所签署的大部分税收协定。然而，协定正式变更，还须经过相关税收协定伙伴批准签署多边公约，同时将和加拿大的税收协定纳入公约的覆盖范围。

除了最低标准规定和具有约束力的强制性仲裁之外，加拿大将对公约的其他条款提出保留意见。

加拿大联邦财政部宣布，加拿大于 2017 年 7 月 1 日起实施统一报告标准，加拿大金融机构被要求在此日期前制定好相应的程序来识别税务非居民持有的银行账户，并报告给联邦税务局。加拿大金融机构会按照统一报告标准的要求，向加拿大联邦税务局报告这些由税务非居民，或者税务非居民实际控制的实体所拥有的银行账户，加拿大联邦税局会将这些信息传递给相应的签约国家。加拿大联邦税局也会接受其他国家税务机关传递过来的加拿大税务居民持有的在其他签约国持有的金融账户的信息。

---

① 加拿大联邦严查海外资产，税局追到中国查逃税［EB/OL］. http：//blog. sina. com.

■ 俄罗斯

俄罗斯总统普京于2014年11月24日签署了《反离岸法》（De-offshorization Law），从2015年起实行。其中包括以下几项有关税收协定的内容：将受益所有人（Beneficial Owner）定义为透过其直接或间接参与或控制的组织，有权独立对该所得使用或是处分的人，或是从执行功能、承担风险来判定，对该项所得拥有最终决定权的人。①

此外，根据反离岸法的规定，对于所有不动产股权公司的股份转让收益，不论该不动产股权公司是否在俄罗斯境内设立，俄罗斯将有权征税。这个条款也已经被纳入俄罗斯与塞浦路斯、卢森堡、瑞士的税收协定里，而且即将纳入与荷兰的协定中。可见，俄罗斯主要采取的是出台国内法，辅以逐步修订双边协定的方式推行 BEPS 项目。②

俄罗斯关于提供境内 B2C 数字化服务的新增值税法已于2017年1月1日起开始施行，许多非居民服务提供商将需要注册成为俄罗斯增值税纳税人，并开始遵从该法规。

2017年3月6日，俄罗斯财政部向公众进行讨论，旨在根据 OECD 对俄罗斯引进跨国企业的文件要求（草案）和第13项行动计划，提出新版本的法律草案。

新版本草案将跨国企业（MNE）的最终母体实体（Ultimate Parent Entity，UPE）和代理母体实体（Surrogate Parent Entity，SPE）的定义与第13项行动计划中的定义一致。合并财务报表的定义也已被修改。该法律自签署之日起生效，但将适用于自2017年1月1日起的跨国企业财政年度。2017年1月26日，俄罗斯联邦税务局（Federal Tax Service，FTS）签署了关于国别报告自动交换的多边主管当局间协议。

■ 欧盟

2016年3月8日欧盟财长会议同意对跨国公司信息采用自动交换原则。这一决定将迫使年营业收入超过7.5亿欧元的跨国公司需向所在国进行纳税申报。这一措施将会涉及占全球企业10%~15%的跨国企业，其利润占全球利润的90%。除了收入，跨国公司需要同时提供利润信息、上缴税收、资产、福利和员工人数。

2016年4月7日，欧盟委员会发布《增值税行动计划：欧盟委员会对促

①② 吴青伦. BEPS 下各国（地区）防止税收协定滥用的最新趋势［J］. 国际税收，2015（9）.

进欧盟增值税制现代化的建议》。主要内容包括：作为“数字单一市场战略”的组成部分，实施简明、现代的跨境电子商务增值税制度；规范跨境交易增值税制度；简化协调小企业的增值税制，降低遵从成本；让成员国设置低税率有更大的自主权；加强打击增值税欺诈的合作等。该行动计划 5 月 25 日被欧盟经济和财政事务理事会采纳。

2016 年 7 月 19 日，欧盟《反避税指令》（Anti Tax Avoidance Directive，ATAD）正式公布。实施《反避税指令》是欧盟委员会于 2016 年 1 月 28 日提出的欧盟“反避税一揽子措施”四大核心措施之一。指令包含五项有法律约束力的反避税措施，即：受控外国公司规则；对未实现资本利得的资产特别是专利等无形资产的跨境转让实行“出境征税”制度；限制利息扣除（利息支出占“息税折旧摊销前利润”的比例不超过 30%）；消除混合错配措施和一般反滥用规则。指令还对欧盟成员国将指令要求转化为国内法的具体时间做出了要求。①

2016 年 10 月，欧盟委员会发布了关于混合错配规则的修改提议（《反避税指令》2.0），在以下两方面扩大了适用的混合错配范围：适用范围扩展到包括与第三国的错配安排；适用范围扩展到与常设机构有关的错配安排、输入型错配、混合转让错配和双重税收居民错配。

2016 年 12 月的欧盟财长会议未就《反避税指令》2.0 的两个棘手问题达成一致。问题一：对金融业给予豁免的提议（由英国提出，可能是英国的一个防御性措施，防止其脱欧没有最终实施或没有快速实施）。问题二：适用扩展范围的开始时间，特别是扩展至包含与第三国的错配安排。欧盟委员会和大多数成员国希望从 2019 年 1 月 1 日开始，然而荷兰希望将开始时间推迟到 2024 年 1 月 1 日，荷兰财政部部长对此做出解释：“这个提议将对在荷兰的美国跨国企业有很大影响，这里我们是在讨论导致失业的问题，因此我们需要更多的时间。”根据规定，自 2017 年 1 月 1 日起，欧盟成员国之间需进行税收裁定交换（不同于第 5 项行动计划，需要在 2016 年 12 月 31 日之前交换在 2010 年后所做出的税收裁定）。

2017 年 2 月 21 日，针对如何解决欧盟税收系统和非欧盟成员间的混合错配问题，欧盟委员达成一项妥协。鉴于欧盟内部的政策差异已经被 2016 年 7 月通过的《反避税指令》所涵盖，新提案解决的是欧盟与非欧盟成员间的混

① 廖体忠. 2016 年世界税收十件大事点评［J］. 国际税收，2017（2）.

合错配问题。其中提出的措施将自 2019 年起在整个欧盟地区生效。欧盟委员会表示，这些措施可阻止企业利用两个或两个以上的税收管辖区之间的政策差异来进行税收筹划，以减少整体税负。

过去几年，欧盟委员会多次进行意见咨询，建立了许多的新法与指导原则，其中多个项目与 OECD 的 BEPS 行动计划建议重叠，目前欧盟已经修改的制度包括：适用《欧盟运作条约》（Treaty on the Functioning of the European Union，TFEU）中的《欧盟国家援助规定》（EU State aid provisions），以打击某些国家的税务核实操作模式；引进新的《反避税指令》（ATAD），其中将包含针对限制利息扣除额、混合错配安排、受控外国公司及离境税（exit taxation）等内容，并将其与一般反避税条款（GAAR）结合；扩大跨国税务管理。

■ 澳大利亚

澳大利亚针对数字经济修订了相关法案，并采取措施积极应对。如：要求企业增强透明度；成立反避税工作组；自 2017 年 7 月 1 日起，对进口的数字服务和产品征收商品服务税；参照英国做法，自 2017 年 7 月 1 日起，开征转移利润税，作为对跨国公司反避税法案的补充；出台针对电子分销平台运营商的税收法规等。

关于多边协定，澳大利亚发布了一份征求意见书，规定了该国的“初始方法”。该意见书表示，澳大利亚有意采纳几乎所有的条文，并且偏好主要目的测试，澳大利亚可能不会采纳“第三国常设机构”的条文。

澳大利亚政府向议会提出了所谓的转移利润税议案，该议案与英国转移利润税法第 80 条相呼应，相关规定将被包括在第四 A 部分（一般反避税规定的部分），并将优先于澳大利亚的双边税收协定。

澳大利亚税务机关发布关于特定“拆分结构”的纳税人警示（TA2017/1），该警示关注将一项整体经营活动拆分至不同实体的结构，包括公司和信托两种实体，这些结构通常为钉住结构。目标在于将经营性收入转变为被动收入，从而适用更低的澳大利亚税率。

■ 南非

2016 年税法修正案草案已得到议会通过，其规定废除 15%的现行境外服务费预提税，这一点与国际惯例相背。另外，对南非现有的“跨境混合性债务”规则进行一些调整，以防止税收套利机会出现。

2017 年 2 月 10 日，南非税务机关发布 BGR 41 号法令，要求南非企业的非执行董事必须进行登记并向其董事酬金超过 100 万南非兰特的部分征收增值税，其中在南非境内的收入部分将以标准增值税率征税，在南非境外的收入税率为零。

2017 年 6 月 23 日，南非税务局发布国别报告指南《境外业务（申报）要求说明》（External Business Requirement Specifications），具体说明企业申报国别报告和财务数据的实务流程和要求。

■ 阿根廷

阿根廷早在 2011 年就开始审阅其协定网络，更在次年中止了与瑞士、西班牙和智利的条约，而后重新签署了与瑞士、西班牙的新协定，特别加入了信息交换条款。2013 年 5 月，阿根廷公布了“白名单”（White List），列出其认为是税收透明度高的合作国家，更在其所得税法中规定与非“白名单”国家所做的交易，将可能适用特殊反避税规则（如受控外国公司、推迟支出在计算应纳所得额时的扣除时点、更高的预提税率和转让定价）。阿根廷税务局在 2014 年 1 月公布了有关出口非“白名单”国家的新规定，若是货物的最终去处与第一手买方所在国不同，特别是最后要去到非“白名单”国家的，那么出口的预提税率将会被额外提高。[①]

2016 年 5 月 12 日，有 39 个国家签署了《转让定价国别报告多边主管当局间协议》。其中阿根廷和韩国是最晚正式签署通过该协议的 G20 国家。

此外，对于非居民在阿根廷提供的服务，增值税法已经进行了修订，并自 2017 年 1 月 1 日起开始实施。阿根廷客户将被视为非居民服务提供商的增值税代理人，并将负有增值税代缴义务。

2017 年 7 月，阿根廷税务局明确外国个人和企业在转让股权时纳税扣缴义务有关问题。境外实体应按 15%的税率，对其股权转让所得的 90%，缴纳预提税，除非境外实体是将股权转让给阿根廷税收居民，在这种情况下，将由阿根廷税收居民承担相应的扣缴义务。这一规定效力可追溯至 2013 年 9 月 23 日。如果有中介机构，如股票交易所，参与到这一股权转让交易中，则应由中介机构负责代扣代缴。

■ 巴西

2016 年，巴西政府颁布的 2016 年第 1674 号法令对巴西受控外国企业规则的应用提供指引。税务当局对提供的技术服务和技术协助的境外付款处理，

① 吴青伦. BEPS 下各国（地区）防止税收协定滥用的最新趋势［J］. 国际税收，2015（9）.

如何适用巴西税收协定，颁布了一个税收通知。在2014年6月的公告中指出，如果服务费不属于“特许权使用费”的定义范围，则适用“独立个人服务”或“商业利润”条款，而不是“其他收入”条款（通常不限制在所得来源国征税，无论是否构成常设机构）。至此，巴西已发布一些税务通知，例如巴西与法国、芬兰的税收协定。根据这两项协定，服务费不属于“特许权使用费”的定义范围，因此税务当局认为适用“独立个人服务”条款或“商业利润”条款。这意味着在巴西没有固定场所或常设机构的情况下，不用缴纳巴西预提税。

巴西税务当局还发布了规范性税务通知NR1683/16，明确了某些奥地利实体将被视为可以享受优惠税收待遇，而被列入巴西的“灰名单”，“灰名单”身份会带来转让定价和资本弱化的后果。

2017年5月25日，巴西法律公报公布2017年第1709号规范性说明，修订国别报告实施规则（2016年第1681号规范性说明），规定在2017年12月31日以前，如果国别报告申报企业所在国家或地区未与巴西签署主管当局间协议，巴西公司需要在60天内调整会计核算，以申报2016公历年度的国别报告或者指定下属企业代表集团公司申报国别报告。①

■ 印度

2016年9月8日，印度以货物劳务税（Goods & Services Tax，GST）②改革为目的的《宪法第122次修正案》正式生效。根据修正案，印度政府成立货物劳务税委员会，并计划于2017年4月1日实施“双轨货物劳务税”代替现行诸多流转税：对邦内的货物和劳务，由中央政府和邦政府分别征收中央货物劳务税和邦货物劳务税；对于邦际交易，由中央征收综合货物劳务税。③

印度同新加坡签署了税收协定议定书，以改变原有协定下关于资本利得税收豁免的规定。这是印度正在推动修改原有协定中资本利得税收豁免规定的行动之一。在2016年5月，印度也曾签署印度—毛里求斯税收协定议定书。印度最后与新加坡达成的修订，和印度与毛里求斯的协定议定书非常相似。该议定书引进了《OECD税收协定范本》第九条，使得印度可以签署双边预约定价安排或是进行相应调整。

---

① 来源：闲文税语公众号。

② 印度和澳大利亚等国家的GST就是增值税。

③ 廖体忠. 2016年世界税收十件大事点评［J］. 国际税收，2017（2）.

在 2017 年 2 月 1 日出台的财政预算案中，印度宣布将引入改进版的 BEPS 第 4 项行动计划下的“固定比率规则”，改进版规定只适用于关联方债务（包括关联方担保的第三方债务），来源于关联方债务和关联方担保债务的利息扣除将被限制在利息支付公司息税折旧摊销前利润（EBITDA）的 30%以内。此外，超额利息将可以在 8 年内结转扣除，没有“集团比率规则”作为替代，小额例外规定、银行和保险公司被排除。

印度的实际管理机构所在地规则以及新的一般反避税规则将会从 2017 年 4 月 1 日起开始实行。

■印度尼西亚

2016 年 1 月，印度尼西亚财政部规定自 2016 年 6 月起必须通过新的电子税务支付系统进行缴税，该系统自 2011 年开始试用，经 5 年的发展和测试最终实现了全面使用。此外，印度尼西亚政府提出，非居民互联网公司须在印度尼西亚设立分支机构。如此一来，该分支机构将构成常设机构，从而使印度尼西亚可对其所提供的数字化服务征收企业所得税和增值税。①

2016 年 6 月，印度尼西亚政府 2016 年法规将扩大符合先前政府 2015 年法规规定的税收优惠条件的业务线和地区，将服装行业投资可享受税收优惠的地区限制取消，扩展到所有区域，以创造更加友好的投资环境。

2016 年底，印度尼西亚财政部发布了最新的转移定价文件规定，要求符合门槛的企业应准备全球档案、当地国档案和国别报告。其中，全球档案及当地国档案必须于会计年度结束后 4 个月内准备完成，且需以印度尼西亚文或英文（需为经核准使用英文记账的纳税义务人）编制。而国别报告则作为年度税报的附件于会计年度结束日起 12 个月内提交。

■墨西哥

2016 年 10 月，墨西哥国家税务局同美国国内收入局就美国企业的税收征管达成协议，在墨西哥经营加工复出口的美国企业如果同墨西哥国家税务局达成标准单边预约定价协议（Standard Unilateral Advance Pricing Agreement），则可免受双重征税。

2016 年 12 月，墨西哥国家税务局在发现韦拉克鲁斯州（Veracruz）的公共资源遭空壳公司瓜分后，针对没有实际运行、没有真实地址及雇员的空壳公司展开调查，估计墨西哥境内超过 1 万家公司皆是形同虚设。

① 易明翔，何振华. 落实 BEPS 计划：G20 国家在行动［N］. 中国税务报，2016-10-11.

2017 年 2 月，墨西哥在经济特区实行比中国更大力度的税收激励政策，该政策涉及所得税、增值税、海关通关便利及部分社会安全保障措施。该项政策将联邦税率从 35%降低至 15%～20%。《墨西哥联邦经济特区法》第 13 条规定，税收激励政策的实施有效期最少为 8 年，有效期内不得做出对纳税人不利的修改。①

■ 沙特阿拉伯

沙特阿拉伯一直以来不征收个人所得税、消费税、间接税、印花税和转让税等。2017 年 6 月，沙特阿拉伯税务总局宣布了增值税和特殊商品消费税征收方案，拟于 2017 年下半年对烟草、功能性饮料和汽水类饮料等商品征收 50%～100%不等的消费税，预计沙特阿拉伯全国将有 630 家生产商和进口商被征收特别商品税，仅在 2017 年下半年就将为沙特阿拉伯带来超过 18 亿美元的税收。此外，沙特阿拉伯税务总局还宣布拟于 2018 年 1 月 1 日起对除经营部分特殊商品外所有年营业额不低于 10 万美元的私营企业征收 5%的增值税，预计将在一年内为政府带来超过 150 亿美元的税收。目前沙特阿拉伯政府还没有计划征收个人所得税。此外，由于跨国经济尤其是跨国数字经济尚不发达，沙特阿拉伯几乎没有 BEPS 行动计划成果转化措施。

■ 土耳其

2016 年 8 月 5 日，土耳其法律公报公布《投资优惠和其他税收措施法案》，该法案 7 月 25 日由议会通过，法案主要内容包括：按照 OECD《转让定价指南》修订“关联方”和“代理人”的定义和范围；预约定价安排中纳税期确定规则、转让定价方法的确定；研发费用投资免征公司所得税；至 2016 年 12 月 31 日实施税收赦免；对地区管理中心实施公司所得税和工薪税免税优惠等。

2016 年 8 月 9 日，土耳其已经通过了相应的立法，从而使其转让定价规定与《转让定价指南》保持一致。其中两个变化值得关注：（1）可被接受的转让定价法新增“交易净利润法”和“利润分割法”。（2）允许预约定价安排适用于签订安排以前的年度。

■ 韩国

韩国和阿根廷是最后正式签署加入 BEPS 行动计划的 G20 国家。2017 年 2 月，韩国战略和财政部（Ministry of Strategy and Finance，MOSF）税务和海关

① 宋博奇. 沙特将开征增值税和特殊商品消费税［N］. 经济日报，2017-06-06.

办公室发布了将修改《国际税收事物协调法实施细则》（the Enforcement Rule of the Law for the Coordination of International Tax Affairs）的公告。战略和财政部将引入新的国别报告格式并提前通知需提交报告的实体，此外，将更新正常交易原则下韩国居民和境外相关方之间的贷款交易应适用的利率。

2017 年 6 月，韩国发布地方税法文件 103-19，要求通过税收抵免方法计算公司税基时，总收入中的境外税款不能从企业所得税的税基中扣除。

2017 年 8 月，韩国公布了最新修正的税务法案，自 1991 年以来首次上调公司税税率，法案规定年度净利润超过 1.8 亿美元的企业的公司税税率提高 3 个百分点，至 25%。

总体来说，G20 作为 BEPS 的主要背书方，在执行过程中承担着重要的义务，大多数国家都在致力于大力推进 BEPS 行动计划，展现出较强的凝聚力。

2.2 “一带一路”沿线国家（地区）的落实措施

中国提出“一带一路”倡议，得到许多国家的积极响应，参与国家逐渐增多。这里仅对“一带一路”沿线部分国家（地区）的落实措施予以介绍。

■ 阿根廷（G20 成员）

详见“2.1 G20 成员的落实措施”中“阿根廷”部分。

■ 白俄罗斯

白俄罗斯作为前独联体国家，属于欧亚经济联盟，跟俄罗斯、哈萨克斯坦、吉尔吉斯斯坦和亚美尼亚这 4 个国家为关税同盟国。

2016 年 9 月 1 日起，欧亚经济联盟下调外贸商品名录中 1780 类商品的进口关税税率，进口关税税率从 5.43%下调至 5.3%。该决定为俄罗斯对世贸组织的承诺，并得到了欧亚经济委员会的批准。白俄罗斯尽管不是世贸组织成员，但有义务遵循欧亚经济联盟所采取的关税政策。

白俄罗斯财政部于 2016 年 8 月 11 日发布了《税法修正案草案》（以下简称《草案》），《草案》对由外国法律实体提供的电子服务给出了特别规定。《草案》介绍了关于电子服务供应地点的新规定用于增值税（VAT）用途。

《草案》进一步把以电子形式提供的服务定义为 IT 基础的，同样定义的还有由一个外国实体通过全球网络系统提供的自动服务，其中特别包括在互联网上提供广告服务，提供访问互联网搜索引擎服务和提供自动化数据搜索的服务等。向个人提供电子服务的外国实体必须向白俄罗斯税务机关登记，提出增值税退税及主动纳税。如果电子服务是通过外国中介机构向个人提供的，这种中介机构有义务向税务机关注册，申报增值税退税，以及对与个人的交易进行纳税。另外，根据某个欧盟成员国的适用法律（法律在欧盟指令的基础上通过），这些服务被认为是在供应商地点提供的，那么服务的供应地就是外国的领土。在这种情况下，为了避免对该项服务的双重增值税征税，外国实体必须通知白俄罗斯税务当局，其中电子服务的类型，以及参考本国（白俄罗斯）的和欧盟的立法确认供应地为供应商国家的过程必须被提及。预计这些规定将会在 2018 年 1 月 1 日生效。

■ 智利

2015 年 5 月，中国国务院总理李克强对智利进行正式访问，中国与智利签署了《中华人民共和国政府和智利共和国政府对所得避免双重征税和防止逃避税的协定》，其中加入了反税收协定滥用条款。

2015 年 6 月，智利总统巴切莱特在总统府正式公布新《外国投资法》框架。制定新《外国投资法》是巴切莱特执政以来实施的《促创新稳增长提高生产力行动计划》的多项改革举措之一。新法保障外国资本不受任意歧视性待遇，可在正规外汇市场自由交易，资本和收益可自由汇出，对符合具体条件要求的资本货物进口可免征销售和服务税等。新法还针对此前依照原 600 号法案签订的外资合同做出了规定，规定外国投资者可在最长不超过 4 年内仍按照原 600 号法案的规定锁定纳税比例，但具体比例自原 600 号法案规定的 42%上调至 44.45%。①

2016 年 12 月 27 日，智利国税局发布了第 126 号决议，确定必须根据国别报告提交新的年度转让定价回报（No. 1937）。该决议维持了由 OECD 提议的 7.5 亿欧元的集团合并营业额，包括了对于没有提交新的年度信息报告，迟交或提交不正确/不完整信息的标准行政处罚。它也提到了年度转让定价回报（No. 1907）备案。

智利国税局第 126 号决议符合 BEPS 第 13 项行动计划，并且遵循 OECD 制定的指导。

① 国家工商总局国际合作司. 智利市场准入法律制度浅析 [N]. 中国工商报，2017-09-05.

■ 捷克

捷克共和国于 2017 年 5 月 15 日表示将签署多边公约实施税收协定相关措施防止 BEPS。由于这次公约批准，捷克政府准备了一系列保留和通知。尽管一份官方的对于这些保留和通知的口信尚未发布，捷克共和国可能会初步采取一种相当简约的方法，即仅选择加入最低标准，选择主要用途测试（PPT）和更新争议解决条款。不过这并不代表目前国内的进展情况发生了重大变化，考虑到捷克税收当局认为，主要用途测试已经是捷克法律固有的一部分（即“反滥用总规则”的一部分）。正式签约仪式将于 2017 年 6 月 7 日举行。

■ 印度尼西亚（G20 成员）

详见“2.1 G20 成员的落实措施”中“印度尼西亚”部分。

■ 哈萨克斯坦

哈萨克斯坦已经承诺进行信息交换，并与 40 个国家签订了避免双重征税的协定。此前，在 2014 年推行了政府部门改革，将海关局、税务局、税务警察三个部门合并为现在的“国内收入局”（State Revenue Committee），并采取了税收赦免等措施。这些举措都将对未来 BEPS 项目的实施打下良好基础。①

2017 年 6 月欧亚经济委员会金融政策司司长玛卡洛娃表示，计划制订欧亚经济联盟内部统一的电商征税文件。随着欧亚经济联盟国家电子交易业务的不断发展，税务部门面临逃税现象增多、对商品服务领域电商企业重复征税概率增加等问题，需要制定新的税务管理制度。

■ 老挝

亚太地区国家间经济发展水平差异较大，采纳 BEPS 项目的推动力度和侧重点也各有不同。如文莱、柬埔寨、缅甸、老挝等发展中国家，由于相对缺乏来自外国的投资、税制发展也不够完备（协定数目不超过 20 个），其税制建设的重点反而是放在提升现有税制竞争力、出台更多税收优惠、积极招商、扩大税收协定网络上，这与发达国家所倡导的 BEPS 行动计划背道而驰。②

■ 俄罗斯（G20 成员）

详见“2.1 G20 成员的落实措施”中“俄罗斯”部分。

---

① 韩霖，高阳，王平. FTA：税务局长访谈录［J］. 国际税收，2016（6）.

② 吴青伦. BEPS 下各国（地区）防止税收协定滥用的最新趋势［J］. 国际税收，2015（9）.

■ 瑞士

2015 年 3 月 3 日，瑞士与澳大利亚签署税务信息自动交换协议。瑞士联邦财政部表示，瑞澳两国信息交换将按照 OECD 制定的统一规则和标准，并在完成相关法律程序后于 2018 年正式启动。

2017 年 2 月，针对瑞士企业所得税改革的全民投票结果是多数反对，但是这次投票并不会对 BEPS 的实行产生太大影响，特别是 BEPS 第 13 项行动计划中的国别报告不会受到影响。由瑞士签署的《实施 BEPS 行动计划一揽子计划的包容性框架》中所规定的最低标准（涉及有害的税收惯例、税收条约滥用、国别报告，以及边境税务争议的解决）的执行仍然处于正轨。瑞士针对 BEPS 第 5 项行动计划对有害的税收惯例的实施和应用，包括废除当前瑞士某些税收制度，例如享有特权，混合公司制度，以及实施新的、可接受的、BEPS 行动计划支持的行动，如“专利盒”制度。针对 BEPS 第 6 项行动计划，瑞士的执行措施包括新的或进一步的反对滥用税收协定行为的措施，必须适用相应的针对所得税条约谈判的新指导方针以及审查于特定案例的“主要目的测试”的一切应用。

2017 年 7 月，瑞士首次发布英文版税制指南《瑞士税制》（The Swiss Tax System），该指南介绍了瑞士税制在税种税率、纳税评估、税收征管等方面的主要情况，以及瑞士联邦和州级的最新税法变动情况。①

■ 土耳其（G20 成员）

详见“2.1 G20 成员的落实措施”中“土耳其”部分。

■ 越南

2017 年 2 月 24 日，越南政府公布了第 20/2017/ND-CP 号转让定价法令，“适用于受控交易企业的税务管理”（第 20 号令），该法令将于 2017 年 5 月 1 日起施行。新法令包括对现有转让定价规定的重大改变，包括国别报告、全球档案及当地国档案的三层转让定价文件要求，新增转让定价申报单，关联方费用和利息的扣除指引。新法令规定，转让定价文件必须包含国别报告、全球档案及当地国档案。

为降低企业遵循成本，新法令提供避风港门槛。若营业收入或受控交易金额低于下列门槛则免除全球档案与当地国档案的准备要求：纳税义务人营业收入未达 500 亿越南盾，且关系人交易未达 300 亿越南盾；若纳税义

① 贾兰霞. 国际税讯［J］. 国际税收，2015（4）.

务人仅执行例行功能，而未透过无形资产开发与使用而产生收入或费用，且息前税前净营业利润与净销售收入之比超过经销商5%，制造商10%，来料加工制造商15%，则门槛提高为营业收入未达2000亿越南盾者不需准备转移定价文件。

2017年6月2日，越南政府计划在10月份将《环保税法（草案）》提交议会讨论，其中拟提高燃油的环保税征收标准，即最高增至每升8000越南盾（约0.35美元）。

■ 匈牙利

2017年1月1日起，匈牙利开始执行新的企业所得税政策，新政将原有的企业所得税分段税率调整为9%的统一税率。此前，匈牙利企业所得税实行的是分段纳税政策，规定年收入低于5亿福林（约合160万欧元）的企业按10%的税率缴纳所得税，而年收入高于此标准的企业则需缴纳19%的所得税。新的企业所得税政策将使匈牙利成为目前欧盟成员国中企业所得税率最低的国家。

2017年3月10日，匈牙利政府提交了执行国别报告的法律草案。法律草案规定了2016年5月25日的欧盟指令，要求所有欧盟成员国在其国家立法中实施国别报告义务。如果多国企业集团指定代理实体并符合某些标准，则不会激活二级报告规则。此外，可以任命一个可以代表多国企业集团欧盟CE成员提交的欧盟指定实体。

此外，匈牙利行政长官需要在报告年度的最后一天向税务机关提交关于报告实体的身份和居住国家的通知。国别报告应在报告财政年度的最后一天后12个月内向匈牙利主管当局提出。没有提交国别报告或延迟提交可能会导致高达2000万瑞士法郎的罚款。同样，这些规定将适用于2016年1月1日或之后开始的财政年度，但第二次报告规则将适用于从2017年1月1日或之后开始的财政年度。

■ 马来西亚

马来西亚三层文件立法现今只有国别报告的规定，当集团营业收入超过30亿林吉特时，当地集团最终母公司需准备国别报告。虽然全球档案和当地国档案尚未立法，但马来西亚仍有当地转移定价文件的规定，和马来西亚个体有关系人交易的企业应注意是否符合相关条件。

2016年1月27日，马来西亚签署了《金融账户涉税信息自动交换多边主管当局间协议》，再次确认了马来西亚将自2018年开始实施涉税信息自动交换。该协议奠定了税务情报自动交换的国际操作框架，被视为促进自动交换快速落实的杰出机制，马来西亚是该协议的第 79 个签署国。[①]

在 2017 年 5 月 1 日，关于《多边税收征管互助公约》根据 2010 议定书修订之后，开始在马来西亚生效。马来西亚在 2016 年 8 月 25 日签署了《多边税收征管互助公约》，并且在 2016 年 12 月 23 日批准其列入 2016 所得税法案。随着法案的生效，马来西亚现在可以实现根据规则自动交换或接收税务情报以及多边主管机关规定的程序。

■ 缅甸

缅甸并未签署《BEPS 多边公约》，因此基本没有相关成果的转化措施，主要关注国内税收变革。

2017 年 2 月，缅甸国会公布了 2017 年联邦税法草案，经国会批准后将于 2017 年 4 月 1 日起生效，2017 年草案的修订主要涉及以下税种：（1）特殊商品税。提高了烟草和酒类的特殊商品税税率及相应的价格区间，总体上提高了税负。（2）商业税。商业税免税商品种类增加了一项。除首饰外的纯金制品、珠宝成品无须缴纳商业税。（3）公司所得税。增加一条关于非居民纳税人的非薪水收入。（4）资本利得税。资本利得税起征点从 500 万缅元提高到 1000 万缅元。

缅甸政府发布预提税税率相关通知，规定自 2017 年 4 月 1 日起，非居民特许权使用费预提税税率从 20%降至 15%，向居民支付的特许权使用费预提税税率从 15%降至 10%，向非居民支付的服务费预提税税率从 3.5%降至 2.5%，向非居民支付的利息预提税税率不变，但明确规定借款人向缅甸的外国银行支付的利息不征收预提税。此外，政府还明确了所有支付给政府机构的费用无须扣除预提税。

■ 巴基斯坦

2017 年 6 月 5 日，巴基斯坦联邦税收委员会发布了一项法律草案，借鉴了 BEPS 第 13 项行动计划提出的建议，将新的转让定价文档要求引入巴基斯坦。

该法律草案规定，巴基斯坦境内跨国企业集团的最终母体实体，其集团的年度合并收入按巴基斯坦卢比价值计算相当于 7.5 亿欧元（约合 8.36 亿美元）的，应每年向税务机关提交国别报告。

该法律草案还包括有针对符合资格的跨国企业集团在巴基斯坦境内的实

① 来源：Wolters Kluwer 全球税务研究信息库。

体（年营业额达1亿卢比）向税务机关提交主体文档的新要求，其中包括与集团所有成员相关的标准化信息。新要求还规定，对于超过5000万卢比的一切重大关联交易，纳税人需保持、更新和提供相关的“本地”文档。主体文档和本地文档中需提交的信息与OECD关于第13项行动计划的最终报告之附件一和附件二所列的一致。①

2017年6月，巴基斯坦国民议会通过2017年财政法案，颁布对农业、伊斯兰银行、电子商务、共同基金、证券市场、上市公司及娱乐行业新的税收优惠政策。巴基斯坦决定将5个出口导向部门的销售税从2%降至1%。

■ 波兰

2016年1月，波兰总统杜达签署了银行税法案。该法案规定，资产在40亿兹罗提以上的银行及合作储蓄和信用社、资产在20亿兹罗提以上的保险机构、2亿兹罗提以上的贷款公司，将于2016年2月起每年缴纳资产0.44%的税收（月度税率为0.0366%）。②

2016年初，波兰财政部表示政府将进行税收改革，设立全国性税务管理部门统筹关税和其他税收征管，采取加强立法打击增值税犯罪、改组税务和关税主管部门、引入电子解决方案提高税收效率等新措施，努力提高增值税收入。新措施实施后，政府有望在2017年增加财政收入120亿~150亿兹罗提。

为抑制避税和增加额外财政收入，波兰政府于2017年7月提出一揽子新政，其中包括扩大了现有的受控外国公司范围，例如增加了属于受控外国公司制度的收入类别。此外，一项针对某些商业地产所有者征收“最低税费”的提案规定，对于价值在1000万兹罗提以上的大型写字楼、零售商场和超市，波兰政府将根据房产价值，按每月0.042%的费率向业主征收一笔最低税费。波兰政府还提出修改资本弱化规则，将融资成本限制为不超过营业利润的30%，然而波兰政府将对每年不高于12万兹罗提的融资成本采取安全港模式，并允许纳税人结转特定不可扣除的费用成本。以上措施计划于2018年1月1日起生效。

■ 塞尔维亚

2016年2月，塞尔维亚撤销了投资促进署和区域发展署，重组成立塞尔

---

① 威科先行财税信息库。

② 高仲芳.国际税讯［J］.国际税收，2016（4）.

维亚开发署，设立了国家投资奖励基金，按照《吸收投资条例》对符合条件的在塞尔维亚投资项目进行激励。

此外，作为前南斯拉夫的国际法主体继承者，塞尔维亚承认前南斯拉夫与中国签署的关于避免双重征税的协议，并已续签。塞尔维亚和中国之间的免签证制度在2017年1月15日生效，使塞尔维亚成为第一个给予中国公民免签证入境的欧洲国家。

■ 西班牙

2014年10月，在柏林举行的全球税务管理透明度与信息交流论坛闭幕式上，西班牙经济大臣德京多斯及德、英、法等123个国家的经济部门高级官员共同签署了一项协议，自2017年起，西班牙将与53个国家定期交换税务资料，共同打击企业和个人的偷逃漏税行为，交换信息的内容将包括银行账户余额、利息、分红、金融产品收益及税号等。

2014年11月25日，西班牙议会通过了《财税改革法》，该法案共包含三大部分，分别涉及个人所得税、企业所得税及增值税。此外，《财税改革法》对于投资科研的企业在企业所得税的征收上也出台了新的优惠。这些企业获得政府融资支持的上限从300万欧元提升到了500万欧元。①

西班牙政府于2016年12月初公布的2017预算法案，对税务亏损的结转规定了更加严格的限制。企业当年可用于弥补亏损的应税利润比例降低，例如年盈利额6000万欧元或更多的企业，之前法规规定结转亏损的最高比例为60%，而如今该比例已经降低到25%。

■ 意大利（G20成员）

详见“2.1 G20成员的落实措施”中“意大利”部分。

■ 斯里兰卡

斯里兰卡并未参加BEPS行动计划。目前，处理国际交易的转让定价规定不适用于斯里兰卡常设机构与总公司之间的交易，但斯里兰卡税务机关表示有意修改这些规定。斯里兰卡税务机关还表明对于转让定价的认证要求将扩大到覆盖国内交易，这可能会导致税收利润的减少。

此外，斯里兰卡处于执行转让定价条款的早期阶段。预计在未来2~3年内，税务机关将开始审计与此相关的国际交易和规定的文件。关于更多BEPS行动计划相关的发展，斯里兰卡政府尚未发起实施BEPS行动计划

① 柳阁. 西班牙《财税改革法》明年1月实施［N］. 法制日报，2014-12-16.

的政策决定。但是政府通过采用新的所得税法进行税收改革，已经暗示了将修改双重税收协定，目前尚不清楚拟议的修订是否将会实施 BEPS 行动计划。

■ 肯尼亚

2016 年 2 月，肯尼亚成为全球第 94 个，也是非洲第 12 个签署《多边税收征管互助公约》的税收管辖区。

2016 年 3 月，肯尼亚颁布《税收程序法案 2015》，旨在制止国际公司通过转让定价逃税。新法案给予肯尼亚税务局权力审查、调查及处罚企业以逃税为目的的特殊定价机制，对违反者可处以 2 万美元或逃税金额两倍孰高的罚款，或不超过 5 年的监禁，或两项处罚同时实施。①

2016 年 5 月，肯尼亚税务局宣布，银行不遵守央行谨慎性条款的借贷，将不能用于税前抵扣。肯尼亚税务局称，银行非常规的内部借贷和抵押不足的借贷，将不被批准进行税前抵扣。该决定来自专业判断，也是为了保护公共资金不受银行管理层违反银行谨慎性原则的不合理行为侵蚀。

2017 年 4 月，肯尼亚 2017 金融法案对肯尼亚 2015 税务程序法案进行修改，允许肯尼亚税务局官员独立对涉嫌税务案件的企业办公和住处进行搜查，以加大税务部门对涉税案件的调查力度，利于案件破获。

2017 年 7 月，肯尼亚已正式批准与阿联酋之间的避免双重征税协议，预示着阿联酋在肯尼亚投资将拥有更多优惠。除税收减免等优惠措施外，协议还承诺双方将在共享税收信息，监管税收欺诈等方面展开合作。

■ 菲律宾

菲律宾的国内税收署提出了一项战略计划，旨在帮助组织实现它们成为卓越和诚信服务机构的愿景。该战略计划的重点之一是转让定价，为实施 2016—2020 年度战略规划，国内税收署已经制定了如何建立转让定价方法的方案，以便政府能够处理 BEPS 及数字经济和全球业务结构的挑战。这些计划包括认定转让定价，报告要求，组织安排，预约定价安排，相互协商程序和文件流程所需的技能和专长。它们还旨在加强对国际税收风险的重视，并制定一种方法来识别和审计将利润离岸转移或逃避税收义务的高风险公司。

---

① 肯尼亚颁布《税收程序法案 2015》[EB/OL]. 2016-03-15. http://www.caam.org.

国内税收署还正在推动各种转让定价相关发行的草拟和定稿，这些发行将补充 2013 年发布的正式转让定价条例，其中包括预约定价安排规定，以及关于转让定价文件和转让定价风险评估的收入备忘录。

2017 年 6 月 7 日，菲律宾财政部表示，预计在实施综合税制改革计划五项方案的第一年，政府净收益将达到 2857 亿比索。上周，菲众议院通过综合税制改革计划第一项方案——税制改革加速包容法案，或将产生 1338 亿比索的净收入，该法案现正等待参议院批准。该方案包括降低个人所得税、房地产和捐赠者的税收，通过避免逃漏税、限制增值税减免和调整燃料消费税来弥补损失，并将提高税收管理能力。2016 年 10 月前提交给菲律宾国会的综合税制改革计划第二至五项方案，将涉及企业所得税、物业税、资本所得税和健康、环境、奢侈品等领域新增税种等，将在实施的第一年带来 1519 亿比索的潜在净收入。①

■ 乌兹别克斯坦

乌兹别克斯坦并未签署《BEPS 多边公约》，其税收行动主要关注国内税法完善。

2017 年 1 月 9 日，乌兹别克斯坦国家税务委员会举办 2017 年税收优惠政策与税法修改研讨会。相关优惠政策具体为：2017 年，包括自然人收入税、所得税（7.5%）、社会基础设施建设税（8%）、财产税（5%）、土地统一税、企业家个人所得税，以及针对外贸企业和从业人员征收的所得税和财产税等税率将维持不变；国家信托基金强制性缴费费率维持不变等。②

2017 年 7 月 18 日，乌兹别克斯坦总统米尔季约耶夫签署《从根本上完善乌兹别克斯坦国家税务机关管理体系和提高税费征缴效率具体措施》的总统令，下令改组乌兹别克斯坦国家税务委员会职能和机构设置，重新修订工作重点方向和优先领域，引进更加高效的税收管理体系，简化行政手续，逐步推行线上银行转账纳税系统，增加人员编制，在严防偷税、漏税、违规使用外汇等违法行为的同时，为广大经营主体提供更加广泛的合法权益保护服务。③

① 来源：驻菲律宾经商参处。

② 张棚. 基于乌兹别克斯坦最新经济改革背景下的中资企业投资环境优势分析［J］. 时代金融，2017（3）.

③ 来源：毕马威《中国税务周报》。

■柬埔寨

柬埔寨并未签署《BEPS多边公约》。

2016年10月，中国与柬埔寨在金边签订《中华人民共和国政府和柬埔寨王国政府对所得避免双重征税和防止逃避税的协定》，协定中值得注意的主要内容有：协定第11条关于可免除利息预提税的范围扩大，且对PE的认定条件相对宽松。但是，该协定并未采纳任何BEPS行动计划中关于滥用税收协定或常设机构判定标准的其他条款。①

2016年10月26日，柬埔寨同越南签署了促进越柬双边贸易协定的议定书（草案）。根据议定书（草案），自2017年起越南将给予柬埔寨11大类商品免进口关税。

2016年12月，柬埔寨公布《2017国家财政预算案》，草案显示，为了提高国家税收，2017年政府将对逃税者采取更严厉的追税行动。②

■埃塞俄比亚

埃塞俄比亚并未签署《BEPS多边公约》。2016年2月，埃塞俄比亚税务和海关总署表示，为更好地提高税收征管效率和税收服务水平，该署将引进先进的电子税务处理系统以在全国实现税务管理现代化。

2016年7月26日，埃塞俄比亚议会通过《所得税公告2016》（ITP2016），对公司所得税和个人所得税作了全面修订，自2016年7月8日起实施新所得税法律。③

2017年6月，埃塞俄比亚政府正在制定新的税收管理细则，以便配合落实2016年颁布的新税法。新税收细则主要引入两大新改革举措，一是首次引入员工福利税（Fringe benefits taxation）。雇主将为工资以外的住房、用车、餐饮和债务减免等员工福利缴税，但税负不超过员工工资的10%。二是引入针对C类纳税人的推定税收计划。C类纳税人指年收入在5万~50万比尔的企业或人员。此外，根据2016年颁布的新税法，新的税收细则将成立专门的税务上诉委员会（tax appeal commission），负责受理和调查税务投诉。④

①② 来源：毕马威《中国税务周报》。

③④ 来源：闲文税语公众号。

■ 斐济

斐济虽签署了《BEPS 多边公约》，但对 BEPS 行动计划成果在国内转化的措施较少。

2017 年 6 月 29 日，斐济 2017—2018 年度预算案提交议会，该预算案涉及多项税收政策，其中计划自 2017 年 8 月 1 日起，将服务税（Service Turnover Tax，STT）税率从 10%降至 6%。

斐济还计划改革环境税，在上文提及的预算案中，斐济计划从 2017 年 8 月 1 日起改革环境税，税名由原来的“环境税”（Environmental Levy）改为“环境和气候适应税”（Environment and Climate Adaptation Levy，ECAL），税率从 6%提高至 10%。豪华游艇许可费改征环境和气候适应税；将排气量超过 3000CC 的豪华机动车纳入环境和气候适应税征收范围；对年应税所得超过 27 万的高收入个人，就超过的部分按 10%计征环境和气候适应税。而关于环境税，该项税种于 2016 年 1 月 1 日开征，征收范围和上文的服务税（STT）一致，税率为 6%。

■ 希腊

希腊是《BEPS 多边公约》签署国家之一，但受到国内经济环境影响，希腊近年来的税收改革和举措主要关注国内经济复苏，对 BEPS 行动计划在国内落实的举措较少。

2016 年 6 月，希腊颁布法案 4387/2016 和 4389/2016，对于个人和企业所得税进行修正，原来对商业活动所征收的 29%和 33%的税率被取消。新税法规定对于个人雇佣、退休保障和商业活动所获得的收入全部按新的税率统一征税。

2017 年 5 月 13 日，希腊所得税法典修订草案提交议会审议，其中，计划将采用复式记账法的企业适用的公司所得税税率，以及采用单式记账法的合伙企业、合作社和合资企业的税率从 29%降至 26%（金融机构除外）。同时，计划将就业所得适用的个人所得税最低档税率（不超过 2 万欧元的部分）从 22%降至 20%。

2017 年 5 月 19 日，希腊议会通过《所得税法典修订法案》（2017 年第 4472 号法律），并将其在法律公报公布。法案规定，除金融机构以外，公司所得税税率将从 2019 年 1 月 1 日（而不是原来的 2020 年 1 月 1 日）起从 29%降至 26%。同时规定，2020 年 1 月 1 日起，就业所得适用的个人所得税最低档税率从 22%降至 20%。①

2.3 其他国家（地区）的落实措施

G20 成员和“一带一路”沿线国家（地区）已经囊括了世界上主要的 50 多个国家和地区，本文在其他国家的落实措施情况中重点选择金砖五国和传统避税地的实施 BEPS 行动计划情况。

2.3.1 区域经济合作反避税

金砖五国成员包括俄罗斯（Russia）、中国（China）、巴西（Brazil）、南非（South Africa）和印度（India）。近年来，金砖国家领导人围绕税基侵蚀与利润转移（BEPS）成果落实、依托大数据提高抗风险能力，以及发展中国家和新兴经济体参与国际税收规则制定等税收议题进行讨论并达成共识。

深化金砖国家税收合作行动方案包括：金砖国家应深化国际税收合作，加强工作层面沟通交流，通过多种形式分享最佳实践，推动金砖国家经济共同走向繁荣；金砖国家应积极探讨构建有效的税收合作法律框架，从而提升金砖国家税收合作效率；金砖国家应进一步落实 G20 关于促进包容性发展的倡议，共同向其他发展中国家适当提供帮助，提高其税收征管能力。

2017 年，金砖五国税务局长共同发布了合作承诺：支持建立公平、透明的国际税收体系，支持 G20 为建立国际税收体系所采取的行动；金砖国家及时、协调地落实 BEPS 行动计划成果；扩大税收合作及税收能力建设范围，鼓励发展中国家深度参与国际税收合作。②

金砖五国成员国的 BEPS 行动计划落实情况详见“2.1 G20 成员的落实措施”部分相关阐述。

2.3.2 传统避税地应对 BEPS 行动计划

OECD 发布 BEPS 行动计划以来，着力应对缺乏经济实质的避税行为，积

① 来源：闲文税语公众号。
② 王军出席金砖国家税务局长第四次会议［EB/OL］. http：//news. sina. com.

极将避税地纳入 BEPS 行动计划。2009 年 4 月，OECD 在 G20 伦敦峰会期间公布了全球避税港“黑名单”“灰名单”和“白名单”，以是否执行国际通行税务准则交换信息为标准，将哥斯达黎加、马来西亚纳闽岛、菲律宾和乌拉圭列入“黑名单”，将比利时、文莱、智利、荷属安地列斯、直布罗陀、列支敦士登、卢森堡、摩纳哥、新加坡、瑞士、巴哈马群岛、百慕大群岛、开曼群岛等 38 个国家和地区列入“灰名单”，将英国、中国（特别行政区除外）、法国、德国、俄罗斯和美国等 40 个国家和地区列为“白名单”。列入“黑名单”的国家迅速承诺遵守国际标准而晋级为“灰名单”，瑞士等国做出实质履行国际标准行动而晋级为“白名单”。

截至 2017 年，包括巴拿马、开曼群岛在内的诸多“避税天堂”，已加入了 BEPS 包容性框架大家庭。伯利兹和开曼群岛同意作为准成员加入 BEPS 行动计划，并承诺执行 BEPS 行动计划最低标准。这使得参与 BEPS 行动计划的国家和地区的总数达到 96 个。作为 OECD 新“包容性框架”的成员，它们承诺在有害税务竞争、税收协定滥用、国别报告以及完善税收争端解决机制等方面，执行 BEPS 行动计划最低标准。此外，塞浦路斯也宣布加入签署 OECD 的多边公约，落实税收协定的相关措施，以防止 BEPS。

2017 年 4 月，开曼群岛公布了 2017 年和 2018 年开曼群岛金融机构需要申报国家的名单，2018 年的需申报国名单中明确包括了中国。这意味着，开曼群岛会在 2018 年将中国税务居民在开曼群岛金融机构开立的金融账户（包括存款账户、托管账户、具有现金价值保险合同和年金合同以及投资实体中的股权权益和债权权益）的相关信息收集并交换给中国政府。

2017 年 7 月 11 日，新加坡税务局发布第二版国别报告申报指引。新版国别报告指引在第八章中添加了 4 个常见问题解答。第一版国别报告指引发布于 2016 年 10 月。新版指引指出在判断跨国公司收入是否超过须报送国别报告的门槛时，跨国公司可调整其短期合并收入，使之符合 12 个月的会计年度标准。在确定跨国公司的合并集团收入是否达到 11.25 亿新加坡元的标准时，应将合并财务报表中反映的所有收入包含在内。然而，指引指出，特别收入（非经常性收入）应该排除在外，因为在一般商业情况下，此类收益不应计入收入。

2.4 落实措施综述

BEPS 行动计划的实施就像一场革命，遏制了一些跨国公司肆无忌惮的跨国避税。实际上，BEPS 表现为跨国公司国际避税，实质上仍然反映了国家之间和国家与企业之间的利益分配关系。

2.4.1 国家之间的税收利益博弈

在 BEPS 行动计划落实进程当中，不同国家之间因经济利益分配的矛盾和利己主义国家利益观所引发的国际冲突不断增多。在消除国际避税问题上，有关国家的利益常常是对立的。因为跨国纳税人避税行为的客观结果是减少了高税负国家的税收，增加了低税负国家的税收。因此，各国对反避税国际管制的态度差异较大。[①] 对于资本输出国，态度是积极响应的。而发展中国家主要作为资本输入国，基于发展自身经济的需要提供避税港，出现了国际税收竞争与 BEPS 行动计划之间的对抗，或者是不征税，或者拒绝和其他国家交换税收信息，而且由于税收法律及征管规定缺乏透明度，导致 BEPS 行动计划有名无实。

在面对共同的全球化税收困境需要通力合作的情况下，如果各国不是以世界经济的整体安全为首要目标，而是从狭隘的国家利益出发，就会使得国家间税收经济利益冲突愈演愈烈，并导致国际社会发生严重的分化。

税收国际规范是由各个主权国家本着平等、自愿和互利的原则达成的协议。由于没有一个超国家权力可以强制执行协定，国际税收协定作为国际法，是以缔约国相互信任、自觉遵守为条件的。鉴于多数国家没有关于国际税收协定优于国内法的明确规定，无视税收协定的现象经常发生。另外，许多国家在司法实践中，也往往根据禁止滥用税法、实质优先于形式等一般法律原则，在涉及跨国纳税人不当利用协定避税的案件中，否认纳税人优先适用协定的主张。这进一步导致了国际税收协定功能的降低和国家间的冲突与

---

① 肖太寿. 关于国际避税“适度治理”问题的探析［J］. 经济研究参考，2013（10）.

争夺。①

全球日益走向整体化的今天，各国急需加强反避税共识，同时利用国际税收竞争协调的双重性开展反避税合作。跨国纳税人的避税行为牵涉的是多国的经济利益，在此各国对国际反避税的共识是关键，尤其是发达国家与发展中国家之间，只有达成一致认识，为国际反避税这个共同目标而努力，才不至于出现国际恶性税收竞争。值得注意的是，OECD 上述界定恶性竞争的标准带有一些倾向性和局限性，毕竟应该从各国具体国情出发，尤其是发展中国家的特殊国情，对于资源缺乏、环境恶化、失业率高的国家和地区应有例外条款。②

2.4.2 国家与跨国企业之间的税收利益博弈

从博弈论的角度，避税与反避税可以理解为企业和政府之间一种不完全动态博弈。企业在不违反税法的前提下，通过深入研究政府的税收政策，预先筹划与安排，对税法进行精细比较后，选择最优的纳税方案，以求减少税收支出。博弈的另一方政府就会持续研究企业的避税方法，不断出台新政策，完善税制，抑制企业的避税行为。

跨国公司经济实力强大、现代企业制度完备、经营结构合理、享有垄断与内部化优势。跨国公司追求全球范围内集团利益最大化，内部管理的高效率、信息沟通的高科技，以及对税收筹划的高度重视，都对收入来源国提出了严峻挑战。再加上跨国公司往往拥有强大的经济实力，有政治上的代言人。这些代言人活动在各国政府和诸多国际组织中，为维护跨国纳税人的利益奔走，要求维护跨国纳税人的权益，这也在一定程度上加大了各国进行国际反避税合作的困难。③ 收入来源国只有不断加强信息获取能力，加大稽查力度，完善税收制度，才能在与跨国公司的博弈中求得有利于自己的结果。

既然企业和政府之间的避税与反避税的博弈是不可避免的，那么博弈的双方都应该遵守一定游戏规则。这些规则包括：合法避税规则，即政府和企

① 肖太寿. 关于国际避税“适度治理”问题的探析［J］. 经济研究参考，2013（10）.

② 姜延迪. 国际反避税立法发展与困境的思考［J］. 税务与经济，2008（7）.

③ 王磊. 政府与企业之间的税收博弈［J］. 现代经济信息，2013（4）.

业要正确认识避税的范畴，划清合法与违法的界限；程序性规则，即企业的避税行为需要在税务机关认可后才能付诸实施；举证规则，即在产生异议时，政府要以法律为依据进行举证，企业要向政府提供合法避税的依据和构成要件；双赢博弈规则，即避税与反避税不仅有对抗和竞争，还有协调与合作，不是完全的“零和博弈”。只有博弈双方共同遵守上述规则的基础上，使企业遵守税收法律法规的收益大于破坏它们的收益，才能实现企业与政府之间的共赢。①

BEPS 行动计划的一个主要目标是将税企之间的利益博弈转化为利益共享。在税收博弈的行动顺序中，博弈的最先发起者必定是纳税人。在跨国纳税人未做出行动选择前，各国税务机关不能率先发动博弈，只能公布博弈规则，即税收法律法规，跨国纳税人按其获知的“共同知识”做出使自己利益最大化的选择。如果跨国纳税人的选择是“合法”的，各国征税机关必须且只能“依法”征税，并为跨国纳税人提供优良的纳税服务。这种博弈的良性循环是：跨国纳税人依法纳税→各国税务机关依法征税，并为其提供优良服务→跨国纳税人更好地依法纳税。在现阶段国际税收法律规范十分有限的情况下，可以更多依赖税收征管领域的各项合作与制度安排，通过提供一系列的规则来界定征纳各方税收行为的选择空间，减少税收行为中的不确定性，增进各方合作，使利益博弈在规范环境下展开，最终使所有利益共享者都能从中获益。②

以外，还应高度注重发挥大国在全球性经济危机中的关键作用。某些发达国家过分强调本国的经济利益，以不平等的国际贸易等手段，牺牲弱国的利益换取自身的发展，造成了发达国家与发展中国家经济差距的日益拉大和双方矛盾的不断加深。在当今的国际事务中，实现经济发展中的协调和平衡，对于建立公正、合理的国际经济新秩序是十分必要的。科学、客观地对待国家间税收经济利益关系的问题，才能有效地扼制因此而起的国际冲突，经济社会才会实现持久的和平与发展。③

---

① 王磊. 政府与企业之间的税收博弈［J］. 现代经济信息，2013（4）.

② 姜延迪. 国际反避税立法发展与困境的思考［J］. 税务与经济，2008（7）.

③ 黄世相，杨捷. 国家经济利益因素与国际冲突的缘起及反思——以二战的起源为个案的探讨［J］. 江西师范大学学报，2005（10）.

3. BEPS 行动计划在中国的转化情况

中国作为 G20 的重要成员，积极参与了 BEPS 行动计划的研究、起草和实施的全过程。OECD 发布 BEPS 行动计划以后，中国也积极落实成果的转化，促进成果的实施。

3.1 BEPS 行动计划对中国的积极影响

实施 BEPS 行动计划成果，有利有弊，应该说，对中国是利大于弊。主要表现在以下五个方面。

3.1.1 有利于推动中国深化税制改革

BEPS 行动计划在一系列基本税收规则和管理制度方面达成的重要共识，不仅为各国完善跨境税收政策、应对共同挑战提供了良好范例，还对各国国内税收相关政策环境和法律法规的建立和发展具有推动作用。

2015 年底，中国国务院公布了《深化国税、地税征管体制改革方案》，以深化国税、地税合作。2015 年以来中国出台的一系列管理办法和法律法规极大地完善了我国国内的税收立法和税收征管体系，并与经济社会转型发展相适应。

大数据时代为税收信息透明度提供了条件，中国不仅根据 BEPS 行动计划第 13 项行动计划的建议，将国别报告要求纳入了国内税收政策，同时在国内推出了“互联网+税务”行动计划，着力于将信息技术与税务工作相结合，提高对涉税信息的收集、整合、处理及应用的能力。

3.1.2 有利于更广泛地参与国际税收合作

2013 年至 2015 年，中国国家税务总局共参加 BEPS 相关会议 86 次，向 OECD 提交我国立场声明和建议 1000 多条，其中很多意见得到采纳并体现在最终成果中，为该项目所遵循的核心原则的确立和推动各项成果顺利完成做出了重要贡献，也为发展中国家和新兴经济体提升规则制定的话语权、维护税收权益发挥了独特作用。①

2015 年，中国国家税务总局出台了许多跨境税收相关政策，包括新的享受税收协定待遇相关程序（《国家税务总局关于发布〈非居民纳税人享受税收协定待遇管理办法〉的公告》，国家税务总局公告 2015 年第 60 号）、境外间接转让财产相关规定（《国家税务总局关于非居民企业间接转让财产企业所得税若干问题的公告》，国家税务总局公告 2015 年第 7 号），以及新的一般反避税管理办法（《一般反避税管理办法（试行）》，国家税务总局令第 32 号发布）。

与此同时，中国还更新了许多重要的税收协定，尤其是与欧盟主要国家的税收协定，已纳入最新的反避税和信息交换规则。

3.1.3 有利于保护中国的税基

BEPS 行动计划不仅有利于完善各国国内税收立法和税收征管体系，保护自身税基，还推动了双边及多边税收合作，建立更公平、公正、明确、合理的税收协定，使各国在国际税收中保护自身的利益。

BEPS 行动计划报告中《消除混合错配安排的影响》罗列了消除混合错配税收影响的国内法规及国际条约示范条款的修改建议。2016 年 8 月 OECD 发布了一份讨论稿，对第 2 项行动计划中的混合错配规则进行了补充，进一步提出了分支机构混合错配规则。对于第 2 项行动计划在各国的实施情况，英国和澳大利亚已经立法推出混合错配规则。欧盟《反避税指令》的出台也将在欧盟成员国范围内推进混合错配规则。中国国家税务总局此前也曾表示将在 2016 年年底之前在中国实施消除混合错配安排的规则，但是目前还没有具

---

① 温彩霞，刘嘉怡，于嘉音，王槟. 国际税收合作迈上新台阶——BEPS 项目最终成果公布［J］. 中国税务，2015（12）.

体的细节。各国混合错配规则的推出，有利于中国在面对国际银行业务、公司亏损、分支机构等混合错配情况时保护国家税基不受侵蚀，提高国际竞争的效率、透明度和公平性。

BEPS 第 4 项行动计划《对利用利息扣除和其他款项支付实现的税基侵蚀予以限制》提出了相应的建议，即根据固定比率规则，将一个实体的利息以及在经济上等同于利息的支付款项之净扣除额限制在该实体息税折旧摊销前利润（EBITDA）的一个百分比，该规则至少应适用于跨国集团内部企业。此外，该报告还提出制定有针对性的规则，以支持以上建议的方法，防止该方法被规避。中国采纳该方法将有效影响跨国集团利用债务达到 BEPS 效果的能力，保护中国的税基不受侵蚀。

此外，第 6 项行动计划旨在防止税收协定优惠的不当授予。中国签署或更新的税收协定，包括中国—智利税收协定和中国—俄罗斯协定都引入了第 6 项行动计划建议的利益限制（LOB）条款，以及第 8 项、第 9 项、第 10 项、第 13 项行动计划《确保转让定价结果与价值创造相匹配》和《转让定价文档和国别报告》。

BEPS 行动计划旨在规范全球范围内的国际税收合作，打击了跨国公司的逃税避税问题，有利于保护中国的税基，使中国在跨国公司全球利润分配中获得理应分享的部分。

3. 1. 4　有利于为跨境交易提供透明的税收环境

BEPS 行动计划推动了中国为跨境交易提供良好税收环境，中国积极参与各种新的国际信息交换体系，并将于 2018 年实行国别报告制度，加强对对外投资的监管力度。此外，中国将 BEPS 行动计划的建议纳入双边税收协定以及多边税收协定中，如中国与智利签署的《中华人民共和国政府和智利共和国政府对所得避免双重征税和防止逃避税的协定》中加入了反税收协定滥用条款。中国加强同“一带一路”沿线国家（地区）落实双边税收协定的签订，避免对跨境纳税人的双重征税，提高了税收的确定性，为纳税人的跨境交易提供透明的税收环境。

3. 1. 5　有利于推动“一带一路”建设

自从 2013 年中国提出“一带一路”倡议，得到了许多国家的积极响应。

BEPS行动计划的实施，可以统一国际税收原则、促进国际税收合作，更加有利于中国企业“走出去”，有利于“一带一路”建设的推行，达到合作共赢的目的。

3.2 中国已经落实的BEPS行动计划成果

中国作为G20成员参与BEPS行动计划，高度重视BEPS行动计划成果在国内的转化，2015年BEPS行动计划最终报告颁布以来，出台了许多跨境税收相关政策，税收征管体制改革也在不断深化。

3.2.1 中国单独采取的措施

2014年11月，中国国家税务总局发布《一般反避税管理办法（试行）》（国家税务总局令第32号发布），建立了一套全面打击非居民避税和滥用税收协定（安排）的一般反避税机制。

2015年2月和3月中国国家税务总局分别发布了《关于非居民企业间接转让财产企业所得税若干问题的公告》（国家税务总局公告2015年第7号）和《关于企业向境外关联方支付费用有关企业所得税问题的公告》（国家税务总局公告2015年第16号）等强化反避税管理的规章和规范性文件。

2015年9月，中国国家税务总局发布《特别纳税调整实施办法（征求意见稿）》中，提出了最新的受控外国公司规则、资本弱化规则、一般反避税的实施细则，以及最重要的BEPS下转让定价规则和转让定价文档在中国的本土化落地。该文件在充分考虑中国国情的同时，在很多方面体现了BEPS行动计划的建议。

2015年10月，BEPS行动计划项目全部15项产出成果一经发布，中国国家税务总局召开BEPS行动计划项目2015年成果宣讲会，指出BEPS中国落地计划将主要包括改革中国的国际税收管理格局、统一全国风险应对机制、进行BEPS成果国内法的转化以及进一步全面推进信息化管理。

2016年3月，财政部、海关总署和国家税务总局联合发布了《关于跨境电子商务零售进口税收政策的通知》（财关税〔2016〕18号），采纳了第1项行动计划的建议，即利用网上购物平台和快递公司对跨境进口电子商务交易征收间接税（包括关税）。

2016 年 6 月，为响应 BEPS 第 15 项行动计划，国家税务总局发布了《关于完善关联申报和同期资料管理有关事项的公告》（国家税务总局公告 2016 年第 42 号）。

2016 年 10 月，为响应 BEPS 行动计划第 5 项行动计划强调透明度和实质性因素和第 14 项行动计划，国家税务总局发布了《关于完善预约定价安排管理有关事项的公告》（国家税务总局公告 2016 年第 64 号）。公告指出，纳税人的预约定价安排将会被用于与其他国家税务机关间进行的自发的强制的信息交换。

2016 年 10 月，国家税务总局发布《非居民金融账户涉税信息尽职调查管理办法（征求意见稿）》，向公众就相关问题征询意见，标志着中国即将遵循 OECD 的金融账户涉税信息自动交换标准。

2016 年 10 月，国家税务总局发布《关于完善预约定价安排管理有关事项的公告》（国家税务总局公告 2016 年第 64 号），指出在第 5 项行动计划的安排下，纳税人的预约定价安排将会被用于与其他国家的税务机关间进行的自发的强制的信息交换。

2017 年 5 月，为了落实签署的由 OECD 倡导的《金融账户涉税信息自动交换多边主管当局间协议》（CRS MCAA），国家税务总局、财政部、中国人民银行、中国银行业监督管理委员会、中国证券监督管理委员会 中国保险监督管理委员会联合发布《关于发布〈非居民金融账户涉税信息尽职调查管理办法〉的公告》（国家税务总局 财政部 中国人民银行 中国银行业监督管理委员会 中国证券监督管理委员会 中国保险监督管理委员会公告 2017 年第 14 号）。2017 年 7 月 1 日金融机构开始对新开立的个人和机构账户开展尽职调查，以兑现于 2018 年实施国际金融账户信息交换的承诺。

3.2.2 中国参与的双边及多边措施

2013 年 9 月，中国以 OECD 合作伙伴的身份参与 BEPS 项目，中国国家税务总局被选为 OECD/G20 BEPS 项目组指导组成员及数字经济工作组副主席。

2015 年 5 月，中国与智利签署的《中华人民共和国政府和智利共和国政府对所得避免双重征税和防止逃避税的协定》中加入了反税收协定滥用条款。

2015年12月，国家税务总局与OECD签署了《多边主管当局间协议（MCAA）》《中华人民共和国国家税务总局、经济合作与发展组织关于在中国实施多边税务中心多边税务项目的谅解备忘录》以及《2016—2018年合作谅解备忘录》三个重大的里程碑式合作项目，对全球信息交换做出了承诺。

2016年5月，第十届经济合作与发展组织税收征管论坛大会在中国北京召开，中国在大会期间签署了一系列的国际税收合作协议。

2017年6月，中国签署《实施税收协定相关措施以防止税基侵蚀和利润转移的多边公约》。郑重承诺将积极参与BEPS行动计划的实施行动。

“一带一路”倡议发布以来，中国加强同“一带一路”沿线国家（地区）落实双边税收协定的签订，避免对跨境纳税人的双重征税，提高了税收的确定性，截至2017年5月，中国已经同“一带一路”沿线的54个国家签订了双边税收协定。

4. BEPS 行动计划背景下中国企业“走出去”应对策略

伴随着 BEPS 行动计划的推广及其被越来越多的国家所接受，中国企业“走出去”必然面临新的税收风险，“走出去”企业需要迎接挑战、抓住机遇、调整思路、合作共赢。

4.1 BEPS 行动计划背景下的税收风险

由于 BEPS 行动计划项目的推广，国际税收规则发生许多变化，在新的国际税收规则产生过程中，中国企业“走出去”过程中的各个阶段面临许多新的税收风险。

4.1.1 企业在投资环节存在的税收风险

企业“走出去”最初的不同投资安排会产生不同的税收风险。实施 BEPS 行动计划以后，“走出去”企业在投资环节存在以下税收风险。

4.1.1.1 “无商业实质”的控股公司安排

企业在进行投资设计时，会综合考虑多种因素，例如行业性质、投资目标国税制及其税收协定网络等，因此通常会考虑采用多个境外投资控股平台(常以投资区域考虑)、多层中间控股公司进行对外投资。这可以在一定程度上为投资引进、融资安排、税负控制、未来退出等提供灵活性和弹性。而从税务风险管控角度，相关国家执行税收政策时多考量各层级公司的存在是否具有合理商业实质。因此，企业投资架构设计是否能够实现预期税收安排在当前各国跨境税源管理背景下具有越来越多的不确定性，甚至可能导致额外增加税收成本（如所得纳税义务判定、所得性质确认、税收协定待遇享受等）。针对跨国企业利用现有国际税收规则的缺陷及各国税制差异和征管漏洞，最大限度减少全球总体税负、甚至通过双（多）重不征税侵蚀各国税基的行为，G20推出了税基侵蚀和利润转移项目，携手打击国际逃避税。

4.1.1.2 无合理经营需要的巨额留存利润

除考虑投融资平台外，企业通常还会考虑在低税或免税国家（地区）设立资产管理公司，利用名义持有的股份、资金和无形资产获取股息、利息和特许权使用费等消极所得，相关所得缴纳较低甚至不缴纳税收，相关利润长期留存公司账面不做利润分配汇回，实现延迟纳税，甚至长期体外循环寻求永远不纳税。而从税务风险管控角度，资产管理公司名义持有的资产是否符合经营实质、是否留存巨额利润不做分配、是否构成受控外国企业均为相关国家税务当局关注的重点。鉴于税务当局极有可能对受控外国企业的留存收益强制性视同分配并据以征税，企业应在职能配置方面充分考虑回应税务当局的关注。当下各国对境外所得税务管理日益加强，受控外国企业认定标准越来越宽泛，境外企业纳入管理范围越来越宽，积极所得与消极所得划分标准日趋复杂，境外所得纳入调整对象越来越多，企业应更加关注巨额境外所得长期不分配的合理性。

4.1.1.3 并购重组的转让定价税务风险

企业进入投资目标国前，通常根据企业经营战略、业务需要、目标国的商业和法律环境，选择适当的投资方式（绿地投资①、并购、合资等）。基于投资机会的多元化或管理经验的提升（如国内银行收购海外飞机租赁公司以获取该行业的特定经验，并购技术型项目以获取旨在占领市场份额的技术革新），企业常通过在成熟市场寻找优质并购目标，以谋求品牌、研发、物流、人才的全球化。从税务风险管控角度，企业通常在并购前后进行旨在优化投资架构或业务配置的集团重组，此环节要注重量化税务风险及潜在税务成本，确定合理的关联股权交易估值定价、多层股权转让潜在的税收负担，以及股权转让收益享受税收协定待遇的受益身份等。

4.1.2 企业在融资阶段的税收风险

企业计划“走出去”所需考虑的另一重要问题是融资架构设计，其核心

① 即通过设立新的企业进行海外投资。

是境外融资平台设置与资本结构控制。搭建有效合理的融资架构，需要重点分析如何以低成本融资、并高效便利地注入境外企业。此环节较为突出的税务问题是忽略税务成本分析及风险评估，特别是集团内融资引致的利息收付、隐形股息分配及资本弱化问题。

4.1.2.1 资本结构控制的资本弱化税务风险[①]

跨国企业综合考虑各国税制差异与投资回收方式后，通常会通过实施全球范围的目标资本结构（即加权平均资本成本最小的资本结构），谋求集团利润最大化。从税务风险管控角度，在商业安排满足资金运转需要的基础上，还需综合考量整个投资架构各层级企业的权益性投资与债权性投资比例配置问题，控制在所涉国家可能产生的资本弱化税务风险，避免相关利息支出不能在企业所得税税前扣除，导致整体税负增加或者未实现延期纳税的目标。

4.1.2.2 集团资金池[②]的内部融资税务风险

建立资金池实施资金的集约化管理是跨国企业常见的融资模式。鉴于国内外汇管制、境内外融资成本差异及流转税的考虑，国内跨国企业通常在境内外分别设置融资平台。从税务风险管控角度，集团成员的资金借贷、融资担保常忽视利息收取与扣除问题，除利息收付标准存在转让定价风险外，不进行利息收付或者人为集中销售在低税率地还面临交易被重新定性和定价的税务风险。G20 税基侵蚀和利润转移项目确定的反错配规则，对混合金融工具下的利息扣除与其他金融支付（包括一方扣除一方不计收入，双方重复扣除，以及间接性一方扣除、一方不计收入情形）提出处理建议，导致企业此类安排面临税务风险。

4.1.3 全球供应链管理的税收风险

信息和通讯技术使多种经济活动在更广地域（甚至全球范围）、更远距离开展，产业链的持续拓展与商业模式的不断演变广泛冲击当前国际税收制度与管理。跨国企业通常从商业战略层面在全球范围内进行研发、采购、生产、

① 资本弱化即通过关联公司借债而非投入资本金的形式进行海外投资，以通过利息扣除获取税收利益，一般当关联债务/资本金达到一定门槛之后即构成资本弱化。

② 资金池即集团内将各关联公司的闲余资金集中起来形成内部资本来源，供统一调配使用的财务管理机制。

销售、行政管理等核心职能配置，力争实现产业的全球协同，并同步实施“税务有效供应链管理”，谋求全球整体税负最小化。此阶段较为突出的税务问题是征纳信息不对称导致企业对国际税收筹划的风险评估不足，以及税务局较难及时获取全面信息判定企业避税行为。

4.1.3.1　技术性无形资产利润权属的税务风险

研发环节最为突出的税务问题是所研发技术性无形资产的权利归属。跨国企业通常以合约转移、功能剥离等形式将集团无形资产或相关权利转移至无商业实质的公司、低税或无税地区、旨在获取专项税收优惠的主体运营公司等。从税务风险管控角度，当前多数国家均倾向于从全球价值链和价值贡献角度（而非法定所有人角度）分析，确定无形资产相关利润归属，企业上述运作模式潜在税务风险巨大。其中，并购重组后既有无形资产与未来待开发无形资产的利润分割也受到关注。

4.1.3.2　研发劳务收益确定的税务风险

跨国企业根据地域禀赋及业务需要在全球设立多个研发中心，不同的研发模式及结算方式导致劳务定价成为较为突出的税务问题：当采用合约研发方式时，如何确定合理的作价方式进而规避成本简单加成带来的转让定价税务风险；当境外主体运营公司具备管理实质且承担研发风险时，如何根据其对无形资产的贡献确定所能享有的剩余/超额利润；当各参与方采用成本分摊形式共担成本和风险、共享无形资产成果时，如何确定买入支付价格及利润分配规则等。

4.1.3.3　生产活动与税收权益错配的税务风险

全球产业转移的趋势与周期使价值链生产职能的经济贡献与利润回报不匹配，跨国企业常通过与低税或无税成员企业进行原料采购与产品销售，挤占生产职能的利润空间，导致生产环节长期亏损或维持微利水平。目前生产职能聚集的国家均大力打击税收权益与生产活动的错配现象，履行单一生产职能的公司不应承担集团决策、市场风险所致亏损，而应体现合理利润回报，但实际经济活动中这些公司无权获取超额回报。此外，还需考虑跨国企业在低成本地区经营所获得的净成本节约，特别是通过在原材料、劳动力、租金、运输和基础设施等方面的较低支出所实现的超额回报。

4.1.3.4　营销活动与税收权益错配的税务风险

科技的日新月异使凝聚品牌黏性的营销活动成为高附加值的经营环节，而数字经济的发展使营销活动分散在全球各个区域，而不是商品或服务的实际交易地。这使按照传统理念配置营销环节利润的跨国企业面临更为复杂的转让定价税务风险。对承担简单分销功能的企业，应根据集团统一的转让定价政策给予符合独立交易原则的利润回报；对承担复杂营销职能，以及对营销型无形资产做出贡献的企业，应获取与其价值创造贡献相匹配的利润回报。衡量营销活动较常用和直观的指标为企业销售费用占集团销售费用的比重，利润回报应与其比重相匹配。此外，企业的利润回报还应体现其在对某项服务或产品具有特别需求的区域内开展经营所获得的超额利润。

4.1.3.5 集团劳务与税收权益错配的税务风险

跨国企业为提高核心竞争力，通过内部劳务整合集团资源实现协同效应，其面临的突出税务问题是集团劳务费用的收付及其标准。从税务风险管控角度，集团关联劳务费用的收取或支付，应重点分析劳务提供是否具有合理商业目的与经济实质，遵循独立交易原则，应从劳务提供方与接受方分别进行受益性分析，劳务具有真实性与必要性，并非重复提供或重复支付，并未从其他关联交易中获取补偿，且为接受方创造价值，否则可能面临转让定价调查风险。

4.1.4 企业在投资退出阶段的转让定价风险

投资退出作为战略收缩与调整的方式，是企业优化资源配置的重要手段，既可通过高溢价退出获得特殊收益和现金流，也可及时退出经营不善的项目或业务，实现有效止损。从税务风险管控角度，企业在投资架构搭建初始即应考虑不同投资退出方式（直接或间接股权转让）的税务成本及潜在风险。

4.1.4.1 股权转让退出的转让定价风险

跨国企业采取股权转让形式退出时，税务风险管控的关键是股权转让价格的确定。采用直接股权转让方式申请税收协定免税待遇时，应注意转让方的经济实质问题，避免受到滥用税收优惠的调查；采用间接股权转让方式时，应注意各层级公司所在国征税权归属的确定问题，避免同一所得在多国构成纳税义务。

4.1.4.2 形式退出导致商业实质与税收结果错配的税务风险

对于运营实质没有变化的“合同”退出，通常会由于其商业实质与税收结果错配而受到税务调查与监管。美国 2014 年 9 月出台的有关加强反

“税收倒置”的法规，某种意义上就是对企业退出的一种税收规范管理方式。部分欧洲国家主张的“退出补偿”也是企业在退出环节必须考虑的税务负担。

4.1.5 BEPS行动计划新增的税收风险

由于BEPS行动计划规则的要求，一些新增加的税收风险开始凸显，也应引起中国“走出去”企业的注意。

4.1.5.1 “三层文档”架构的税收风险

跨国集团应按要求准备并提交以国别统计的业务收入、应税利润、缴纳和预提的所得税、人员数量、有形资产、各运营实体名称及其各自所从事的业务活动等信息。这样的信息披露要求让跨国集团的主要价值创造因素在税务机关面前展露无遗。

4.1.5.2 常设机构定义范围扩大的税收风险

为实现贸易利润的征税权的再分配，也为了应对电子商务带来的跨境税收新形势，后BEPS时代各国政府将对“常设机构”这一概念进行更宽泛的定义与解读。开展跨境业务的企业通过人员派遣或者雇佣市场所在地代理人的形式在相关国家构成常设机构并承担额外税负的风险将增加。若额外的税负无法在母国进行税收抵免，则集团整体税务成本将上升。①

4.1.5.3 合同安排匹配交易实质的税收风险

合同安排与交易实质匹配，要求合同标的物价格公允，缔约双方承担的职能风险与利润分配对称。但现有国际税收征管中，税务机关对交易实质中职能风险与利润分配的关注不足，因此许多企业就利用此漏洞进行避税。

举例来说，爱尔兰政府企业所得税税率为12.5%且不设营业税，还给予企业研发活动费用25%的税收抵扣，以及其他资金补助。因此许多中国企业在爱尔兰设立研发机构，由其境内研发机构A与爱尔兰研发机构B合作开发技术。合同规定，B承担技术项目主要的研发职能和风险，并对该技术享有大部分收益权。事实上，该项术已经由A研究所完成主体研发任务，而B的科研力量也不足以支持该项技术研发。换言之，合约研发的交易实质和利润

---

① 德勤案例：“走出去”中国企业需关注的七大重点领域［EB/OL］.［2017-01-05］. http://www.360doc.co.

分配不匹配，中国企业可将技术收益权向爱尔兰转移，享受较高的研发费用抵扣政策，并通过向 B 支付特许权使用费，转移中国的利润，享受爱尔兰较低所得税率。

BEPS 第 9 项行动计划提出对合同约定的风险和相应的利润分配的考量。在计划实施后，税务机关将参与对合同公允性、有效性的审核，特别针对法律合同条款界定的风险承担与实际交易不符的情况、合同设置的义务及风险仅理论上存在的情况，税务机关可适时调整税收处理方法，引发企业新的税收风险。①

4.2 税收风险防范的具体措施

BEPS 成果及其在各国的转化对大部分纳税人来说都会产生不同程度的影响，“走出去”企业应根据税收环境、纳税情况、风险偏好等因素制定整个集团的全球税务战略，并有效传递至各所属企业实施，各项税务管理工作均围绕统一的税务管理开展。具体而言，企业应重新审视其经营战略和税收策略，从企业战略、商业安排、融资模式、投资控股结构、税收遵从等方面作出及时应对。

4.2.1 财税经理人时刻关注各国税收变动

对税务工作而言，关注税务动态是最基础也是最为重要的部分。对于“走出去”企业而言，国内外的税务体系很复杂，不同行业不同领域计算和缴税的规则完全不同，税法环境的变化，增值税扩围的深入，资本市场的变幻，全球化经营的复杂，对企业的税务管理工作带来了全新的挑战。对于税务总监而言，面对体系复杂、时刻变化的世界财税形势，需要厘清企业实务操作中的种种具体问题，例如：

（1）企业应交税种及计算方式；

（2）票据入账条件，客户开票条件及如何指导业务人员；

（3）正确填制纳税申报，防止企业交了不该交的税。

---

① 叶益豪. BEPS 逐步落地，“走出去”企业需重塑盈利模式［N］. 中国税务报，2016-01-29.

税务总监必须时刻关注国内外税务政策的变化，了解企业涉及的税种，厘清税种之间的勾稽关系和处理方法，同时从合同、发票与纳税申报入手为企业把好税务风险屏障，助力企业轻松应对税务机关检查。

4.2.2 财税经理人具有全局意识，做好税务风险管理

对于企业而言，国际税务筹划是体现税务创造价值的一个方面，合理合规的国际税务筹划，能为企业节约成本或创造利润，这也是体现税务总监能力与水平的重要标准。

4.2.2.1 企业设立之初或扩张时

企业税务部门就要积极参与，包括规划企业注册的地点、组织架构、股权结构、组织形式等，根据企业的实际情况制定切实可行的国际税务筹划方案，实现未来整体运营税负的最优化。

4.2.2.2 企业运营过程中

企业需要不断通过生产经营、投资并购实现盈利和价值的最大化，这些交易会产生包括所得税、增值税、营业税等在内的各种税负成本，通过积极的国际税务筹划，可以合法、合理地降低税负。

对企业内部而言，税务工作主要体现在协调生产、销售等部门，发现并积极享受国家各项税收优惠政策，同时规范税务管理，控制潜在的税务风险。①

4.2.2.3 国内国际找好平衡点

对跨国企业而言，拓展海外业务时，不可避免地会遇到税收方面的难题。作为税务总监，不仅要充分理解国际税制进行合理避税，还要与企业总部保持有效沟通，分析不同税制下的利弊，找到既符合中国税法规定，又能使总部接受的合规方案。

同时，对那些“走出去”的企业，税务总监必须在业务部门进行海外商业筹划初期就参与其中，在开始规划商业模式时，综合运用商业、法律、会计和税收等多方面知识，找到最理想的解决方案，并指导他们的后续工作。

---

① 刘天永. 税务筹划的三个境界，你在哪一层［EB/OL］. http：//blog. sina. com.

4.2.3 针对企业发展各阶段做出及时应对

按照“走出去”企业发展的不同阶段，安排涉税事务，有针对性地规划税收风险防范措施。

4.2.3.1 商务谈判阶段

各国的税收政策差异较大，在商务谈判阶段应重视合同中有关纳税的条款，认真了解相关税法规定，匡算税金影响，以提高海外项目的经济效益，避免遭受经济损失和法律风险。

对于固定价合同，因其涉及的税种较多，税率也不相同，最好的方法是在合同中规定由业主负责缴纳所在国的应纳税金，而承包商仅负责其本国的应纳税部分。如合同规定均由承包商纳税，则应了解适用税种和税率，并将税金计入合同内。

对于合同额较大且复杂的跨境工程项目，应当寻求专业机构的帮助，从中国企业角度考虑项目所在地的税负等国际税务问题，降低项目的整体税负。①

4.2.3.2 决策阶段

企业需要加强对外投资项目的可行性研究。要尽可能选择与中国政府签有双边投资保护协定的国家开办企业，同时考虑当地涉外法规是否健全、当地经济发展环境以及当地外汇管制制度等，以便得出科学的结论。要做好投资项目本身的可行性研究，对与项目有关的资金、资源、场地、技术设备、工艺流程、市场销售、产品成本和经济效益等因素进行深入细致的研究，对投资和经营过程中可能出现的各种风险进行综合评价，分析它们对投资项目的影响程度，以便为对外投资项目决策提供准确可靠的依据。

4.2.3.3 生产经营阶段

要采取适度、灵活的海外经营策略，一方面通过提高核心技术、增强产品创新能力提升产品质量，打造高端品牌，提高品牌价值，通过产品设计和核心技术的提升以及高端产品和多元化产品的开发和销售提升品牌形象，并借此提升价值创造能力，增加产品附加值。另一方面采取更加灵活、与税收环境变化相适应的海外生产经营策略，以规避涉税风险，最大限度地获取税收利益。②

---

① 王玮．“走出去”企业税务管理探讨［J］．时代金融，2015（33）．

② 王开智．“走出去”企业涉税风险与防范［J］．涉外税务，2012（1）．

4.2.4 深入研究并缜密规划税收管理

通过观察中国企业海外投资行为，研究已公开上市的公司案例，总结出海外投资税收架构设计的基本思路。在海外投资的设立、运营和退出阶段，投资者应全面分析投资母国（即中国）、拟投资东道国、相关第三国家（地区）的税收政策及上述国家的税收协定网络，通过比较不同路径下的实际有效税率，选择整体税负最低的海外投资架构。[①] 中国企业“走出去”之前应当做好充分准备，提前收集相关信息，尽早研究外国企业财税制度与中国财税制度的差异。同时，还应聘请专业公司做好税务尽职调查，包括：境外公司所在地的税务环境情况，企业税务合规性状态，是否存在大量关联交易，公司的业务变化将对税务带来多大影响，税收优惠是否继续有效等。[②]

4.2.4.1 国际税务筹划的原则

（1）战略原则

综合考虑海外项目执行的各个环节，统筹安排，同时要符合税务监管机构的监管要求，最终着眼于降低企业的整体税负，而非仅仅减少某一个环节、某一税种的纳税。

（2）预见原则

国际税务筹划的重点在事先安排，根据项目具体情况、所在国别的法律规定，事先作出合理安排。

4.2.4.2 国际税务筹划的常用方法

在商务谈判中，争取达成免税项目，由对方政府或者业务承担税负，争取税收优惠政策。我国海外项目大多在亚非等欠发达地区，各国为吸引投资，都有一些税收优惠政策，企业应该积极争取这些优惠政策。还可以根据海外项目情况，设计有效且可操作的控股构架，使用国家间税收协定，或考虑将利润停留在海外控股公司层面，以递延纳税时间，从而降低海外经营的整体税务成本。

4.2.4.3 设立海外控股架构的注意事项

（1）应考虑向税务局证明海外控股公司对利润不做分配或减少分配是出

---

① 刘五丰. 海外投资税务架构设计思路解析［J］. 中国经贸导刊，2015（22）.

② 王金水. 发展新常态下企业“走出去”风险防控［J］. 上海市经济管理干部学院学报，2016（1）.

于合理的商业原因，比如海外再投资等，以降低触及中国受控外国企业条款的风险。

（2）根据中国企业所得税法，中国企业从其直接或间接控制的外国企业分得的股息等投资收益，在满足中国企业的直接或间接控股比例达 20%、该子公司为中国企业的三层以内海外子公司等两个条件时，收到投资收益已实际缴纳的境外税款可以在计算中国企业所得税时进行抵免。

（3）为了确保企业能够享受控股架构涉及的税收协定的税务优惠，有必要根据税务机关的要求对海外控股公司的商业实质进行适当的管理和维持。①

4.2.4.4 合理选择投资国家

税收安排与税制变化风险、市场风险、利率风险、债务风险、汇率风险和通货膨胀风险等是紧密联系在一起的。因此纳税人应考虑其所处外部环境条件的变迁、未来经济环境的发展趋势、国家政策的变化、税法的可能变动趋势等因素对企业经营活动的影响，综合衡量国际税收筹划方案，在收益和风险之间进行必要权衡，保证能够取得真正的财务利益。②

2016 年世界经济论坛发布的《全球竞争力报告》中，为衡量一国的税收情况，世界经济论坛使用了世界银行的总税率标准。具体如下：总税率是将“税收减免”纳入考虑后的 5 种不同税收的总额，这 5 种税收包括了利润或企业所得税、社会贡献和劳动税、房产税、营业税和其他税种。本文选取 26 个总税率超过 50%的国家，如表 4-1 所示。

表 4-1　　2016 年各国总税率　　单位：%

国　家	税　率
阿根廷	137.3
玻利维亚	83.7
塔吉克斯坦	80.9
哥伦比亚	75.4
阿尔及利亚	72.7
毛里塔尼亚	71.3
巴西	69

① 王玮.“走出去”企业税务管理探讨［J］.时代金融，2015（33）.
② 张玉梅.关于企业纳税筹划运用的思考［J］.商品与质量，2012（S4）.

续表

国　家	税　率
几内亚	68.3
法国	66.6
尼加拉瓜	65.8
委内瑞拉	65.5
意大利	65.4
乍得	63.5
冈比亚	63.3
贝宁	63.3
突尼斯	62.4
印度	61.7
西班牙	58.2
哥斯达黎加	58
比利时	57.8
斯里兰卡	55.6
乌克兰	52.9
澳大利亚	52
科特迪瓦	51.9
墨西哥	51.8
日本	51.3

资料来源：2016 年《全球竞争力报告》世界经济论坛. 瑞士日内瓦。

同时，需要了解各国、各地区对于 BEPS 行动计划的推行计划和力度（见表 4-2、表 4-3）。

表 4-2　　国际组织 BEPS 行动计划总结

国际组织	所采取的主要行动要点
OECD / G20	BEPS 行动计划的发起者、执行者。 于 2015 年 10 月 5 日就 15 项行动计划发布最终成果报告。 2016 年 2 月发布执行“包容性框架”的计划，将重点关注五大领域： （1）审阅四项 BEPS 最低门槛执行情况； （2）确保第 1 项、第 11 项行动计划数据搜集工作顺利进行； （3）监测其他 BEPS 行动计划的执行情况； （4）支持发展中国家； （5）完成遗留的技术工作

续表

国际组织	所采取的主要行动要点
欧盟	2016 年 1 月发布一揽子反避税规定，包括 4 个部分： (1)《国别报告指令》草案； (2)《反避税指令》草案； (3) 对欧盟成员国加强完善税收协定提供建议； (4) 规定可以促进有效税收的外部战略沟通机制。 2016 年 4 月，欧盟发布修正案草案，要求年合并收入达到 7.5 亿欧元的大型集团向公众公开国别报告中的特定信息。 2016 年 5 月，欧盟成员国财长会议通过决议，要求各成员国均引入国别报告规则
联合国	2015 年 7 月，联合国倡议成立新的全球税务机构，以更好地代表发展中国家的立场，但此项倡议失败。然而，会议还是达成了“亚的斯倡议”，旨在改善全球尤其是发展中国家的税收征管及促进税收改革
国际货币基金组织	发表题为《国际公司税溢出效应》的报告。 常务理事 Christine Lagarde 表达了对 BEPS 议程的支持
国际财政协会	2014 年 10 月的年度会议对转让定价问题进行了激烈讨论。 关注“发展中国家与发达国家之间的利益博弈”问题
C20	就包括 BEPS 在内的多个税务事项发表了意见
英联邦	2015 年 10 月新成立。 宣布将设立工作组，研究并提出关于国际税收规则的修改，特别是针对发展中国家
环太平洋税收协会	2016 年 3 月在加利福尼亚召开的会议对 BEPS 第 8 项—第 10 项行动计划进行了热议
全球税务会议	2016 年 3 月在都柏林的会议就 BEPS 问题进行了热烈讨论
其他非政府组织	发布两个与 BEPS 有关的报告。 来自一系列非政府组织的联合报告，倡议公开披露分国别报告。 来自援助行动组织的报告，认为双边税收协定掠夺了世界上最贫穷国家的主要收入

资料来源：根据 OECD 的官方资料整理。

表 4-3　　各国 BEPS 行动计划总结

国家 \ 行动计划		第 2 项：混合错配	第 3 项：受控外国公司	第 4 项：利息扣除	第 5 项：有害税收实践
OECD 成员国	澳大利亚	确定将根据 BEPS 行动计划的推荐制定反混合错配规定	现行受控外国公司规则比 OECD 的标准更严格	现行资本弱化规则已于 2014 年修订且更加严格，暂不会进一步修订	已经启动了税收裁定自动交换工作

续表

国家 \ 行动计划		第 2 项：混合错配	第 3 项：受控外国公司	第 4 项：利息扣除	第 5 项：有害税收实践
OECD 成员国	英国	2016 年 3 月英国政府宣布的财政预算案中包括了从 2017 年 1 月 1 日开始生效的混合错配规定	无	财政预算案已参考 BEPS 第 4 项行动计划对利息税前扣除增加了限制条件	发布了关于调整英国专利权税务机制的咨询文件
	法国	采取了与 BEPS 项目有关的单边行动以及适用修改后的欧盟《母子公司指令》。新的反避税条款会被引入	暂不会修订现有的受控外国公司规则，明确受控外国公司规则不适用于母公司因合理商业目的在根西岛设立的子公司	法国政府已经表明他们有意愿参照 BEPS 行动计划的建议来修订国内法，这将可能使现有规则延伸至适用第三方债务	有意愿与欧盟协调提高透明度，继续打击“税务欺诈和过度税收优化”
	加拿大	无	无	无	政府建议采用 BEPS 行动计划关于税收裁定信息自动交换的最低标准
	日本	已引入针对混合错配的特殊规则	受控外国企业的税率门槛降低	有意愿参照 BEPS 行动计划的建议来修订国内法	无
	荷兰	荷兰政府已宣布将修改后的欧盟《母子公司指令》引入国内法。 荷兰政府另提出一项议案提议根据修订后的欧盟《母子公司指令》修改混合贷款和一般反避税规则	无	无	欧盟正在审查荷兰的“创新盒”（innovation box）计划 荷兰政府已与德国税务机关就税收裁定的披露达成协议
	美国	现行的法规中已经涵盖了 BEPS 第 2 项行动计划报告中的部分建议，同时，2016 年美国税收协定范本增加了对混合实体或工具的规定。目前没有关于第 2 项行动计划的其他法律预案	目前的受控外国企业法规体系已包含了第 3 项行动计划中的很多观点。美国政府目前并没有针对现行受控外国企业的改革预案	更赞同首先采用固定比率规则，即在不超过息税折旧摊销前利润（EBITDA）规定比率的范围内扣除利息费用。如果不能完全扣除，可进一步采用集团比率规则	目前没有第 5 项行动计划中提及的无形资产优惠制度，除了单边预约定价机制，美国基本没有第 5 项行动计划中要求的某些强制情报交换的裁定类型

续表

行动计划 国家			第 2 项： 混合错配	第 3 项： 受控外国公司	第 4 项： 利息扣除	第 5 项： 有害税收实践
G20 成员（非 OECD 成员）		俄罗斯	无	受控外国公司规则的修正案已成为正式法律	资本弱化规则的修正案已成为正式法律，对关联方债务的利率可接受范围做出了新的规定	无
		巴西	无	受控外国公司规则可能会被重新修订	无	无
		印度尼西亚	无	无	印度尼西亚 2016 财年开始施行资本弱化新规定，债资比为 4∶1，以资产负债表为依据	无
其他国家	非洲	苏丹	无	无	无	无
		南苏丹	无	无	无	无
		乍得	无	无	无	无
		尼日尔	无	无	无	无
其他国家	亚洲	哈萨克斯坦	无	无	无	无
		土库曼斯坦	无	无	无	无
		伊拉克	无	无	无	无
		伊朗	无	无	无	无
		新加坡	发布了确定混合工具所得税处理的指引	无	无	承诺按照 BEPS 报告的最低标准要求对税收优惠政策进行复核
	南美洲	委内瑞拉	无	无	无	无
		厄瓜多尔	无	无	对关联方资金借贷的利息扣除进行限制	建立了专门的交易经济实质审查程序，以防止有害税收实践
		秘鲁	无	无	无	无

资料来源：《2016 全球 BEPS 准备情况调查报告》，汤森路透。

4.2.4.5 聘请专业公司做好税务尽职调查

税务尽职调查是指接受客户委托，为客户的投资、并购等商业事务提供税务尽职调查服务，降低企业并购的税务风险。税务尽职调查能够弥补法律尽职调查的不足，并查找到主要的税务隐患。会计师事务所及一些财务咨询公司能够为企业提供专业的税务尽职调查服务。在税务尽职调查中，应识别可能影响并购交易的重要税务风险，重点内容应包含但不限于：

（1）激进的或不合理的税收安排；

（2）与当地税务机关的口头约定，或非正式的税项减免；

（3）企业所得税、流转税及个人所得税等各种税收的不合规处理；

（4）没有文件支持的转移定价政策及巨额的税务罚款、滞纳金风险；

（5）审查交易目标企业当前的运营模式及税务处理是否与中国相关的税收法规相符，并且列明不合规的操作所可能引起的后果，并提出改善建议；

（6）识别和量化被交易目标企业的重大涉税风险，尤其是那些会影响交易价格及并购后盈利水平的税收风险。

4.2.4.6 选择新型国际税收筹划方式

随着时代的发展，电子商务、金融衍生工具等相继涌现，推动许多企业开展经营活动和商业模式的重要变革。如：电子商务活动具有交易无国籍无地域性、交易人员隐蔽性、交易电子货币化、交易场所虚拟化、交易商品来源模糊性等特征，使得国际税收传统的居民定义、常设机构、属地管辖权等无法对其进行有效约束，无法准确区分销售货物、提供劳务或是转让特许权。金融衍生工具最为显著的特点在于翻新速度快、灵活性、各种所得界限模糊。这些都为“走出去”企业提供了国际税收筹划的空间。国际税收筹划必须以依法纳税为前提，只有在这个前提下，才能保证所设计的经济活动、纳税方案为税务主管部门所认可，否则会受到相应的惩罚，并承担法律责任，给企业带来更大的损失。企业进行国际税收筹划，最终目标是为了实现合法节税、增收，使整体收益最大化，因此要考虑投入与产出的效益。如果国际税收筹划所产生的收益不能大于国际税收筹划成本，国际税收筹划就没有必要进行。

4.2.4.7 国际税收筹划应从总体上保证业务与财务协同前进

企业税收筹划的目的是取得企业整体利益的最大化。在进行税收筹划时，不能仅把目光盯在某一时期纳税最少的方案上，而应根据企业的总体发展目标去选择有助于企业发展，能增加企业整体利益的方案，甚至有时还得为企业的整体、长远利益让路。[①] 因此，企业的税务人员应该与公司管理层和业务部门保持高效交流，保证财务和业务的配合，协同前进。

4.2.4.8 在企业内建立国际税务筹划激励机制

对取得国际税务筹划成果的应给予正向激励措施，提高企业内进行税务筹划的积极性，在风险可控的基础上降低税收负担。对于通过税务筹划节税的，按照一定比例增加付现成本预算。

4.2.4.9 在税务管理节点设置控制措施

企业应关注税务管理控制节点的关键风险和应对措施，并明确涉税部门在税务风险管理上的责任。以一些大型油气集团为例，采取 RACI 矩阵形式将涉税部门纳入税务管理体系（见图 4-1）。

R过多表示该角色或组织负担过重或缺乏专注

没有R或A表示该角色或组织是否应该取得额外的责任，否则可能被取消或解散

A过多表示该活动跨角色/组织的权限不均衡

空白太少表示该活动涉及角色/组织太多

	角色/组织1	角色/组织2	角色/组织3	角色/组织4	角色/组织5	角色/组织6
活动1	A	A	C	R	C	C
活动2	A	A		A	I	A
活动3		R/C		R		
活动4	I	C	A	R	C	A
活动5			R/I	R		R
活动6	R		C	C	C	C

注：R(Responsible)为必须完成任务者；A(Accountable)为任务的最终负责者；C(Consulted)为任务完成前须咨询者；I(Informed)为完成任务后应知会者。

图 4-1 RACI 表实例

4.2.5 合理运用税收协定降低企业的税赋成本

税收协定是两个或两个以上主权国家（或税收管辖区），为了协调相互之间的税收管辖关系和处理有关税务问题，通过谈判缔结的书面协议。税收协定为避免重复征税和防止偷漏税而设，是企业“走出去”的护身符。企业“走出去”之前一定要研究好本国和“走出去”目的地国家的税收协定，合理运用税收协定降低企业的税赋成本。[②]

① 李静. 略论现代企业如何运用税收筹划 [J]. 中国棉花加工，2011 (2).
② 孙楠.“走出去”企业须关注全球税制变化 [N]. 国际商报，2016-06-20.

利用税收协定降低企业税赋成本的具体措施如下：

（1）消除双重征税，降低“走出去”企业的整体税收成本；

（2）为“走出去”企业提供税收确定性，降低跨国经营税收风险，不受东道国国内税法变动的影响，可给“走出去”企业提供比较确定的税收环境；

（3）申请谈签双边预约定价安排，锁定关联交易税收风险。

4.2.6 高效专业的税务风险管理

海外项目需要特别关注项目所在地的税务风险，在充分了解当地法律和税务规定的基础上，通过对经营活动的事先筹划、事中控制和事后审阅，准确合理地申报纳税，建立税务防范措施，尽可能控制相关的税务风险。具体如下：

（1）建立税务风险管理制度，设置税务风险管理部门或专职岗位，培养专业的财务税务管理人才；

（2）设立税务风险管理工作流程，确保税务规划具有合理的商业目的，做经营决策时要考虑税收因素的影响；

（3）税务事项的处理符合相关会计准则和税务规定，纳税申报、税款缴纳、税务档案管理以及税务资料的准备等涉税事项符合相关规定；

（4）建立税务风险评估机制，监督和改进税务风险管理实施情况。①

4.2.7 全球化配置业务团队和税务团队

全球化的业务扩展不仅仅属于首席财务官和首席执行官的决策范畴，更应当是首席税务官的重要职责。首席税务官应负责在适当的时间、地点和阶段，建立起更为有效的税务流程，将其整合入整个企业的全球业务。税务团队可在总部和区域层面建立起拥有明确报告线的全球框架，以集团税务政策支持全球税务治理和风险管理。②

4.2.7.1 集团总部应给予税务支持

企业在总部层面配置更多资源以应对对外投资的税务工作。税务职能正经历一次代际更替董事会应对其有更多的了解，因其对对外投资项目的审计、

① 王玮.“走出去”企业税务管理探讨［J］.时代金融，2015（33）.

② 蔡伟年.企业“走出去”应建立高效的税务策略［J］.中国经济周刊，2014（2）.

财务预测、整体战略和风险管理都有较大影响。考虑到税务职能的传统角色主要关注国内，建议中国企业寻求具备国际视野及丰富国际工作经验的外部税务人力资源，以支持在世界不同地区进行的商业交易。

4.2.7.2 税务团队管理

（1）完善考核制度

在集团和区域层面建立起拥有明确报告线的全球框架，以集团税务政策支持全球税务治理和风险管理。完善对税务人员的考核制度，设定具体可衡量的考核指标，如税务合规指标、税务争议指标、税务会计指标、国际税务筹划指标等。①

税务管理部门接受本单位领导（如首席财务官）和上级单位税务管理部门的双重考核。上级税务管理部门定期对所属企业税务管理情况进行检查，或者采取企业自查、企业间/不同地区税务管理部门间互查、聘请专业机构检查的方式，审核、评估所属企业的税务遵从、国际税务筹划的合理利用和风险识别、重大交易的税务处理、税务管理环节中的重大风险及控制措施等事项。审核评估结果会作为相应的税务管理部门或税务人员业绩考核的因素之一。

（2）加强税务人员培养

“走出去”企业需要更加重视对税收人才的培养，完善税务人员的培训管理制度，每年制定具体培训计划，提供现场培训、会议讨论、网络课程、外部培训课程等多样化的培训形式，并设置专人负责培训管理，收集、整理培训相关资料并归档。

4.2.7.3 借鉴税务咨询公司的建议

作为企业本身，要知道如何合理运用合作伙伴，比如如何签订合作咨询协议等。合作伙伴要从长远的角度帮企业做出相应的规划。如果当地有新的法律法规出来，合作伙伴还要做到及时告知，并分析其对企业的影响，企业又将做哪些准备等。

在当今严峻的税务环境下，税务管理人士应不再只专注于交易，而是要做好与管理层和业务层共商大计的准备，因为税务管理人士是就企业课税情况向各利益相关方和税务机关提供支持的第一线。跨国企业希望其税务管理人士能够应对以下因素带来的挑战：对透明度的更高要求，以及对企业税务工作进行管理以提高或至少不损害企业国内外声誉。②

①② 蔡伟年. 企业“走出去”应建立高效的税务策略 [J]. 中国经济周刊，2014 (2).

众多外资跨国企业已经和会计师事务所的专业税务团队进行了高效的合作。2017年1月，通用电气公司（General Electric Company，GE）在全球42个国家的600多名税务专业人员加入普华永道。普华永道为此专门成立了全球企业税务解决方案部门（Global Enterprise Tax Solutions），并和通用电气公司（GE）签订了从2017年4月1日开始的为期5年的可展期服务合同。不仅普华永道如此，四大会计师事务所在世界各地的税务咨询能力都非常强悍。安永在美国硅谷同时是谷歌、苹果、亚马逊和脸书的税务咨询服务提供商。在全球范围的税务咨询市场上寻求专业服务，能够让企业在接受专业服务的同时不需要再维持内部的庞大税务队伍，具有多重益处。

4.2.8 对境外税收风险实行生命周期管理

对外投资生命周期管理分为投资前准备、投资后运营和投资退出三个阶段。而在每个阶段，都需要有针对性地关注特定的税务事项。在投资前准备阶段，企业需对投资的目标企业进行税收分析，查出潜在的税收风险；在运营阶段，首先需要确保海外项目公司，能够遵循当地税收法律法规的要求，按时申报缴纳各项税款，同时考虑能否享受税收协定中的税收优惠；进入投资退出阶段，就需要考虑控股架构下出售股权的征税权归属问题等。①

4.2.8.1 投资前准备

(1) 选择对的组织架构

中国企业境外投资，首要问题是选择一个合适的组织架构，合适的法律形式能保护中国投资者规避法律风险，有助于实现投资收益最大化。综合考虑和分析投资母国、投资东道国以及中间控股公司所在国的相关税务影响，应贯穿于组织架构搭建的始终。

一般来说，商业实体的法律形式可以是设立子公司、分支机构、合伙企业或者信托等其他形式。不同法律形式的商业实体税收各有利弊，每一种法律形式都需要综合考虑其税务影响。税法通常对不同法律形式的税务处理有着严格的区分（见图4-2）。②

---

① 崔文苑. 企业“走出去”做足“税功课”[N]. 经济日报，2015-04-10.

② 倪勇军. 中国企业走出去须关注当地税务环境［N］. 中国经营报，2014-12-29.

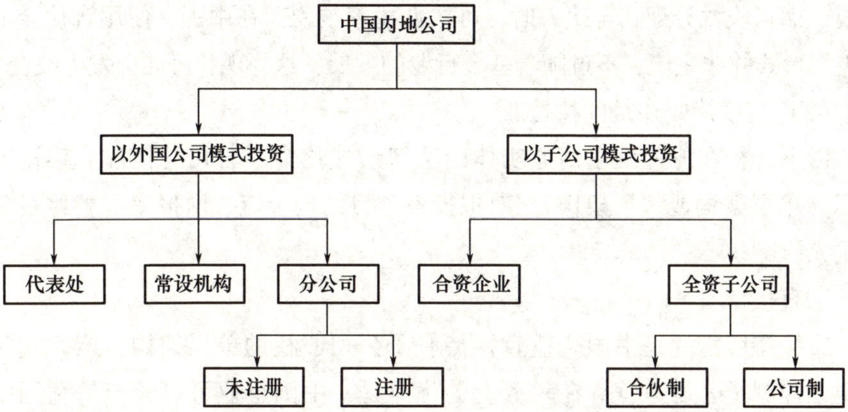

图 4–2　中国企业对外投资常见形式

①子公司

法律适用性。子公司是东道国的独立法人主体、纳税主体和会计核算主体。子公司受东道国法律约束较严，也因此可以享受税法规定的较多优惠待遇。

利润处理。子公司取得的利润，只在汇回中国时才需按两国税率补缴中国企业所得税，如果投资者暂时将子公司的税后利润保留在境外，就可递延中国企业所得税的纳税义务。子公司将税后利润作为股息汇回母公司时，通常需要在当地缴纳预提所得税，根据中国或中间控股公司所在国与东道国签订的税收协定，股息汇出的预提所得税通常会获得一定减免。但是，中国税法不允许中国企业境外子公司的亏损抵免母公司的应纳税所得额。①

②分公司

法律适用性。分公司在所在国不具有独立的法人地位，是属于中国企业在当地的一个“常设机构”，与居住国总公司同属一个法人实体，公司汇总计算盈亏。因而，分公司在当地税务监管的要求相对简化，可享受的优惠较少。

利润处理。分公司取得的利润，应当在当年计入中国企业的应纳税所得额，按两国税率补缴中国企业所得税。分公司将税后利润汇回总公司时，通常无需缴纳东道国预提所得税。但是中国税法一直不允许中国企业用境外分支机构的亏损抵减总公司的盈利。

③合伙企业

合伙企业组织形式更为灵活，在国外十分常见。合伙企业本身不仅无须

① 刘五丰. 海外投资税务架构设计思路解析［J］. 中国经贸导刊，2015（22）.

纳税，而且收益分配到合伙人时，可按低税率纳税。在中国，使用合伙企业这一组织形式并非主流，不过随着基金行业的发展，这一现状可能会发生改变。①

（2）直接持股还是间接持股

以下分析在海外设立商业实体的法律形式均为子公司的情况。架构方式不同（单层架构或多层架构），对拟投资项目的现金流、回报率和整体税负产生重大影响。

①直接持股

直接持股指的是中国企业直接持有子公司股权的单层架构，该方式简洁且便于控制子公司运营。在税务上的优点是，中国企业可以较容易利用中国与投资东道国税收协定中的“税收饶让”条款而享受优惠待遇。

在税务上存在的弊端在于：

一是如果子公司的实际税负低于中国所得税税率 25%，则股息汇回中国需要当即按税率差补缴中国企业所得税；

二是在海外融资、退出投资、国际化经营等方面缺乏灵活性；

三是未来中国企业将多个子公司打包上市时，需进行业务整合与架构重组，很可能会产生股权转让的相关税负；

四是中国企业将取得子公司分配的股息用于海外其他项目，还需经过中国政府机构审批，程序烦琐，甚至损失投资时机。

②间接持股

间接持股是指通过在其他国家（地区）设立一个或多个中间控股公司间接持有子公司股权。多层架构相对复杂，除要支付额外的设立和维持成本，还需要采取措施降低可能面对的“中国居民企业、受控外国公司、反避税条款、超过税法规定的境外所得税抵免”等税务风险。

相比直接投资，间接投资具有诸多优势：

一是在融资安排、股息汇回、供应链管理、投资者退出等方面的税务筹划更具灵活性；

二是能够有效割断境外公司的法律责任、税务及运营风险，在一定程度上对境内母公司形成保护；

三是可以充分利用境外税收抵免，降低甚至免除所需缴纳的境外预提所得税和股权转让所得税；

① 倪勇军. 中国企业走出去须关注当地税务环境［N］. 中国经营报，2014-12-29.

四是灵活安排股息汇回，有效控制汇回的时间，从而递延母公司纳税义务，并减少境外投资再获中国审批的不便；

五是“中和”境外公司间的盈亏，降低海外投资利润所需补缴中国相关税的整体税负，增加可供再投资的现金利润。

企业需对每一层中间控股公司设立的必要性及税务影响进行全面分析，重点考虑中间控股公司所在国家（地区）现有及未来很可能适用的税法规定。在间接投资的架构设计中，税务考量主要有：

一是中间控股公司所在国家（地区）是否征收股息收入所得税、股息汇出预提所得税、利息收入预提所得税、利息汇出预提所得税、资本利得税，以及实际税率是否偏低；

二是是否拥有广泛的税收协定网络，与中国是否签订税收协定，以及优惠条款中的“受益所有人”的概念是否会被“穿透”；

三是是否制定了严格的反避税法律体系，是否属于国际社会重点关注的避税地；

四是拟设架构层级是否符合中国所得税法关于外国企业抵免层级、最低持股比例的限制；

五是地理位置、人员派遣等是否利于中国企业建立商业实质；

六是利息预提所得税与资本利得税，或者实际税率是否偏低；

七是中国企业是否偏好通过某一特定的国家（地区）进行对外投资（如中国香港）。①

（3）选择最佳地区设立分支机构

BEPS 政策实施后，传统的离岸公司架构规避大陆税收的同时有可能面临投资国更加严厉的税收罚单，因此选择更佳的投资架构，投资国也是关键之一。如投资欧洲国家，越来越多的中国投资者选择荷兰或卢森堡作为投资门户。中石化收购一家欧洲石化公司的部分股权，靠的就是荷兰控股架构完成的；而北美最大的巧克力制造商好时公司收购中国一家著名的糖果企业 80% 的股份并购案中，好时公司正是通过旗下全资子公司好时荷兰有限公司完成交易的。以荷兰为例，选择这样非典型的避税港的优势如下：

①与多个国家签署了免除双重征税的税收协定，使得两国之间的投资具有优势；

---

① 刘五丰. 海外投资税务架构设计思路解析 [J]. 中国经贸导刊，2015（22）.

②可以从税收部门获得预先裁定许可，避免了未来关于税收优惠可能的争议；

③走向上市的路径更加便利，具有高认可度；

④具有“参股免税”的高吸引力税收豁免制度；

⑤与多个国家签署了双边投资财产保护协定，保护了投资过程中的财产安全。

同时，在“走出去”的过程中，中国企业在欠发达地区和新兴国家的投资越来越多，财产保护的重要性愈加显著。因此在拥有注重投资者保护的可追溯仲裁记录的国家设立中间控股公司具有特别的优势。当投资者的资产被国有化、被征收或者被施加与国内竞争者相比不公平待遇时，投资者可以发起国际仲裁程序，依据中间控股公司注册国家（地区）和争议所在地（通常是接受投资一方）之间的双边投资协议，投资者能够在仲裁中获取赔偿。这对在非洲、拉丁美洲、中亚等政治、法律、社会环境不那么稳定的国家（地区）投资矿业及能源（包括石油、天然气及可再生能源如水电站、风电项目）的投资者来说格外重要。图 4-3 为中国投资者直接从中国内地或间接经由中国香港，通过荷兰中间控股公司，在其他国家或地区投资的典型架构。

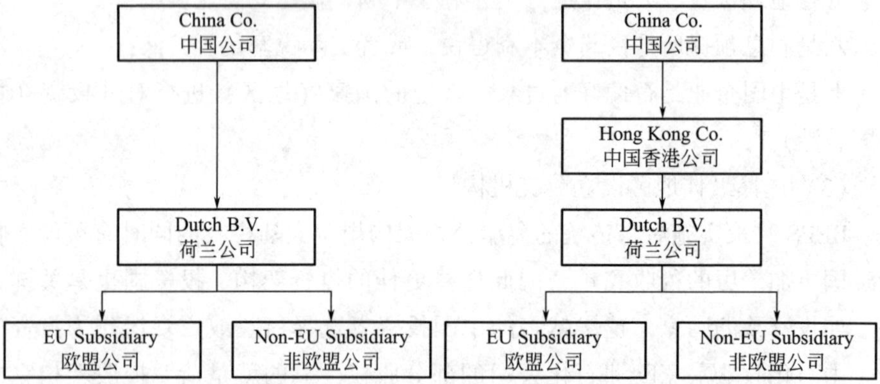

图 4-3　中国内地投资者通过荷兰中间控股公司在其他国家或地区投资的典型架构

4.2.8.2　投资后运营

在公司运营的税务筹划中，子公司通常会利用符合公平原则的关联交易来降低整体税负。

（1）资金融通

中间控股公司以债权形式向子公司提供运营资金，既能获取利息收入回报也可享受利息税前扣除效益。以中间控股公司作为并购主体时，通过债务融资（包括来自股东或第三方的贷款或两者结合）获得收购资金，在符合规定条件及未来可产生充足的当地应税利润时，可降低合并纳税集团的总体所得税税负，产生“债务下推”效益。

中间控股公司筹划资金融通，必须重点关注本国及子公司当地的相关法律：

①融资性费用（包括贷款利息、担保费用）在所得税税前扣除，融资性费用汇出的预提所得税，融资性收入的企业所得税及流转税；

②关于“资本弱化”的规定，比如债务资本比例、“安全港”债务额、公平交易原则等；

③构成“合并集团纳税人”的条件；

④对贷款提供方身份资格的规定；

⑤融资协议必须获得监管机构的审批或核准，设定利率价格最高值；

⑥从企业集团资金统一管理平台（资金池）融资的限制，融资方式的税务优惠待遇差异等。

但是，因为各国税制不同，在一个国家行之有效的融资安排，可能在另一个国家不可行。具体方案的有效性主要取决于每个国家转让定价税制关于资本弱化的规定，以及对利息抵扣的税务处理。

（2）关联交易

除了融资，中间控股公司通常还会在集团供应链中承担集中采购、产品销售、设备租赁、专利支持、其他服务等部分职能。

中国企业在进行跨境供应链的国际税务筹划过程中，不仅需要关注各项交易可能的税负及能够享受的税收优惠，还需重视对相关税务风险的管理，从而顺利实现所筹划交易安排的优势和税务效益，从整体上降低集团税收负担及税务风险：

①关联交易转让定价的风险；

②受控外国公司的风险；

③一般反避税的规定；

④平台公司构成常设机构、场所的风险；

⑤平台公司无法享受优惠税收待遇的风险。

一般情况下，企业履行的职能和承担的风险越多，它的利润水平就越高，反之亦然。中国企业应充分考虑集团内各企业的税负状况，并对其在供应链中承担的职能和风险合理安排，实现全球经营模式的优化。然而，通过关联交易将利润从所得税税率较高的国家和地区转移至税率较低或免税的国家和地区的做法，已受到各国税务机关高度关注。中国企业应当注意防范转让定价的风险，关联企业间的利润分配应符合独立交易原则，使企业所获得的利润与其所承担的职能、风险以及拥有的资产相匹配。[①]

（3）维持成本

设计多层投资架构通常还应考虑境外机构的维持成本，影响成本的因素有：

①中间控股公司所在国对配置当地居民董事人数，董事在当地居住期限的要求；

②对在当地租用办公室，聘用当地员工，董事会召开的方式、地点及次数的要求；

③对董事会决议保留在当地、会计资料随时可获取、财务报告接受当地审计的要求；

④对中间控股公司商业实质的要求；

⑤中间控股公司所在地的国际声誉等。

（4）合规要求

①确保海外项目公司遵循当地税收法律要求，按时申报缴纳各项税款；

②中国企业在跨境运营的过程中，应遵守各国当地的税法规定，并密切关注其重要的税法变更和发展动向，及时调整税务安全；

③中国企业在跨境运营的过程中，应选择最有利的法律形式，并充分利用东道国提供的地区和行业税收优惠，争取实现在东道国实际税负的合理化。[②]

（5）利润汇回

利润汇回的税务筹划有利于企业未来海外业务的拓展、境外自由资金的使用，同时也可以降低境外投资收益汇回过程中的税务成本。中国企业可以通过合法的渠道实现将境外盈利汇回，这些渠道包括但不限于：

①支付采购有形货物的货款；

②支付服务费；

---

① 刘五丰. 海外投资税务架构设计思路解析［J］. 中国经贸导刊，2015（22）.

② 倪勇军. 中国企业走出去须关注当地税务环境［N］. 中国经营报，2014-12-29.

③支付特许权使用费；

④偿还贷款的利息和本金；

⑤派发股息、红利。[①]

4.2.8.3 投资退出

在投资退出阶段，需要考虑控股架构下出售股权的征税权归属问题。中国企业在境外投资的资本退出，主要可以通过以下途径实现：

一是转让东道国子公司的资产，随后清算并注销该东道国公司；

二是转让东道国子公司的股权；

三是转让中间控股公司的股权；

四是中间控股公司或东道国公司在公开的证券交易市场上市。

以上每一种途径都有其各自的优势和弊端分析如下：

（1）第一类：转让子公司资产

从税务角度看，中国企业出售东道国公司资产，实现投资退出的税务成本通常较高。资产转让收益要征收所得税，还可能涉及其他潜在高额税收，税务负担较重，而且资产类别较多往往不能一次彻底退出。如果投资还涉及不动产项目，所涉及的诸如契税、房产税等，将增加交易费用，从而影响售价。不过，从买方的角度来说，通过资产转让可以规避潜在的公司负债，并以增值后的资产取得较高的计税成本。

（2）第二类：转让子公司股权

股权转让通常只需缴纳资本利得税和印花税，税务负担较轻。通过上市实现退出通常也不会造成额外的税负，但是完成上市比股权转让更加复杂。

（3）第三类：转让中间控股公司股权

中间控股公司转让子公司股权取得的资本利得，在子公司和中间控股公司两地缴纳资本利得税。因此，从优化资本利得税负的角度看，中间控股公司应设在同时满足以下两个条件的地点：

①与不对资本利得征税的国家签有税收协定；

②所在国对居民企业取得的来源于境外的资本利得不征税。

（4）第三类：公司上市

与上述股权转让相比，通常来说通过上市的途径投资退出也不会造成额外的税负。总的来说，退出策略的选择主要取决于买卖双方的协议，但交易

---

① 倪勇军. 中国企业走出去须关注当地税务环境［N］. 中国经营报，2014-12-29.

整体税负的高低无疑将影响最终的投资回报。然而，完成上市比股权转让更复杂。①

综上所述，中国企业在“走出去”的过程中，面临着来自税收政策和自身管理、运营和财务方面的风险。除了向当地税务部门和税务组织寻求帮助和调解外，更重要的是企业自身对税务风险的意识和实际行动。企业应当根据自身特点，借鉴海外跨国企业的税务管理经验，积极主动应对 BEPS 时代的税务风险，为可持续运营保驾护航。

4.3 策略层面应对措施

中国企业“走出去”需要精心的谋划，用心的选择，细致的分析，充足的准备和正确的定位。因此，在中国企业“走出去”过程中解决战略策略问题显得尤为重要。

4.3.1 构建全球化战略体系

中国企业需要迎接 BEPS 行动计划的机遇与挑战，将全球化战略纳入企业整体战略体系中进行统筹考虑与系统设计，并化战略统筹为行动计划，聚焦创新发展、品牌建设等核心能力的提升，才可能制胜全球化的未来。

BEPS 行动计划的提出，促使中国企业要适应新形势下的国际竞争，要在宏观层面建立全球化的战略体系。只有这样才能充分了解国际税收规则，避免和防范相关税务风险。面对新形势，企业可以采取以下具体措施。

4.3.1.1 聚焦创新建立全球战略体系

“走出去”企业需要从全球视角出发，研究各个国家、地区的区位优势和比较优势，实行全球综合一体化经营，降低生产和经营成本，实现全球范围内的资源优化配置，力争最佳的长期总体效益。

“走出去”企业要将创新作为企业全球化过程中的重要战略要素考虑：

第一，在企业内部建立制度性、标准化的创新流程和创新环节，建立创新成果激励和监督制度，监管核算创新项目的进程和成本，推动创新成果投

① 刘五丰. 海外投资税务架构设计思路解析［J］. 中国经贸导刊，2015（22）.

入实际生产；

第二，组建国内和国际的创新团队，吸纳国际创新人才，通过在企业中建立工作小组的方式鼓励和推动创新；

第三，培育创新的企业文化，企业应当建立鼓励尝试、宽容失败和允许试错的创新氛围；

第四，中国的跨国企业还可以通过注重获取新技术、开展研发投资、增强与同行企业的合作来提升创新能力。

通过制定有针对性的创新战略可以有效应对全球性的挑战，创新已经成为中国企业“走出去”的核心竞争力之一。

4.3.1.2 实施品牌全球化战略

中国企业在“走出去”的过程中要注意提升企业品牌意识，将品牌战略纳入企业总体的发展战略：

第一，注重品牌资产的管理，打造品牌忠诚度高、溢价能力强的深层品牌资产；

第二，明确企业品牌定位，充分展示核心的品牌价值和清晰的品牌形象，创新品牌营销组合和营销策略，丰富品牌宣传手段；

第三，在全球范围内为客户提供一致的品牌体验，注重客户价值，增强完整的客户体验，为客户提供和创建差异化、本地化的产品和服务，从而建立国际性品牌。

4.3.1.3 建立全球化的税务管理体系

中国“走出去”企业需要根据各个国家税制构成、征管水平和纳税情况等税收环境因素建立全球化税务管理体系，企业税务管理应该在全球税务管理体系下进行。

第一，明确集团总部税务团队与海外所属企业税务部门职责和事务安排。集团总部的税务团队相对集中，主要承担集团的税务管理职能；在重要的海外所属企业安排税务部门或专职税务岗位；在业务简单的海外所属企业的税务工作则由财务人员兼任或外聘专业服务机构。

第二，跨国集团的税务部门应该与具有全球服务能力的专业税务中介机构保持良好合作。为保证服务标准统一、有效沟通、全盘管理并降低服务成本，一些企业会选取相对固定的全球税务服务提供商或“优先”税务服务提供商，在全球范围内为其提供各类税务服务，并定期（例如按年）对各服务提供商所提供服务的满意度进行评估和对比。

4.3.1.4 全球化战略体系案例

华为技术有限公司经历 30 年的发展，已经成为中国“走出去”企业中的典范。根据华为 2016 年年报，华为在运营商、企业、终端三大业务实现全球收入 5216 亿元，同比增长 32%，净利润 371 亿元人民币，同比增长 0.4%，其中 60%左右的销售收入来自海外市场。

华为以自主创新为核心的全球化战略，已经成为华为在激烈的国际竞争中取得优势的重要因素，华为拥有明确的发展目标和导向。华为总裁任正非提出，华为的全球化战略目标就是成为世界级的通信设备制造商。掌握核心技术，不断坚持创新，已成为华为的核心竞争力。华为在国外建立了 16 个研究所（中心），加大了吸引人才的力度。华为通过在海外设立分支机构，不断加大研发资金的投入，在全球范围内建立了自己的研发体系，并且华为在企业内部培养创新的企业文化，提升员工的创新意识和创新能力，专利申请数量成为世界第一（见图 4-4）。

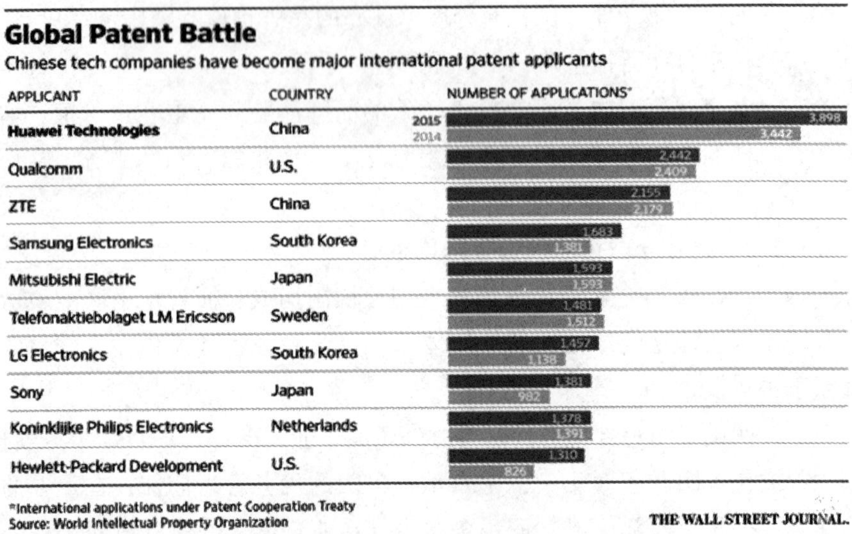

图 4-4 华为 2015 年专利申请数量成为世界第一

资料来源：冷寒风. 华为管理模式分析与借鉴研究 [J]. 现代经济信息，2015（13）：55-56.

华为不断加强品牌建设，实施品牌全球化的战略。华为在拥有自身过硬技术的基础上，坚持以客户为中心，把产品清晰的核心价值传递给客户，给客户带来了良好的品牌体验，提升了华为品牌的忠诚度。华为全球化的企业战略和全球化的组织结构，也给华为品牌“走出去”提供了宏观指引。

华为在全球化发展过程中十分注重财务与税务全球化管理。在全球税务管理方面，华为集团在各分公司建立了税务部或税务岗位。例如，华为在巴西分公司的税务人员发现，已缴纳的社保税可以申请抵扣，通过找到 150 多份退税证据，从巴西税务局退回了 3000 万美元的多征税款。

4.3.2 梳理和重构价值链信息

为了应对 BEPS 时代日趋严格的税收监管环境，“走出去”企业应当专业地梳理全产业价值链信息，审视其运营模式、投融资架构、无形资产和人员安排等方面是否符合后 BEPS 时代新的国际税收规则的要求，并根据识别出的风险及早调整经营战略，确保经营成果与价值创造相匹配。重构价值链信息可以采取以下措施：

4.3.2.1 构建全过程价值链信息的形式

Michael E. Porter 于 1985 年提出的价值链理论认为：“每一个企业都是在设计、生产、销售、发送和辅助其产品的过程中进行种种活动的集合体。所有这些活动可以用一个价值链来表明。”① 在现代跨国企业中可以将企业活动划分为 7 个环节构成的价值链，包括研发、设计、生产、制造、营销、分销和售后服务。由于 BEPS 行动计划的推进，国际税收监管日趋严密，企业要对这 7 个价值链环节进行重新梳理。

根据价值链企业类型主要可以分为：智力密集型企业、劳动密集型企业、零售型企业及资金密集型企业。

（1）智力密集型企业

对于智力密集型企业来说，通过价值链梳理可以确定最为重要的环节是研发和设计。这部分对于企业价值贡献最大，而对于组装、生产等处于价值链上不重要的环节，智力密集型企业通常会进行外包，将更多资源投入研发和设计。

（2）劳动密集型企业

对于劳动密集型企业来说，价值链环节中的生产和制造是主要的价值贡献环节。因此，对于劳动密集型企业需要关注 BEPS 行动计划下，原有的生产

---

① 杨蓉，李明利. 人力资源管理转型折射的价值链思想 [J]. 中国流通经济，2011 (2).

制造所在地区的税收优惠政策是否会继续推行，避税地是否会追缴企业所得税等相关问题。

（3）零售型企业

通过价值链的梳理可以看出销售服务是跨国零售企业税收管理的重要环节。

（4）资金密集型企业

在资金密集型的企业，如跨国金融机构等，通过梳理价值链可以发现，企业主要的价值创造环节是在股权投资和转让等投资性业务。

运用全球价值链理论，我们可以系统总结“走出去”企业转让定价税务风险类型如下（见图 4-5）。

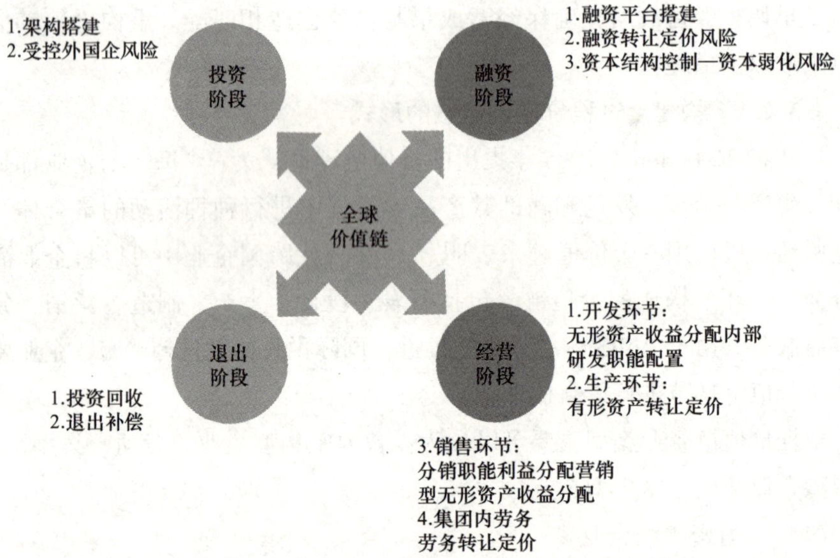

图 4-5 “走出去”企业转让定价税务风险类型

资料来源：德勤事务所. 走出去企业税务风险调查。

价值链风险管理核心是对外投资控股平台设置与对外投资层级确定。搭建高效合理的投资架构，在组织成员之间分配职能与角色，需要重点分析投资资本流动的灵活性、投资收益回收的便利性、投资整体税负的优化、投资方式的选择，以及其他个性化商业因素。此环节较为突出的税务问题是缺乏多维度的税务成本及风险评估，通常侧重最优商业安排而忽略其税收成本，整体考虑税负优化而忽略潜在的税务风险。

4.3.2.2 在 BEPS 背景下需要审视企业运营模式

审视“走出去”企业的运营模式，主要是避免 BEPS 行动计划下，因涉及规避构成常设机构的行为，为企业带来负面效应。一般认为规避构成常设机构的行为主要有四点：（1）通过佣金代理人或类似安排避免构成常设机构。（2）通过特定活动的豁免条款规避构成常设机构。（3）通过合同拆分规避构成常设机构。（4）保险公司在某一国开展大规模业务活动却不在当地设立常设机构。

在原有的单边税收体制下，许多跨国集团公司在运营模式中将不同职能部门分开，如将生产、销售和管理实体进行区分，再通过关联交易转让定价，使得集团内部一些企业得到了与价值创造能力、风险承担水平不相符合的利润分配，将集团利润转移到低税率的国家或地区，从而达到了降低企业总体税负的目的。而如今在 BEPS 行动计划之下，各国税务机关将加强企业转让定价的信息交流，根据各个企业经济活动所创造的价值以及所承担的风险，来考虑各国管辖范围内企业利润分配是否合理，由此来对各个企业进行征税。所以这就要求企业根据 BEPS 行动计划和各国国内法律的要求，重新考虑自己的运营模式是否有实质性的支持，想要通过简单经济实体获取较高利润，达到避税目的的运营模式将会受到质疑。

4.3.2.3 需要谨慎选择投融资结构框架

在 BEPS 行动计划和各国税收监管加强的情况下，企业原有的投融资框架难以达到节税目标。在目前较为普遍的税收框架之下，大多数跨国公司不会选择直接投资于目的国的子公司，而是选择一个中间国的控股公司向子公司进行投融资，这个中间国是与子公司所在国家和母公司所在国家均有双边税收协定的国家，并且通过这个双边协定支付股息、收取资本利得的时候，可以获得低于母公司所在国税法要求的税率，子公司如果直接向母公司支付股息或母公司收取资本利得，都将会缴纳更高的所得税。但是在 BEPS 行动计划下，中间控股企业的经济实质、存在必要和企业投融资受益所有人都会受到税务监管，所以传统跨国企业投融资框架难以为企业节税。

改变传统跨国企业投融资架构，中国跨国企业可以通过控股境内的低税率地区企业进行节税。投资者将境内低税率地区作为“离岸”控股中心，既利用了区域性税收优惠政策，还避免了税务机关的避税监管。

4.3.2.4 谨慎筹划无形资产转让定价

无形资产具有所有权容易转移、价值难以评估两大特点，使得企业利用无形资产转让定价成为跨国企业重要的避税手段。成本分摊协议和特许权使用费是跨国公司常见的避税手段。跨国公司通过和子公司签订成本分摊协议，将无形资产进行了人为的拆分，再把无形资产带来的利润转移到低税率地区，减轻企业税收负担。

例如：微软公司与各地区之间的运营中心签订了成本分摊协议，各运营中心相当于取得了无形资产的所有权也可以分担知识产权带来的经济效益，这些运营中心不进行知识产权的销售，而是将知识产权经济权利转移给受控关联公司，受控公司支付的特许权使用费不需要在美国交税。

2011 年，受控爱尔兰企业销售知识产权所得利润，向微软爱尔兰运营中心上交 90 亿美元离岸特许权使用费，但是根据成本分摊协议爱尔兰运营中心向微软支付 28 亿美元的利润，所以将 62 亿美元的利润留在了税率较低的爱尔兰地区，从而达到了利用无形资产转让定价避税的目的（见图 4-6）。

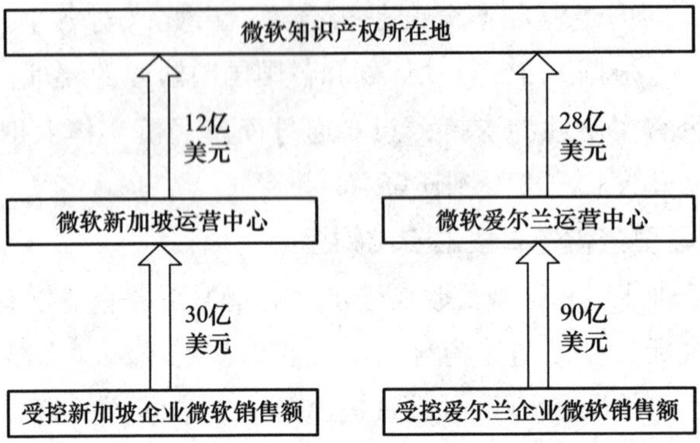

图 4-6　2011 年微软在新加坡和爱尔兰知识产权所得

资料来源：美国知识产权调查官方网站。

BEPS 行动计划对无形资产的规则进行了重新规范，要求无形资产的转让定价和无形资产创造的价值相匹配，BEPS 行动计划将无形资产的定义、无形资产的所有权、无形资产的收益分配和公平性交易都做出了规范。企业应对无形资产转让定价的税收新形势，可以采取以下应对措施：

第一，梳理定义企业无形资产转让定价，应对无形资产转让定价风险；

第二，采取合理的无形资产转让定价方案；

第三，做好同期资料准备。

4.3.3 建立税收风险防范体系

BEPS 行动计划落地以后，在境外经营的“走出去”企业税收风险加大了。中国企业在“走出去”的过程中面临着以下主要税收风险。

4.3.3.1 中国企业“走出去”面临的风险

（1）对外投资相关国家的政治风险。随着中国企业“走出去”的步伐不断加快，相应的政治风险也有所上升，而这部分风险也成为中国企业在对外投资过程中最不可预期的风险。部分发达国家出于自身考虑，对中国企业的限制门槛有所提高。而发展中国家在政治环境和稳定性方面也存在一些问题。尤其是近年来，全球范围内的贸易保护主义有所抬头，另外，BEPS 行动计划提出了加强对税收的监管力度，更加强调企业的经济生产实质与价值创造，这对正在积极实行“走出去”战略的中国企业来说无疑是一个巨大的考验。

（2）面临金融风险和财务风险。2008 年国际金融危机爆发以来，美元币值处于波动状态，给世界的外汇市场带来了一些不确定性，一些国家也相应地出现了债务危机，阻碍了资本的自由流动，投资外国的资产也可能会因为汇率变动而缩水，从而给中国企业的对外投资带来一定的风险。所以，中国企业在“走出去”过程中，在投融资结构、资产负债结构上也会面临相应金融风险。

（3）对外投资中的经营性风险。企业在境外投资时，积极推动“走出去”企业进行本土化经营，便于企业尽快融入当地市场，利用当地对外资的优惠政策，在当地取得稳定的客户群体。但是，中国企业在“走出去”的过程中由于管理人员缺失、管理成本过高而导致的本土化战略缺失已经成为制约企业发展的障碍。

（4）跨国经营特有的人力资本风险。中国企业在“走出去”的过程中需要一批具有国际战略思维、良好的语言沟通能力、熟悉国际商业规则和相关国家政策法规的高素质人才，而这也成为中国企业在“走出去”的过程中普遍缺乏的资源，由此产生人力资源风险。

4.3.3.2 税务风险防范与应对

建立风险防范措施及应对方案主要包括企业管理流程、部门设置、财务信息系统的调整或升级，以及构建税务风险控制体系。应对相关税务风险可以采取的对策如下：

（1）调整升级企业的管理流程

企业在“走出去”的过程中容易出现重复投资，对外投资决策不清，权责不明等情况，调整升级企业管理流程，需要重新梳理企业全面的管理流程，找出企业管理流程中的重要环节，加强对相关重要环节的控制和监管力度，将企业的管理流程放在全球视角之下考虑其是否符合 BEPS 背景下的国际形势和国际规则。

企业管理流程调整升级可以重点考虑，企业部门是否存在分工过细、职能和权责划分不明确、企业机构部门较多管理人员冗余问题。另外，在对企业管理流程进行调整升级的过程中也要注重对企业商业模式的创新。在目前的世界经济形势下，消费者消费能力和消费水平受到一定程度的压制，所以企业要通过细分市场、创新生产产品和服务等措施提高“走出去”过程中的竞争力。

（2）制定健全的风险防范体系

中国“走出去”企业应该建立专门的风险管理职能部门，或者加强内审部门对风险管理的能力，调整升级企业风险管理部门设置，可以明确管理风险的权责统一，从制度和物质基础层面，为企业内部和在全球范围内建立系统的风险防范体系提供了条件。

设置专门的风险管理部门相当于设立了具体管理企业风险的部门，这个部门的主要职责就是负责制定风险识别、防范和处理的规章制度，对企业的重大决策、主要业务流程和企业运营的重要相关环节做出风险评估，制定风险管理策略，在子公司进行各项风险管理工作。科学分析对外投资项目的风险性和可行性，避免企业投资决策失误，从而在整个企业内部建立风险管理信息系统和风险管理体系。另外，企业可以延伸内部控制，将风险管理作为新要求放入企业内已存在的部门中，例如内审部门和财务税务部门等，这些部门的独立性，可以使企业更好地执行企业风险管理的各项流程操作。

与部门设置调整升级密切相关的是企业在“走出去”的过程中要根据企业发展战略，制定合理的人力资本需求和人力资本培养体系。企业需要制定中长期的人力资源发展战略、培养体系和需求计划，吸纳优秀人才，并且加强对这一类复合型人才的培养，组织学习新的国际税收规则，了解各项规则政策和社会环境，提高企业驻外员工的风险意识和风险防范能力。

（3）实施科学管理应对财务风险

跨国企业需要建立全球性的财务信息系统，使全球范围内公司的财务信息能够及时进行传递和沟通，把企业集团的全部财务信息作为一个整体来考虑，有助于企业更好地在全球范围内实施发展战略，将企业投资决策放于企业整体环境下考虑，提升企业决策的科学性，避免区域性的局部风险发展成为企业集团的整体性风险。

(4) 构建完整税务风险控制体系

近年来，国际税收规则优化及各国跨境税收管理的加强，跨国企业面临着更多的税务风险。一方面，在现行国际税收规则下，由于各国间税收政策和税收制度文化存在差异、企业对相关国家税收政策不了解、税务筹划不恰当，中国企业在“走出去”的过程中依旧面临着双重征税风险、政策适用风险和税收歧视风险等传统税务风险，有可能会造成企业海外经营成本上升，甚至是企业海外投资失败。另一方面，随着 BEPS 行动计划的推出，国际税收形势也发生了新的变化，企业面临以下几点风险：一是关联方转让定价出现新规则，第 8 项—第 10 项行动计划对转让定价做出了明确规定，要求完善“独立交易原则”，强调跨国企业在全球范围内创造的利润，应该在创造利润的经济活动所在地及创造价值的所在地进行申报，判断控制重大经济风险实体的标准成为公司是否拥有应对重大经济风险的决策能力。根据上述行动计划，各国对转让定价的监管会越来越严格，企业在对外投资和对外经营的过程中就可能面临双重征税或多重征税的风险。二是增加了企业在投资国经营时构成常设机构的风险。第 7 项行动计划降低了企业构成常设机构的标准，各国根据行动计划对本国税务政策进行改革，使得跨国企业在境外投资国构成常设机构的风险增加，从而不得不承担相应的税收法律法规要求。三是相关的其他税务风险，主要包括中国企业享受双边税收协定优惠的难度加大、中国“走出去”企业认定为受控外国公司的风险。

因此，在 BEPS 行动计划不断推进的过程中，中国企业在“走出去”的过程中，面临的税务风险会上升。企业需要建立税务风险管理体系来应对税务风险。企业建立税务风险管理体系可以从以下三个方面来考虑：一是构建税务风险管理的架构，从公司架构方面重视税务风险管理，同时建立对外投资的管理责任架构。跨国企业要敦促企业内的风险管理部门熟悉掌握全球税务规则以及投资国相关的税收政策，灵活运用税收协定，遇到双重纳税或者多重纳税、税收歧视、关联方转让定价不合理调查等问题时，能有效解决相应挑战，维护企业自身利益不受损失。二是建立税务信息体系。跨国企业在全球范围内建立税务沟通交流的信息体系，构建对内和对外的税务沟通机制，确保税务信息交谈流畅。三是对税务风险管理进行监督与改进，制定对税务风险管理工作的绩效考核体系。税务风险管理工作进行得如何，需要企业内部进行有效的监督，及时发现税务管理过程中的不足并加以改进。

根据企业投资经营情况制定适合企业发展并且行之有效的税务风险管理体系是一项系统性工程，不单单是税务部门的职责。中国企业在“走出去”的过程中需要尽早制定，不断完善，各部门协调配合，从而有效地防范税务风险（见图 4-7）。

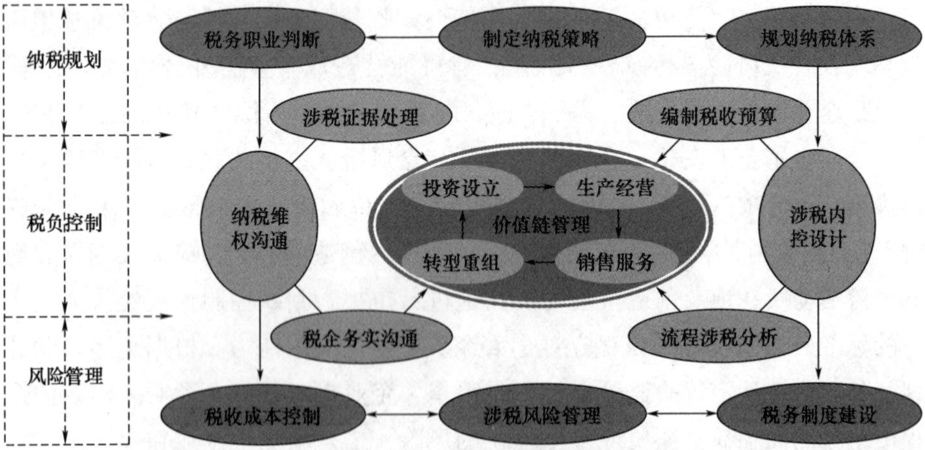

图 4-7　企业价值链与税务管理流程

资料来源：基于价值链理论的税收筹划。

跨国企业根据价值链重塑税收风险管理时要注意以下两个问题：

一是企业需要识别和确认价值链上的战略环节和主要价值创造因素。企业价值链可以分为基础活动和辅助活动，不是所有活动环节都能为企业创造价值，所以在重新梳理和构建价值链的过程中，需要确定价值链上的重要战略环节和价值创造因素，识别税收监管日趋严格将对企业的哪些价值链环节产生重大影响，这有助于企业在全球范围内合理地分配和使用企业的有限资源，投入到价值创造的主要环节，并且利用合法手段进行税务筹划，减轻企业税负。

二是企业需要运用价值链的分析方法来确定转让定价。BEPS 行动计划中要求“转让定价结果应与价值创造相匹配”，企业通过价值链分析来表示和核算全球范围内的关联企业之间的交易，取代了之前普遍采用的各类单边测试确定转让定价的方式，可以以全球视角分析企业利润分布，有效地避免了企业价值创造与利润分配不匹配的问题。价值链链条之间的转让定价需要重点关注：各环节创造了多少价值、贡献了多少利润、承担风险有多大及功能存在的必要性有多强，通过对这 4 个方面的了解确定价值链上个环节的贡献程度，再根据不同环节增加价值的多少来决定该环节是需要采取哪些措施，具体包括：加大投资力度，弱化该环节，将该环节进行外包及将该环节与其他环节合并等措施。

4.4 操作层面应对措施

跨国税收涉及不同的国家不同的税制，不同的税收政策和不同的税收征管环境，中国“走出去”企业要面临税制差异、税收政策差异和税收征管差异，特别是后 BEPS 时代，更需要企业进行合规税务管理。

4.4.1 建立控股公司架构及全球共享中心

企业运营模式是企业商业模式的核心，是企业统筹利用人、财、物、信息等资源进行经营的一种模式，企业缺乏合理的运营模式就会带来缺乏盈利能力的问题，近年来，随着世界经济仍然处在深度的调整期，全球市场存在需求不足等问题。加之 BEPS 行动计划的推出，中国企业在境外投资经营的风险有所提高，对“走出去”企业的要求不断上升。同时，“一带一路”倡议的实施也促使企业创新发展出了如海外产业园区这种新型的开发运营模式。总之，“走出去”已经开始倒逼企业对经营模式进行转型升级。“走出去”企业在运营模式层面需要对财务会计、技术、生产运营、市场营销和人力资源管理等方面进行转型升级，结合所在国家的实际情况，选择是否完全独立自主的运营管理模式，构建多元化的投资组合方式，综合利用相关优惠条件和税收协定。同时运营模式的转型升级要在全球视野之下考虑问题，在全球范围内调整企业运营模式。主要调整方向有以下三点。

4.4.1.1 建立集团层面的控股公司架构

目前多数中国企业在“走出去”的过程中主要的投资架构较为单一、直接，一般是设立子公司、设立常设机构和设立分公司三种投资架构，这样的投资架构使企业税收筹划空间小，企业需要交纳当地税收，并且面临双重征税的问题。企业在海外投资项目审批程序较多，相对复杂，企业直接单一的投资架构也会造成企业内部资金分散，不利于生产经营效率的提升。

世界上一些先进的跨国公司很少采用直接投资的股权架构，而是设立中间控股企业，将海外控股企业作为公司投融资和运营平台。中国企业在海外进行投资经营需要建立集团层面的控股公司架构，企业将中间控股公司设立在税收协定较多、税收优惠政策较好、税率较低的国家，公司可以在全球层面进行税务筹划，从而在合规合法的情况下，大幅降低公司的整体税收负担。另外，在全球层面设立中间控股公司，也为企业继续投资或者退出投资提供了灵活性，也可以方便中国企业充分利用境外资金进行融资，改善企业资本结构。

4.4.1.2　建立全球共享服务中心

跨国企业在全球范围内的运营和税务筹划需要各种资源的整合，建立共享服务中心是一项重要的管理变革措施。伯颜·伯根戎（Bryan Bergeron）在《共享服务精要》中对共享服务做出了定义：共享服务就是将一部分现有的经营职能集中到一个新的半自主的业务单元的合作战略，目的是提高效率、创造价值、节约成本，以及提高对母公司内部客户的服务质量。

建立共享服务中心可以作为中国企业“走出去”的重要方式。全球共享服务中心的实质其实就是资源的重新组合，将跨国企业在全球各地重复性的业务整合到全新的业务单元，根据业务可以划分为财务共享服务中心（Financial Shared Service Center，FSSC）、IT 共享服务中心、人力资源共享服务中心等来实现企业内部各项资源的优化配置。BEPS 行动计划的提出给企业税务管理带来了机遇和挑战，企业内部的税务管理和税务筹划也成为一项相对复杂工作，更加需要整合跨国企业全球范围内税务相关的信息、财务和人力资源，在全球共享服务中心的管理下进行税务筹划和税务申报（见图 4-8）。

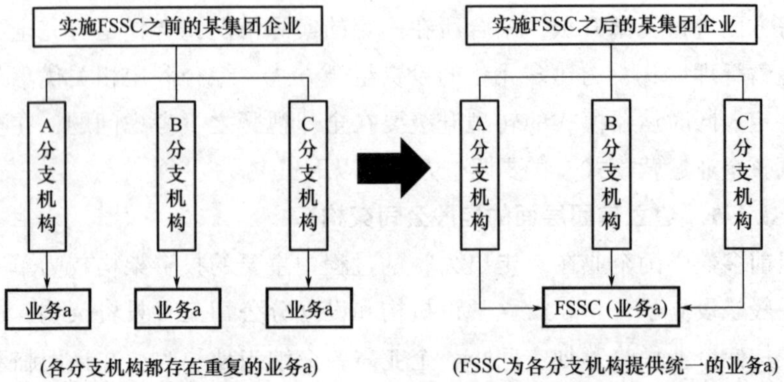

图 4-8　跨国企业建立全球财务共享服务中心（FSSC）后业务模式变化

共享服务中心的概念在 20 世纪 80 年代提出，美国福特公司在欧洲设立了第一个财务共享服务中心，将福特公司内部简单、重复、标准化的财务业务集中到财务共享服务中心，成为世界上第一个设立共享服务中心的企业。现在建立全球共享服务中心已经成为成熟先进的跨国企业必不可少的运营方式。德国西门子股份公司在全球建立了 7 个共享服务中心，美洲 2 个，欧洲 3 个，亚洲 2 个，在中国就设立了一个辐射整个东北亚地区共享服务中心，其在全球范围内的共享服务中心主要是人力资源、财务和采购共享。2004 年宝洁公司兼并吉列公司，依托其全球业务服务共享中心，高效快速地在两年之内便完成了并购整合工作，使宝洁公司能够充分发挥并购优势。

中国跨国企业在“走出去”的过程中，部分对外投资经营相对成熟的企业也纷纷建立了全球服务共享中心，例如，宝钢集团、海尔集团和华为集团等，通过全球财务信息共享服务，对企业的运营模式带来了调整升级。

4.4.1.3　建立全球研发中心网络

中国跨国企业在“走出去”的过程中会面临技术和品牌这两大瓶颈，企业真正的国际化是技术和品牌的国际化，所以企业需要在全球范围内建立研发中心网络，推动企业研发国际化，研发设计适合投资所在国市场的产品。具体包括：就近利用研发中心所在国的技术、人力和基础设施等资源降低研发成本、提高研发的技术水平；在科学技术相对发达地区建立研发中心还有利于学习和获取先进科学技术信息；在优惠政策较好的地区建立研发中心可以有效利用当地政策降低企业研发成本，例如，在美国国内的各项税收优惠政策中研发税收是优惠幅度最大的，印度也为商业应用科学的企业研发中心设立了 10 年的免税期。应以全球视野布局企业研发中心网络，提高技术水平，为企业国际竞争提供竞争力。

4.4.2　制定税务风险管控模式

中国跨国企业在“走出去”的过程中应该根据自身特点和国际环境，建立一套高效的税务风险管理模式，有效地控制税务风险，使企业能够依法纳税，避免由于没有依法缴纳税收而产生的损失。随着 BEPS 行动计划的实施，世界各国对企业的税收管控趋于严格，企业面临的税务风险也在不断上升，中国跨国企业面临着转让定价监管严格、企业信息透明度增加、常设机构认定标准降低等一系列税务风险。因此，中国跨国企业必须以实现业务发展为主要目标，制定税务风险管理模式，将税务风险管理放入企业经营决策，让税务风险管理部门参与到企业经营决策的过程中。

（1）税务风险管控模式体现在公司治理当中

跨国企业应该让税务风险官、税务总监和税务风险管理部门参与到公司日常治理当中。跨国企业在境外设立分公司或进行投融资控股海外企业时，税务风险管控部门对相应的决策进行风险评估。税务风险官和税务风险管控部门要及时掌握所在国家和国际上有关税务的相关规定，评估企业当前的商业模式和经营模式是否存在税务风险。当企业内其他部门遇到税务问题时要主动积极地向税务部门进行咨询，当企业进行税务筹划和税务申报时企业税务风险管理部门要及时进行管控，让企业在合理合法的前提下降低税收成本，同时要防止企业偷税漏税等问题，并且考虑避税是否违反 BEPS 行动计划的相关规定。

（2）组织框架内融入税务风险管控模式

当前跨国企业面临国际社会日趋严苛的税务监管和较高的税务风险，在企业内部架构当中设了专业的税务风险管理岗位和税务风险管理机构。税务风险管理机构应该以企业内部控制、流程管理以及风险控制为主要内容，税务风险管理机构应该处于企业组织架构的合理位置，因为，税务风险的管控需要各部门系统配合。另外，跨国企业需要在组织框架内建立对外投资的管理责任架构，明确税务风险管控机构的职责，对税务风险管控的效率和成果进行监督。

（3）决策授权体系中存在风险管控模式

由于 BEPS 行动计划对企业税收监管的力度加大，对企业信息的透明度也要求提高，所以企业授权给税务风险管控部门参与决策和监督是十分必要的。税务风险管理人员和税务风险管理部门要参与企业投资经营项目的决策过程，只有充分参与企业项目才能对企业的税务风险进行有效评估；税务风险官和税务风险管理部门需要有相对独立的监管和评估环境。税务风险管控需要相对独立的环境，这样才能有效评估出税务风险是否存在，税务风险的影响程度如何，为企业其他部门制定相应的规避风险步骤，以及有关部门对税务风险防范决策的执行力度如何。

4.4.3　制定国际化人才的培养机制

随着中国企业海外投资经营活动的增加，中国企业“走出去”的过程中需要大量的国际化人才。由于海外各国税收制度差异较大，税收政策、税收体系较为复杂，BEPS 行动计划推出后，许多国家反避税力度加大，中国企业难免会在海外遇到税务争端的情况。所以，中国企业急需建立国际化的人才培养机制，尤其是国际税务人才，制定税务战略，提升国际化的经营和管理能力。主要可以采取以下措施。

4.4.3.1 加强企业国际合作、校企合作，吸收和储备高素质的国际化税务人才

企业在“走出去”的过程中，可以和其他国家企业、本国高校以及当地高校开展合作。通过与当地企业的合作可以提升本企业人员国际化水平，为企业人员提供国际工作的经验，在企业内部储备一批具有在国外实际工作经历的人才。企业同时应该加强与本国或当地高校之间的合作，吸纳高校中具有较强的专业和一定跨国经历的学生，尤其是对国际税收、经济和法律有较为深入了解的学生，并且企业可以结合在“走出去”过程中遇到的实际情况为学生提供经验。企业可以根据市场情况向学校提出国际化人才培养的建议，通过校企合作充分发挥学校和企业的不同职能，实现人才培养与经济效益的双赢。BEPS 行动计划的提出，国际企业对其有着不同反应和应对策略，通过与其他跨国企业合作，便于为企业内部国际税务人才的培养积累国际化经验。各国高校对 BEPS 行动计划有较为深入的了解和研究，结合当前国际税收环境培养了国际化税收人才，企业可以以此为契机，吸收专业性较强的具有国际视野的税务人才。

4.4.3.2 完善国际化人才培训体系，建立国际化人才培养责任制

企业内部的国际化人才培训体系需要做到定位清晰、目标明确和权责分明，可以采取以下三种措施：（1）建立国际化人才需求预测评估体系。综合考虑企业实际情况进行国际化人才需求程度，以及需求数量分析、培养类型需求分析和培养内容需求分析，对企业需要的国际化人才进行精准定位，明确企业培养国际化人才的目标，为企业制定相应的培训内容提供基础。根据 2017 年安永发布的《中国走出去》第五期报告，中国企业布局海外的一大挑战是国际税务人才稀缺，当前中国企业普遍面临税务人才缺失，所以企业首先要对税务人才需求进行预测评估。（2）根据企业需求，设计和开发培训内容，加强培训的专业性和实践性。对企业内部国际化人才的培训，除了企业常规外语培训外，还应该制订针对性、实践性较强的培训内容，培养复合型国际化人才。企业人员的综合培训，可以对指定项目解读和研讨、海外项目运作案例分析、企业核心技术培训，以及国际商务、风险管理知识、HSE 管理知识等专业培训。在培养国际税务人才时，需要熟悉和掌握所在国税收政策和法律，熟悉 BEPS 行动计划具体内容和新形势下的国际税收规则，了解所在国对 BEPS 行动计划的参与程度，根据税务人员的级别和工作职责定制培训，设立最低培训时间要求，并且让税务人员参加海外项目的税务筹划和税务风险评估，积累实际经验。（3）建立国际化人才培养责任制。对国际化人才战略规划的实施情况要定期进行监督和效果评估，在每个时间段建立人才培养目标，根据目标进行跟踪观察，进行定期的工作汇报和国际化人才培养信息收集，设置专人负责培训管理，收集、整理培训相关资料并归档，组织召开国际化人才培养工作研讨会。

4.4.4 建立全球转让定价政策架构

BEPS 行动计划推出之后，转让定价成为行动计划的重点环节，各国政府将加强对转让定价的监管力度，出台相关转让定价的法律法规。各国对 BEPS 行动计划的反应程度也不尽相同，所以企业需要以价值创造为依据进行转让定价，在全球范围内建立转让定价政策架构。主要可以采取以下措施：

（1）了解全球和所在国转让定价规则，制定相应的转让定价策略。

进行对外投资时转让定价规则影响着各国税基大小，从而影响了跨国企业经营税负的高低。虽然 BEPS 行动计划和 OECD 制定了转让定价指南，但是各国对转让定价的政策依旧不同。总体来看，OECD 成员国和 G20 成员积极响应 BEPS 行动计划，而在亚洲、非洲和拉丁美洲的一些发展中国家 BEPS 行动计划的参与程度相对较弱。目前，各国对转让定价主要有 5 种做法：一是转让定价指南（例如，OECD 成员国、俄罗斯等）；二是无转让定价指南但有公平交易原则（例如，日本、韩国和新加坡等）；三是无转让定价指南但有相应要求规定（例如，巴基斯坦要求税务按独立交易原则确认应税所得、白俄罗斯要求审核超过 10 亿卢布或关联交易等）；四是可预约定价（哈萨克斯坦、印度和泰国等）；五是无转让定价要求（例如，阿联酋、文莱等）。所以企业建立全球转让定价政策架构，要根据企业投资经营具体情况制定相应的转让定价政策。当企业在没有转让定价要求的国家进行投资经营时，就可以采取转让定价的手段降低所在国企业税负；在有转让定价指南或有公平交易原则的国家进行投资经营时，企业需要遵守相应的政策法规制定转让定价策略，避免出现风险和惩罚；在可预约定价的国家进行投资经营时，要与投资所在国税务机关对预约定价的相关事宜进行谈判，签订协议，避免税收风险减小企业不确定性。

（2）梳理和审核对外投资企业功能、风险和收益是否匹配，确定关联方定价时，可参照 BEPS 行动计划提供的风险分析方法。

由于 BEPS 行动计划强调企业利润要与价值创造的实质相匹配，通过设立海外空壳公司进行关联方转让定价的方式进行避税，可能会受到投资所在国或者来源国的处罚，从而带来企业经营风险。所以，建立全球转让定价架构，根据价值链对企业功能、风险和利润进行梳理分析，确立转让定价。BEPS 行动计划提出了进行关联交易时对企业功能风险承担情况的分析认定，企业从而可以合理地分配相应利润。企业可以通过六项测试（受益性测试、重复性测试、补偿性测试、价值创造测试、需求性测试和真实性测试），来说明转让定价的合理性和必要性。

4.4.5 建立全球纳税管理信息申报体系

路透社于 2017 年 3 月 31 日发布《全球 BEPS 准备情况调查报告》中文版。该调查包括 35 个国家和地区的跨国企业，报告中超过 75%的受访者表示，BEPS 行动计划的要求会给跨国企业的税务部门和转让定价团队带来新的挑战以及合规性负担。其中，转让定价是跨国企业所面临的直接的 BEPS 相关问题。

跨国公司采用下列做法——预先做好税务和企业运营调整，重视 IT 系统及转让定价文档的集成，确保转让定价策略制定、落实以及文档方面均协调一致。在资源和时间都有限的情况下，建立全方位的税务信息技术体系可以帮助企业验证和利用数据，实施控制和分析，从容面对全新的转让定价文档和国别报告要求。

BEPS 行动计划新要求规定企业必须按国别进行报告，内容涉及关联企业和第三方收入、利润、已缴纳和计提的企业所得税、雇员人数、认缴股本和累积盈余、有形资产等。但由于各企业的 IT 系统并未与转让定价文档相集成，所以各企业在应对 BEPS 时面临较大挑战，必须积极地运用信息技术满足不断提高的监管要求。①

① 李高超.跨国企业须重视税收合规风险［N］.国际商报，2016-04-05.

大型跨国公司更多地关注这一领域——确保其转让定价在策略制定、落实及文档方面均协调一致。54%受访对象表示，正在根据 OECD 行动计划要求积极做好准备工作。等待项目确立的受访者占 33%，等待同行先采取行动的受访者占 8%，未采取任何行动的受访者占 5%。调查发现，欧洲企业比全球其他地区的同行更重视 BEPS 行动计划。在总部设于欧洲的企业中，有 59%的受访者表示正在主动进行准备工作，美国和亚太地区的企业仅占 48%。

大型的跨国公司超过一半曾经针对与 BEPS 行动计划相关的政策向 OECD 提出过意见和表达过看法，在这方面欧洲企业再度领先全球。发达国家各级税务机关已经开始推动落实 BEPS 行动计划的国内立法，立法进程在国别报告要求中体现得尤为明显。如果太晚采取行动，跨国公司就很难跟上所在税收管辖地的法规制定步伐，而且也无法准备所必需的数据管理和 IT 集成功能。

超过 2/3 的受访者（68%）计划在实施 BEPS 行动计划之前，审查企业价值链及其主要利润推动因素。这对“后 BEPS 时代”的环境至关重要。价格设定（包括转让定价）是决定是否符合 BEPS 法规要求的关键因素。这不仅会影响企业的利润驱动因素，而且可能引起一定的重组。此外，关联交易合同很可能受到税务当局的严格监管，因此必须根据 BEPS 行动计划法规对其进行审查。[①]

4.4.6 做好“三级文档”的合规性准备工作

BEPS 行动计划提出了转让定价文档的三层标准结构，即主体文档、本地文档及国别报告。企业为了遵守 BEPS 行动计划的合规性要求，将面临信息披露和分析的挑战，企业需要做好信息收集、文件保存等相关事宜。

4.4.6.1 关于主体文档的准备

跨国企业主体文档需要包含企业集团全球组织架构、功能风险分布、全球运营状况和集团内部转让定价政策等宏观信息。跨国企业要根据所在国和来源国的规定准备主体文档。例如，根据中国《国家税务总局关于完善关联申报和同期资料管理有关事项的公告》（国家税务总局公告 2016 年第 42

① 李高超. 跨国企业须重视税收合规风险［N］. 国际商报，2016-04-05.

号)，符合下列条件之一的企业，应当准备主体文档：（1）年度发生跨境关联交易，且合并该企业财务报表的最终控股企业所属企业集团已准备主体文档；（2）年度关联交易总额超过 10 亿元公司。[1] 所以需要准备主体文档的企业需要搜集、整理和分析包括跨国企业全球经营业务的高层信息、企业组织架构、转让定价策略、无形资产和融资情况等方面的信息（见图 4-9）。

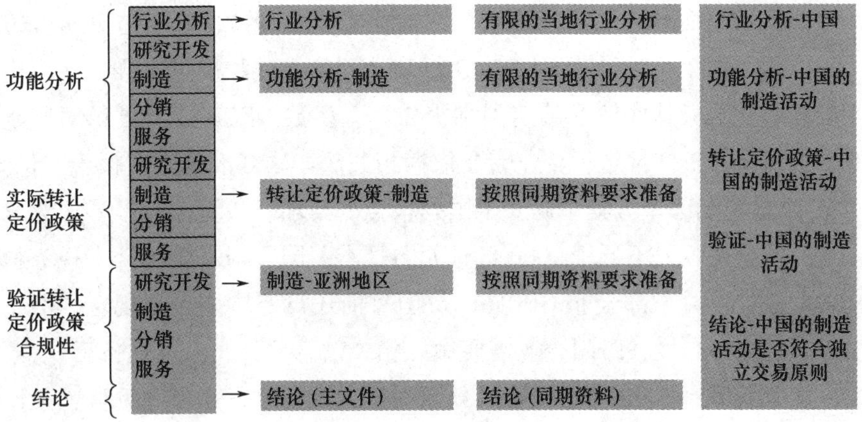

图 4-9　某外国跨国企业中国制造子公司同期资料准备

资料来源：根据实际调研资料整理。

4.4.6.2　关于本地文档的准备

跨国企业本地文档主要与跨国企业集团中某一本地纳税人有关，具体来说企业应该搜集整理相关的重要关联交易，交易金额以及企业对于这些交易所做的转让定价分析。企业需要了解投资所在国和来源国的相关政策规定，确定是否需要准备本地文档。例如，根据中国《国家税务总局关于完善关联申报和同期资料管理有关事项的公告》（国家税务总局公告 2016 年第 42 号），符合下列条件之一的企业，应当准备本地文档：（1）有形资产所有权转让金额（来料加工业务按照年度进出口报关价格计算）超过 2 亿元。（2）金融资产转让金额超过 1 亿元。（3）无形资产所有权转让金额超过 1 亿元。（4）其他关联交易金额合计超过 4000 万元。

4.4.6.3　国别报告

国别报告是跨国企业呈送其经营业务所在国的年度报告，主要披露跨国

① 关联申报及同期资料新旧及征求意见稿内容对比分析——国家税务总局 2016 年 4 月。

企业集团在全球范围内的收入分配、纳税情况以及跨国企业集团运营所在税收管辖地经济活动指标相关的信息，具体包括从关联方和非关联方取得的收入、税前盈亏、已纳和应纳所得税、实收资本、累积收益、雇员人数、有形资产以及集团内所有实体的名单、各实体居民身份所在辖区及其经营性质。[①]关于国别报告的准备主要注意以下三点：（1）国别报告所需披露的信息具有敏感性，并且在获取数据过程中可能出现的复杂情况，所以跨国企业需要提早开始数据采集准备、评估系统整合、商业实质梳理、价值创造分析等方面的准备工作。（2）由于各国对BEPS行动计划的推进程度不一样，所以企业需要根据所在国家具体情况确定国别报告。大多数OECD成员国都对国别报告的要求做出了具体规定，企业需要依据相关法律法规准备国别报告。例如：日本在2016税制改革方案中确立了国别报告的要求。最终控股母公司为日本公司且全球合并收入不低于1000亿日元的日本跨国公司需要向日本税务机关提交国别报告；对于部分非OECD成员国目前还没有国别报告规定，但是准备引入国别报告制度，跨国企业需要做好相关信息搜集、人员配备工作准备。例如，俄罗斯政府在2016年发布了分国别报告规则草案征求意见稿，关于国别报告的正式新规预计于2018年发布；还有许多发展中国家，例如，苏丹、伊朗等国家尚未对国别报告制度有任何行动，跨国公司在这些国家投资时可以暂时不用准备相关资料。（3）在国别报告的要求之下，跨国公司要积极与税务部门沟通，对国别报告的风险进行防控。例如在英国立法草案中就有所规定，企业可以主动提交国别报告，向税务管理部门披露其关联交易信息。所以企业可以主动向税务管理部门披露关联交易信息，并说明定价政策，从而得到所在国税务管理部门的评估和认可，避免关联交易带来的风险。

4.4.7 运用税收框架下的救助机制

税收改革和国际税收规则的变化关系到企业切身利益，所以在BEPS行动计划各项成果落实的过程中发生税务纠纷在所难免，因此企业需要恰当运用国内和国际税收框架下的救助机制，来解决国际税收争议。

4.4.7.1 国内救助机制

世界各国都规定了当纳税人和税务机关产生争议时可以寻求的救助渠道，

① 阿基姆·普洛斯.税收征管论坛不遗余力推进国际税改［J］.国际税收，2016（5）.

一般包括国内行政复议、行政诉讼等程序。具体来说，国内救助机制有以下两方面：

（1）跨国企业与税务机关直接进行沟通与协商。纳税人应该主动积极地与主管税务机关进行沟通，建立沟通平台，建立畅通有效的沟通渠道；企业应该创新与税务机关的沟通途径和内容，可以通过邀请税务机关专家讲座、积极参加座谈会等方式建立与税务机关的相互联系，从多个渠道加强交流，构建良好、和谐的税企关系，从而减少双方关于税务问题的争议。

（2）国内法律救助程序。当企业由于所在国自身原因，例如税法立法层次低，法律法规政策理解偏差，征税人员行为存在争议等，和税务机关产生争议时可以通过国内法律救助程序，向相关部门申请行政救济，可以提出行政复议、行政诉讼等。通过行政复议程序，税务机关根据纳税人的申请对自己已经采取的行政行为重新进行审查，如果审查机关发现企业提供的证据确凿事实清楚，可以依法对行政行为全部或部分予以撤销或变更。各国对此都有相关的规定，例如美国税法中的行政申诉程序、日本税法中的税务不服申诉程序、德国税法中的法院外行政救济程序及中国税法中的税务行政复议程序等；通过行政诉讼程序，企业可以向法院提起诉讼，进行税务行政诉讼。在两者具体操作上，各个国家有不同的政策规定，如法国、德国和日本等国家规定税务行政救济程序是诉讼的前置程序，而如中国和美国等国家则规定两种程序由当事人自由选择。

4.4.7.2 国际救助机制

因为国际税收纠纷并不单单是企业与税务机关之间的争议，因为涉及国与国之间的税收利益，所以企业需要通过国际救助机制来保护自身合法权益。

（1）合理运用双边或多边税收协定。国与国之间解决解决跨境税收争议的主要手段还是开展国际协作，使各国之间的税收政策协调一致，避免双重征税或双重不征税。企业需要熟悉、掌握和利用国与国之间的双边或多边税收协定，重点关注税收协定中的税收管辖权、转让定价的协调机制、税收优惠政策和税收征管方式这四个方面。

（2）启动相互协商程序。BEPS 第 14 项行动计划最低标准要求：各国税务主管当局按照一定的标准及时处理相互协商程序（MAP）案件，提高结案效率，积极为纳税人消除国际重复征税。随着 BEPS 行动计划的逐步落实，相互协商程序的应用范围和实施效率会不断提高，当跨国企业在遇到国际税收纠纷时可以启动相互协商程序。中国国家税务总局发布了《税收协定相互协商程序实施办法》(国家税务总局公告2013年第56号)，指出相互协商程序是指税收协定缔约双方主管当局根据税收协定相互协商程序条款的规定，通过协商共同处理涉及税收协定解释和适用问题的过程。规定对于居民身份的认定存有异议的；对常设机构的判定，或者常设机构的利润归属和费用扣除存有异议的；对各项所得或财产的征免税或适用税率存有异议的；对违反税收协定非歧视待遇（无差别待遇）条款的规定，可能或已经形成税收歧视等情形，可以申请启动相互协商程序。[①]

近年来很多中国跨国企业都通过中国国家税务总局启动相互协商程序，维护了企业的合法权益，挽回了税收损失。例如，两个在中亚某国投资的中国企业通过中国国家税务总局与该国税务机关的相互协商，挽回了2亿多元税款损失；某大型中国央企通过中国与欧洲某国税务机关的相互协商，挽回税收损失10亿元；中国与越南签署了《关于中越联合勘探北部湾油气资源税收问题协议》，建立了中越海上油气联合勘探以及相关税收合作的相互协商机制。到2016年，中国税务机关与有关国家进行了双边协商达190多例，为中国跨国公司避免了国际重复征税200多亿元。

（3）必要时可启动国际仲裁。当两个主权国家对税收存在较大争议时，可以通过各自选任的仲裁员组成仲裁庭，依据国际法处理该税务争议。国际仲裁与相互协商程序相对应，由第三方根据国际法做出有约束力的裁决，国际仲裁可以弥补相互协商程序的不足，是企业国际税务纠纷最终的税务救助渠道。

（4）求助国际税务专家和相关专业机构。当跨国企业发生税务纠纷时，除派出企业自身税务团队进行磋商外，还可以借助国际税务专家和相关专业机构。例如，可以寻求德勤、毕马威、普华永道和安永等四大国际知名会计师事务所的协助。

4.5 应对BEPS行动计划的具体方案

不同于以往的国际公约，BEPS行动计划具有鲜明的针对性和保障措施，

① 詹清荣.“一带一路”跨国投资经营战略的税务风险防控要点［J］.国际税收，2015（6）.

企业实施“走出去”，需要对 BEPS 行动计划有充分的了解，未雨绸缪，制定应对方案。

4.5.1 方案 1：应对数字经济的税收挑战（第 1 项行动计划）

数字经济给传统企业的商业模式带来了很大改变，传统商业模式涉及实体货物交易，但是数字经济时代下企业生产，交易，服务和实际纳税都可以在不同的国家进行。许多新型跨国企业利用数字经济时代下无形资产的重要性和高流动性完成了利润转移和税基侵蚀，例如，微软公司在全球范围内设立了分区域运营机构，通过成本摊销协议，将无形资产转移到低税率地区的受控外国公司，受控外国公司又可以将这些无形资产转移到低层级的关联受控外国公司收取特许使用权费，从而规避了美国的税收。从 2009 年到 2011 年微软通过无形资产转让定价的方式，将美国的销售净收入转移了将近一半，规避了达 45 亿美元的税收。

通过 BEPS 行动计划，各国对数字经济时代下 BEPS 的问题有了明确的态度。BEPS 行动计划的参与国认为要对数字经济征税。电子商务带来了新的经济业态，有经济活动就应该征收相应税收，企业就要依法缴纳增值税和企业所得税。

对“走出去”的企业来说，可以采取以下三个措施：第一，查询数字产品消费地东道国是否对跨境数字产品征税。第二，评估数字经济的商业模式对本企业的冲击及由此带来的问题，企业需要根据数字经济对旧有商业模式的冲击，转变和改进商业模式，梳理商业模式中经济创造的环节，衡量投资所在国对 BEPS 行动计划的实施程度，本企业数字经济是否面临 BEPS 行动计划下的税收问题。第三，企业需要通过“实质经济存在测试”来判定应税经济活动。BEPS 行动计划的宗旨就是要求企业经济创造的实质与所承担税收相匹配，根据“实质经济存在测试”，如果一国企业在另一国消费者处获得了符合规定的收入，就可以认定在另一国构成了应税存在。就目前情况来看，BEPS 行动计划并没有将这种测试方式作为国际通用标准，但是报告中指出了各个国家有权通过实质经济存在的测试来判定企业是否存在利润转移和税基侵蚀的现象。

4.5.2 方案2：消除混合错配安排的影响（第2项行动计划）

混合错配安排是企业运用税务筹划达到避税目的的一种重要手段。企业利用两个或多个税收管辖区对一个实体或载体的税务处理的差异，达到双重不征税的目的（包括长期递延纳税）。目前混合错配已经严重侵蚀金融业比较发达和开放的美国、日本、英国等国家，以及吸引外资较多的发展中国家。这些国家的跨国企业通过全球范围内的金融安排将企业利润进行转移，设计投资亏损，减小了企业税负。虽然目前混合错配安排对中国影响程度尚不明朗，但是随着中国对外开放程度和金融交易增多，以及BEPS行动计划在中国的逐步推进，企业必须要考虑混合错配安排是否合规合法。

对于BEPS行动计划对混合错配安排进行规范所带来的风险，企业可以采取以下两个措施进行应对：

一是详细了解不同国家税法对同一金融工具、资产交易及实体认定的不同规定，进行总体税收风险评估。就目前情况来看，各个国家对BEPS行动计划落实情况和混合错配安排的规定情况不尽相同，所以企业税务人员在进行税务筹划时要详细了解企业所在地区及来源国对金融工具，资产交易和实体认定的规定，以免税务筹划时出现违反规定的混合错配安排。根据投资所在国对金融工具、资产交易的相关规定认缴税额。例如，澳大利亚2016年已经确认将采取BEPS行动计划推荐的反混合错配的规定，预计2018年能够立法通过；法国在2014年就采取了单边反混合错配安排的规定，即法国借款人从关联方借款的情况下，如果出借人对利息收入应纳税的税率低于法国公司所得税（33.33%）及其附加税（3.3%或14%）的25%（即8.5083%或9.5%），则利息不得在法国税前扣除。不同国家对资产交易的资本利得也有着不同的税收规定（见表4-4）。

表4-4 “一带一路”沿线主要国家对资产交易的资本利得征税的相关规定

资产交易资本利得税收规定	各国规定
视同经营所得正常纳税	阿塞拜疆、爱沙尼亚、白俄罗斯、波兰、格鲁吉亚、吉尔吉斯斯坦、科威特、蒙古、斯洛伐克、土库曼斯坦、乌克兰、阿尔巴尼亚、埃及、克罗地亚、马其顿、日本、泰国、印度尼西亚、越南、希腊、黑山

续表

资产交易资本利得税收规定	各国规定
不征税	塔吉克斯坦、阿联酋、巴林、斯里兰卡、文莱、新加坡
特殊规定	叙利亚：正常征税，但不动产税率 15%~30%； 塞浦路斯：出售房地产征收 20%的高税率； 乌兹别克斯坦：正常征税，但资本亏损不得抵扣； 菲律宾：股份和不动产区别征税； 印度：长期利得税率 10%~20%，短期利得税率 15%； 以色列：独立税种，与所得税税率一致； 巴基斯坦：正常征税，资本资产和上市证券差别对待； 韩国：对居民正常征税，对非居民按照销售额的 11%与资本利得的 22%孰低征税； 马来西亚：处置房地产及转让房地产公司股份征税，其他不征税
正常纳税，但出售股份享受免税	俄罗斯：出售非上市公司股份免税； 保加利亚：出售国内上市和欧盟上市公司的股票免税； 哈萨克斯坦：出售股份有条件免税； 卡塔尔：外国公司出售境内股权税率 10%； 沙特阿拉伯：出售股份税率 20%，出售境内上市股票免税
纳税且有参股免税	土耳其：出售境外股份免税（持股 2 年以上）； 匈牙利：参股免税（持股 10%以上，持股期 1 年以上）； 罗马尼亚：参股免税（持股 10%以上，持股期 1 年以上）； 捷克：欧盟成员内参股免税（持股 10%以上，持股期 12 个月以上）

资料来源：《“一带一路”沿线国家公司所得税政策及税务筹划》，http：//www. xzbu. com/3/view-8161919. htm.

二是针对同一支出多重扣除、一国扣除而另一国不计收入、同一税收多国抵免等情况分别应对。BEPS 行动计划根据错配的税收结果作出了相关规定。第一，针对混合体支付和双重居民身份引起的双重扣除的错配结果，行动计划建议由不允许母公司所在国或居民国税前扣除作为首要规则，支付方所在国不允许扣除为次要规则（双重居民身份无次要规则）。第二，针对混合金融工具、混合体支付、反向混合所形成的一方扣除、一方不计收入的错配结果，行动计划建议由支付方所在国不允许税前扣除作为首要规则，收款方所在国计入收入作为次要规则（反向混合无次要规则）。对混合金融工具提出了“对来源国已税前扣除的股息不给予免税待遇”和“居民国适当限制预提税抵免”的国内法建议。对反向混合提出了“完善居民国境外投资及抵免制度（如受控外国公司制度）”和“完善境外混合体性质认定规则”的国内法建议。需要注意的是，这些国内法建议主要是从居民国角度提出的，若居民国采纳建议消除了错配结果，那么反错配规则就不再适用。第三，针对引入错配引起的间接性一方扣除、一方不计收入的错配结果，行动计划建议以支付方所在国不允许税前扣除作为首要规则（见表4-5）。①

表4-5　　BEPS行动计划对混合错配最新成果

错配结果	混合安排形式	国内法修订建议	反错配规则		
			首要规则	次要规则	适用范围
一方扣除、一方不计收入	混合金融工具	对来源国已税前扣除的股息不给予免税待遇；居民国适当限制预提税抵免	支付方所在国拒绝税前扣除	收款方计入一般收入	关联方及筹划安排
	混合体支付		支付方所在国拒绝税前扣除	收款方计入一般收入	受控集团及筹划安排
	反向混合	完善居民国境外投资及抵免制度；完善境外混合体性质认定规则	支付方所在国拒绝税前扣除		受控集团及筹划安排
双重扣除	混合体支付		母公司所在国拒绝税前扣除	支付方所在国拒绝税前扣除	首要规则无限制；次要规则适用于受控集团和筹划安排
	双重居民身份扣除		居民国拒绝税前扣除		首要规则无限制
间接性一方扣除、一方不计收入	引入错配		支付方所在国拒绝税前扣除		受控集团成员和筹划安排

资料来源：《"一带一路"沿线国家公司所得税政策及税务筹划》，http：//www.xzbu.com/3/view-8161919.htm.

4.5.3　方案3：制定有效的受控外国公司规则（第3项行动计划）

BEPS行动计划对于受控外国公司的规定，主要是为了防止跨国公司通过人为安排将母公司的利润转移到没有经济活动实质和实质性经营活动的低税率

① 黄晓里.BEPS行动计划2、成果2消除混合错配安排的影响［J］.国际税收，2014（10）.

地区或避税地，从而转移利润和侵蚀税基。BEPS 行动计划对受控外国公司规则已经做出了相关规定，随着各项成果在各国之间的逐步落实，通过设立没有实质性经营活动的受控外国公司来达到避税的目的，对企业来说将会较为困难。

为了避免 BEPS 问题与风险，企业可以采取以下策略：企业组织内部评估和梳理企业利润在高税国与低税国之间的流转情况，判断是否存在受控外国公司的可能，核心是确认受控外国公司是否存在实质性经营活动，当企业存在无实质性经营活动的受控外国公司承担了不匹配的企业利润时，企业就需要考虑是否存在被认定逃避或递延税收的风险。如果不符合相关国家地区以及国际税收规则的规定，应该主动调整公司组织结构或认缴当地税收，避免受到处罚从而带来企业更大的税务风险和经营风险。

4.5.4 方案 4：对利息扣除的税基侵蚀予以限制（第 4 项行动计划）

向关联方支付利息是国际税收中转移利润的常见方式，货币的流动性和可替代性使得调整关联企业的债资比例较为容易，而各国对债权、股权的税收管理不同带来了利息扣除问题的复杂性。跨国企业可以通过集团内部的融资大幅度提高集团公司的债务水平，从而制造出远大于实际第三方利息支付水平的集团内部利息扣除，产生了 BEPS 现象。所以企业为了防止由于 BEPS 行动计划利息扣除限制所带来的经营风险可以采取以下两种措施：

一是核查企业集团内部融资的文件，防止被认定为利润转移的行为。企业首先要监察内部融资文件，确认企业融资手段，资金来源，融资架构，是否符合所在国和国际税收规定，防止企业向第三方支付利息时被认定为利润转移。除此之外，在 BEPS 行动计划背景下，企业应该积极关注各国利息扣除限额规则的相关规定，尤其是要重点关注各国在最终实施阶段对集团扣除率规则的规定。就目前的情况来看，还没有可以直接借鉴的利息偿付能力指标作为判断集团扣除率规则的标准，但企业还是要在新的规定下对全球融资布局进行平衡。

二是借鉴可选择的固定扣除率规则、集团扣除率规则、用以支持一般利息扣除限额规则，并对特殊风险的针对性监管进行应对。针对利息扣除带来的 BEPS 问题，BEPS 行动计划主要给出了三个规则：第一，固定扣除率规则，各国可根据自身情况设置净利息费用的固定扣除率（企业的净第三方利息费用/企业的息税折旧摊销前利润）。企业发生的低于根据该固定扣除率计算得出的净第三方利息费用，都允许在税前扣除。第二，集团扣除率规则，各国允许实体扣除不超过其所在集团的净利息/企业的息税折旧摊销前利润比率，前提是该比率高于基准固定扣除率。第三，用以支持一般利息扣除限额规则并解决特殊风险的针对性规则，这些规则适用除银行与保险业以及公共事业以外的所有行业。超额利息不得扣除，但可以往前或往后结转。企业可以借鉴三项利息扣除的规则，衡量企业是否违反相关规则，是否违反利息扣除的规则，对风险进行针对性的监管。①

4.5.5 方案5：更有效地打击有害税收实践（第5项行动计划）

BEPS行动计划对有害税收实践（竞争）采取措施，主要目的是消除和限制各个国家（地区）的不当税收竞争。主要要求有两点：第一，要求各国给予企业税收优惠政策必须考虑企业是否有相关配套的实质性经济活动，否则不应给予税收优惠。第二，就知识产权达成关联法共识，企业仅在其自身发生符合条件的研发支出并获取知识产权收入的情况下才能享受税收优惠，在关联法下真实的且符合比例要求的财务费用支出成为衡量实质性活动的指标。所以，打击有害税收竞争，企业享受税收优惠的条件趋于严格，考验着企业的税务能力和经营结构。企业可以采取以下两点措施：

一是确保“走出去”的经济行为有相配套的实质经济活动。企业在“走出去”的过程中无论是实体经济还是知识产权等无形资产，都要确保企业有实质性的经济活动相配套。大多数OECD成员国和BEPS行动计划参与国，例如，英国、法国等都在逐步推进“关联法”，企业在这些国家投资经营时，相关财务支出需要确保真实且符合比例，才能为企业享受税收优惠政策提供前提条件；虽然在部分低税率地区和避税地，对BEPS行动计划中的有害税收实践（竞争）持谨慎态度，但是也逐步承认并承诺按照最低标准对税收优惠政策进行复查。例如，新加坡政府认为BEPS的方法“不应扼杀实质性经济活动的竞争”，但是新加坡承诺按照BEPS行动计划的最低标准要求对税收优惠政策进行复核，经过相关复核，过去几年中已有一些税收优惠被取消，也对一些税收优惠政策进行了完善。企业在这些国家投资时也要做好实质性经济活动的准备工作，避免之后不能享受税收优惠政策，提前防范因打击有害税

① 谭舒. 国际反避税与BEPS行动计划［J］. 山西青年，2016（7）.

收实践（竞争）带来的税务风险。

二是规避各国的不当税收竞争，争取实现各国给予税收优惠。当企业在海外投资时，要从全球角度规避不当税收竞争，争取到各个国家相应的税收优惠政策，不能因为某一地区低税率或零税率，就在该地区设立无经济实质的公司，这将会给企业带来税收风险。当企业遇到不当税收竞争，不能享受税收优惠政策，而导致企业税负过重时，应该积极与税务机关协商沟通解决，必要时可以采取相应的救助机制。

4.5.6 方案6：防止税收协定优惠的不当授予（第6项行动计划）

税收协定优惠的不当授予通常是指跨国纳税人滥用税收协定，通过导管公司利用协定的优惠条款和各国间双边税收协定的差异进行协定滥用、侵蚀税基和转移利润，是跨国公司常用的避税手段，也成为了 BEPS 行动计划产生的主要原因之一。所以，在 BEPS 行动计划中确定了防止滥用协定条款，确立了应对协定滥用的最低标准，避免因税收协定而产生双重不征税的情况。BEPS 行动计划建议制定税收协定时，在协定中增加具体的反避税措施（即利益限制条款）或者进行一般反避税规定（即主要目的测试）。就目前的情况来看，BEPS 项目在各个国家的推行，主要集中在利息扣除限制、转让定价和信息披露领域，而在修订税收协定上，许多国家都还在观望 BEPS 项目的后续发展。世界主要国家出台的反滥用的条款也不尽相同：①

（1）亚太地区：文莱、柬埔寨、缅甸、老挝等发展中国家，由于自身经济发展程度较低，税制和税收协定也不太发达，所以这些国家对反滥用条款并没有太多反映，主要税收政策还是提供税收优惠，进行招商引资；而澳大利亚、新西兰、日本、韩国等 OECD 成员国，中国、印度、印度尼西亚等 BEPS 行动计划参与国，逐步对反滥用税收协定做出了相关规定。例如，韩国在近来的协定谈判中试图纳入利益限制条款，以解决滥用协定待遇问题。新加坡虽然对反滥用协定持观望态度，但是，为了回应 BEPS 行动计划的要求，有关税收规定中也强调了商业活动的实质性。

（2）欧洲：大多数欧洲国家对反滥用协定的反应程度相对一致，基本都同意优化税收协定，反对滥用税收协定转移利润和侵蚀税基。包括爱尔兰曾

---

① 甄真. BEPS 方略下的国际税收新秩序及中国应对措施［J］. 全球化，2016（12）.

经因为许多美国公司（如谷歌）使用双重爱尔兰架构进行避税，但是爱尔兰在 2014 年底，修订法律，决定自 2015 年起，根据爱尔兰法律设立的公司，一律视为爱尔兰税务居民，除非依据税收协定的条款有其他规定。

（3）美洲：美国、加拿大和墨西哥是主要的反滥用协定条款推进国家，但对于南美洲部分国家仍然只对 BEPS 行动计划的部分项目感兴趣，对反滥用条款没有太多动作。

所以企业可以采取的主要策略就是密切关注各国税收协定中的反滥用条款。尤其是在 BEPS 行动计划下，应对各国新增加的反滥用条款，提前进行风险防范。为了有效应对反滥用协定带来的税务风险，跨国企业可以采取以下具体措施：

一是加强海外中间控股公司实质性。跨国企业应进一步考虑如何对实质性较差的公司，加强、优化现有的海外控股和融资公司的实质性，以使得相关税收协定仍可适用。考虑转移相关投资以将其集中到一个主要控股公司或融资公司下。

二是中间控股公司需要具有合理商业目的。跨国企业可以通过复核利用税收协定所进行的交易安排是否具有商业目的，以及对此是否有相应的文件支持，以评估该安排所存在的潜在税务风险，可以考虑采取一些商业步骤，使得交易安排具有合理商业目的，并且准备可以提供证明的相关材料。

4.5.7　方案 7：防止人为规避构成常设机构（第 7 项行动计划）

对于人为规避常设机构的问题，BEPS 行动计划提出了构成常设机构的四类主要行为：第一，通过佣金代理人或类似安排避免构成常设机构；第二，通过特定活动的豁免条款规避构成常设机构；第三，通过合同拆分规避构成常设机构；第四，保险公司在某一国开展大规模业务活动却不在当地设立常设机构。

BEPS 行动计划主要提出了修订协定范本等措施：第一，修订有关代理人的条款，明确企业在外国开展的活动是为了经常性订立由境外企业履行的合同，则应认定该境外企业在该国构成应税机构场所，除非该人所开展的活动是其独立经营的一部分；第二，修订常设机构的豁免规定，确保豁免规定仅适用于准备性或辅助性活动；第三，范本将纳入“主要目的测试”以解决合同拆分带来的 BEPS 问题。

而针对人为规避构成常设机构问题，企业应该对代理型常设机构、常设机构的豁免、合同及活动拆分等方面的税收影响进行评估。为切实有效地化解与常设机构有关的涉税风险，跨国企业可以采取以下具体措施：

首先，跨国企业应该加强海外项目的信息储备和管理，实时统计外汇收支信息、技改项目信息、技术贸易信息、外派专家境外工作和提供技术指导等信息，努力构建完善境外活动税收管理信息网络。

其次，建立海外投资所在国税收信息管理制度，把在中国境外从事承包工程和提供劳务的机构和个人的涉税数据系统化档案化，努力实现对同一跨国涉税项目管理的一致性。

最后，业务部门和财务部门应联手建立技术合同、服务贸易合同、股权变更等信息数据库，大型建设、施工项目的立项、审批、开工、投资、融资等信息应定期更新，并与税务监管部门进行及时沟通。

4.5.8 方案8：确保转让定价结果与价值创造相匹配（第8项—第10项行动计划）

BEPS 行动计划对原有的转让定价模式进行了改变，在旧有的转让定价模式下，企业可以通过与关联方之间的合同来分配风险和分割利润。但在 BEPS 行动计划的新要求下企业必须详细分析关联企业从事的生产经营活动，才能将利润在关联方之间进行分割。所以企业需要对转让定价进行评估：

第一，了解 BEPS 行动计划在无形资产、风险和高风险交易三大领域进行的转让定价新规定。无形资产方面，BEPS 行动计划指出，法律所有权并不能确保企业享有无形资产收益，经济所有权更加重要。无形资产收益分配应该更多重视通过集团关联企业间的实际交易安排，来识别执行重要功能，控制重大经济风险以及对资产价值做出实际贡献的关联企业，由该企业享有与其价值贡献相符的适当回报；风险方面，BEPS 行动计划指出，通过合同分配或约定的风险要根据企业实际承担风险的情况进行调整，企业集团中资本富余的成员企业仅提供资金但几乎不开展经营活动，且不控制与所提供资金相关的财务风险的，不应获得与财务风险相关的利润，仅应获得无风险收益。①

第二，采取适合企业的转让定价方法，一定要符合独立交易原则合理定

① 李传翠.转让定价：需更注重交易实质 [N].中国税务报，2015-11-13.

价。根据OECD提供的转让定价方法主要包括传统交易法和交易利润法两类。其中，传统交易法包括可比非受控价格法、再销售价格法和成本加成法；交易利润法包括交易净利润法和利润分割法。企业可以根据自身投资经营结构决定转让定价的方式。但是不论采用何种定价方法，都需要符合独立交易原则。

第三，强化企业内部控制流程，确保转让定价结果与企业价值创造相一致。企业的内部控制部门可以设立企业经营实质性测试的具体流程，量化确定实质性经营的指标审核，构建关联方转让定价的监督体系和监管人员。审核监管与跨国公司进行转让定价的关联企业是否具备实质性经营活动，对于没有实质性经济活动的关联方企业需要考虑重新进行交易，以规避被认定为通过转让定价避税的风险。

第四，制定规范的体系化的全球关联交易转让定价体系。对于中国“走出去”的大型跨国企业，经营交易的产品类型复杂，所以在制定关联交易转让定价体系时需要考虑所在地区和来源国相关规定，交易的产品类型、性质，制定规范化体系化的转让定价机制。例如，中石油的关联交易转让定价类别就复杂多样，既包括原油、天然气、成品油等大宗商品，也包括工程建设服务、工程技术服务、金融服务等劳务，还有专利权、专有技术等无形资产。中石油的关联方转让定价体系不是针对某一特定产品，而是根据交易类型制定了一系列规范的转让定价操作流程。

4.5.9 方案9：衡量和监控BEPS（第11项行动计划）

根据BEPS行动计划的报告我们可以看出，BEPS对企业间的竞争、债务水平和地域安排、无形资产的地域安排、国家间的财政溢出效应等都产生扭曲或不利影响，基于转让定价国别报告的数据统计分析，有可能极大地改进和提高对BEPS问题的经济分析能力。BEPS行动计划通过数据统计，提供了BEPS的量化证据：第一，在2014年BEPS导致全球范围内的税收流失达到了1000亿~2400亿美元，相当于全球企业所得税总额的4%~10%；第二，位于低税率国家的关联公司的利润率水平高于其集团的全球平均利润率水平，大型跨国公司承担的税率比同经营类型的国内公司低4%~8.5%；第三，外国直接投资日益集中；第四，在无形资产领域利润与价值创造相分离的现象明显，且在逐步上升；第五，关联方和第三方借款更多集中于位于法定税率较高国家的跨国企业关联公司，位于高税率国家的全球大型跨国企业的关联公司的利息支出相对收入的比率，几乎比普通跨国公司高出 3 倍。①

面对 BEPS 行动计划对 BEPS 进行了量化数据统计，企业也应该通过统计分析，对企业间竞争、债务水平和地域安排、无形资产的地域安排、国家间的税收政策等方面的扭曲或不利影响进行规避，企业可以采取以下具体措施：

首先，梳理和分析现有企业资料数据，做好企业数据归档整理工作。跨国企业在宏观层面应该关注相关国家公布的国民经济核算数据、国际收支平衡表、外商直接投资数据、国际贸易数据、企业所得税收入数据；在微观层面应该关注海关贸易数据、企业财务数据（包括公开的商业数据库和政府使用的数据库两项）、企业所得税纳税申报信息、税务审计信息、企业的涉税数据。从外部分析相关国家可能会采取的反 BEPS 的措施，尤其是在债务安排、无形资产规范等方面的税务措施，提前做好税务防范；从内部分析企业是否存在将应税收入从实际经济活动发生地转移出去，从而实现少缴税或不缴税目的的情况发生，以及相关应缴税额多少等情况要提前掌握。

其次，确定 BEPS 核算的指标，建立 BEPS 数据核算模型。跨国企业的数据统计应该确定具体的核算指标，主要包括：企业在低税率地区的分支机构的收入占全球收入比重、企业在低税率地区利润率相对平均利润率的比率、跨国企业在高税率国家分支机构的利息费用率，以及大型跨国企业在一个国家之内分支机构的有效税率之差；通过相应的核算指标建立企业 BEPS 数据核算的模型，数据统计的模型主要核算两个方面的数据内容：企业是否存在 BEPS 问题，若存在量化估算跨国企业 BEPS 的规模；量化估算企业采取的应对措施，对 BEPS 的影响程度。

4.5.10 方案 10：强制披露规则（第 12 项行动计划）

BEPS 行动计划给税务筹划强制披露的国家很好的引导，主要提出了四个披露方向：披露人、披露内容、披露时间及不遵从的惩罚措施。目前，BEPS 行动计划不要求各国统一实行强制披露，并且建议各国在信息披露时要注意纳税人负担。一个被要求披露的税务筹划方案需要既满足普遍避税特征，同时也要具有显著行业避税特点。

---

① 经济合作与发展组织. OECD/G20 税基侵蚀和利润转移（BEPS）项目 2015 年成果最终报告（Ⅵ）[M]. 国家税务总局国际税务司，译. 北京：中国税务出版社，2016：7.

所以，企业应对强制披露，需要详细了解各国在税收信息强制披露方面提供的指引，就是包括行动计划中的四个方面：披露人、披露内容、披露时间及不遵从的惩罚措施，制订信息披露工作的项目实施进程与时间表，保证信息披露的时效性。具体来说，可以采取以下措施：

首先，建立统一的信息支持系统。跨国企业可以建立满足 BEPS 行动计划数据录入、读取、分析的专门工作软件，或者在现有的 FMIS 系统中嵌入模块，保证能够准确获取信息披露所需数据，为企业强制披露提供数据和技术支持。

其次，建立转让定价政策体系。跨国企业应该成立转让定价的管理机构，尽快建立转让定价政策体系，对关联企业和受控外国公司的转让定价、费用分摊、融资安排等相关工作进行规范和指导。

最后，建立信息披露工作责任制，制订项目实施进程和时间表。企业应该明确进行信息披露工作的负责人，在企业税务部门内组建工作小组进行信息披露工作，制定项目实施的进程和时间表，以确保信息披露工作能如期完成，确保所披露信息的时效性。

4.5.11 方案 11：转让定价文档和国别报告（第 13 项行动计划）

根据 BEPS 行动计划的要求纳税人需要向税务管理机关提供高水平的转让定价资料，包括三部分：主文档、地方文档和国别方案。主文档和地方文档由跨国企业直接提供给企业所在地税务机关，国别报告由集团母公司向所在居民国主管当局提供，然后该主管当局通过情报交换向子公司所在国税务主管当局交换。[①] 跨国企业为了有效应对转让定价资料的要求可以采取以下措施：

第一，事先尽早进行风险评估，诊断现存转让定价风险。在 BEPS 行动计划的要求下各国对企业的信息披露要求显著提高，各国税务机关将直观透明地监测到企业供应链、无形资产、人员调动等各类经营信息。中国跨国企业在考虑转让定价文档实际信息披露过程中的适度性和准确性的基础上，在进行合规申报前，应基于集团现行的转让定价安排，自行开展风险评估，事先分析和判断了解集团境内外关联交易安排及定价政策是否符合独立交易原则

① 李传翠. 转让定价：需更注重交易实质［N］. 中国税务报，2015-11-13.

或存在潜在税务风险，从而尽早采取有效措施降低相关风险，提高信息申报的质量。除此之外，中国企业应依照 BEPS 第 13 项行动计划对于国别报告准备条件事先衡量集团是否需要准备集团分国别报告。如符合准备条件，跨国企业需要根据 BEPS 第 13 项行动计划对国别报告的具体要求及相应的申报模板基于年度财务与税务的信息和资料对国别报告进行模拟填报，并进行系统化的数据整合和分析。基于关联方交易的相关信息，企业开展模拟国别报告中披露的重要信息风险评估程序，识别潜在风险点并界定风险等级，以制定降低风险的短期、中期和长期调整方案。待调整方案确定后，对年度的财务数据进行调整，并确保第一次申报时的披露风险降低到可以接受和控制的范围之内。

第二，深入了解信息披露的要求，确保信息提供的有效性及统一性。跨国企业应该分别深入了解 BEPS 第 13 项行动计划对于转让定价三层文档，即主体文档、本地文档及国别报告的信息披露要求，并实时关注各国对于第 13 项行动计划成果转换的计划及当地立法或者行政程序的实施情况。在满足合规性要求的前提下，跨国企业应提供具有针对性的有效信息，避免收集或披露不必要的信息，从而增加合规工作量及相关工作成本。例如：根据 BEPS 第 13 项计划相关要求，主体文档无须提供详尽的细节内容，这只会增加不必要的负担且与准备主体文档的目的不符。在准备主体文档（包括重要协议、无形资产和交易清单）时，企业应注意准备主体文档的目的是向税务机关提供跨国企业的全球运营情况及政策概况，因此，跨国企业需要主动深入了解信息披露的要求并谨慎判断提供信息的详细程度。如果通过引用其他文档可以完全满足主体文档要求，相关文件的配合使用可被认为符合主体文档的要求。此外，针对"三层文档"结构，跨国公司在各国的子公司应保证信息收集的完整度及准确度，并且要确保部分交叉信息在主体文档与本地文档及国别报告所披露信息保持一致。所以，跨国企业应该在子公司内部建立有效的信息汇总机制或专门负责团队以统一收集和分配资源，与集团总部就关联交易信息披露保持密切沟通，从而保证各层文档信息披露的一致性和准确性。

第三，建立国别报告体系。对于大多数中资跨国企业来说，目前只有按投资关系和法人体系形成的财务报告，没有分国别、分地域的报告体系，无法满足 BEPS 行动计划信息披露要求。分国别报告反映价值链中利润在各国间的分配，需要符合 BEPS 行动计划税收与经济活动和价值创造相匹配的原则，若披露有错误或异常，将带来巨大的风险和损失，影响公司利益。

4.5.12 方案12：使争端解决机制更有效（第14项行动计划）

跨国企业和投资国税务机关产生税务争端在所难免，BEPS行动计划的报告中针对争端解决主要有三点内容：第一，争端解决不仅已经纳入税收征管论坛监督机制，还将纳入G20监督机制，以确保跨国税收争议得到及时有效解决；第二，各国的相互协商案件处理速度与效率必须大幅提高，平均个案完结时间不得超过24个月；第三，税收协定范本将增加仲裁条款，鼓励各国在税收协定中增加该规定，以拓宽和增强解决跨国税务争端的法律基础。[①]

面对税务争端，中国跨国企业可以借助政府和税务监管部门的力量，提高跨境投资各国的税务协商处理速度与效率，并通过税收协定范本增加对企业税收权益的维护。具体来说：一是企业可以利用双边税收协定，开展与税务机关的协商解决税务争端；二是企业可以通过相互协商程序，中国跨国企业可以向国家税务部门进行申请，启动相互协商程序，由中国税务机关协商解决税务争端。

4.5.13 方案13：多边工具（第15项行动计划）

多边工具是指制定用于修订双边税收协定的多边协议。随着BEPS行动计划的逐步落实，各国已经就快速实施BEPS行动计划成果达成了共识，就是制订一个多边法律工具，对各国面对的共性问题，以及全球3500多个税收协定一次性应对和修改。[②]

对于中国跨国企业“走出去”来说，需要快速了解多边法律工具，对各国面对的共性问题及全球3500多个税收协定进行总体应对。充分了解所在国对多边工具的参与程度，以及来源国家对多边工具的立场。中国国家税务总局代表在2017年6月7日与来自67个国家和地区的代表出席了由OECD举行的《实施税收协定相关措施以防止税基侵蚀和利润转移的多边公约》（即多边

---

① 郝昭成. 百年重塑国际税收新体系［J］. 国际税收，2016（11）.

② 经济合作与发展组织. OECD/G20税基侵蚀和利润转移（BEPS）项目2015年成果最终报告（Ⅰ）［M］. 国家税务总局国际税务司，译. 北京：中国税务出版社，2016：17.

工具）的联合签字仪式。[①] 中国对于多边工具的立场基本上采纳了 BEPS 行动计划中应对措施的最低标准条款（例如：防止协定滥用的主要目的测试规则和充分实施相互协商程序的要求），但选择不适用某些非强制性条款（例如：人为规避常设机构构成）。所以，对于从事跨境业务的中国企业有必要结合相关国家和地区的暂定立场，认真评估多边工具对其现有和潜在业务架构带来的影响。

① 深化国际税收合作 促进经济包容发展——国家税务总局局长王军代表中国政府签署《BEPS 多边公约》［EB/OL］国家税务总局网站. http：//www. chinatax. gov. cn/n810219/n810729/c2663455/content. html.

5. 支持中国企业“走出去”的税收政策建议

后BEPS时代，中国税务部门应当顺应企业“走出去”的新形势，为“走出去”企业提供稳定、透明、便捷、可预期的税收环境，同时进一步加强“走出去”企业境外所得税管理，防止国际逃避税，降低企业经营风险。

5.1 加强全球税收合作

中国政府已经向全世界承诺：“加强全球税收合作，打击国际逃避税，帮助发展中国家和低收入国家提高税收征管能力。”加强全球税收合作可做的工作包括以下几个方面。

5.1.1 根据《多边税收征管互助公约》加强征管合作

《多边税收征管互助公约》旨在加强国际间各国税收征管合作，消除由于BEPS产生的不利影响。通过加强税收征管国际合作，对国际避税形成高压态势。

5.1.1.1 根据《多边税收征管互助公约》完成信息提供任务

《多边税收征管互助公约》（以下简称《公约》）是一项旨在通过开展国际税收征管协作、打击跨境逃避税行为、维护公平税收秩序的多边条约。经国务院批准，我国于2013年8月27日签署了《公约》，于2015年7月1日由第十二届全国人民代表大会常务委员会第十五次会议批准（2015年10月16日，我国向OECD交存了《公约》批准书），于2016年2月1日对我国生效，于2017年1月1日起开始执行。就“走出去”企业而言，国际税收征管合作中最重要的是按照《公约》的约定开展合作。

《公约》规定，缔约方必须按类别列出本国适用《公约》的税种，未列入的税种，缔约方不能向其他缔约方请求征管协助，也不对外提供该税种的征管协助。我国在《国家税务总局关于〈多边税收征管互助公约〉生效执行的公告》（国家税务局公告 2016 年第 4 号）中列出了目前由税务机关负责征收的 16 个税种。这意味着《公约》开始执行后，我国开展国际税收征管协助的范围将由原来的以所得税为主，扩大到税务机关征收的所有税种，我国必须按照规定完成信息交换任务。

5.1.1.2 提高处理税收信息的能力

随着《公约》的执行，税务机关获取纳税人涉税信息变得更为便捷，但我国税务机关也开始面临如何处理获得的大量税收情报信息的问题。这要求税务机关建立搜集（为缔约对方提供）和处理（作为信息获得方）税收情报信息的团队，并对其人员进行相关的专业和技术培训。制度化、专业化、国际化和信息化是其中的核心要求。①

5.1.1.3 条件成熟后修改我国针对《公约》的立场

我国只选择了情报交换，对国际税收征管协作三种形式中的税款追缴协以及文书送达做出了保留声明。这是对我国目前对外经济合作情况以及征管能力进行综合评估后作出的选择。

值得注意的是，我国作出保留的两项条款虽然不需要完成别的国家的请求，但我国也不能请求他国追缴税款与文书送达。众所周知，在国际税收领域，单靠情报交换，对纳税人尤其是对跨国纳税人的威慑力不足。税款追缴协助和文书送达的规定已经是 OECD 税收协定范本的标准条款内容，接受这些规定的国家（地区）会越来越多。为在未来的实践中取得主动性，应该在情报交换之外的其他国际税收征管协作内容上多做尝试，以便为规则制定奠定实践基础。②

5.1.1.4 履行《转让定价国别报告多边主管当局间协议》（CbC MCAA）的相关义务

《转让定价国别报告多边主管当局间协议》是根据《多边税收征管互助公约》第 6 条的规定制定的。2016 年 5 月 12 日，我国签署了《转让定价国别报告多边主管当局间协议》。这标志着，我国已正式承诺按照 OECD 框架与多边主管当局间协议缔约国税务当局之间共享相关跨国公司的国别报告。我国应

---

① 杨后鲁.《公约》来临：应对需要更广阔的视野 [N]. 中国税务报，2016-03-11.

② 江苏省国际税收研究会. 国际税收征管协作中的问题和对策 [J]. 国际税收，2017 (1).

该履行《公约》规定的各项义务。

5.1.2 利用国际联合信息分享与协作特别工作组开展反避税工作

国际联合信息分享与协作特别工作组（Joint International Taskforce on Shared Intelligence and Collaboration，JITSIC）是从事反避税信息交换的专门组织，中国也是其成员国之一。

5.1.2.1 JITSIC 提高了英美的话语权

JITSIC 成立于 2004 年，旨在共同应对反避税。当年美国国内收入局主动在华盛顿建立 JITSIC 办公室，为其成员国提供免费的联合办公场所。这种通过派遣主管当局代表联合办公的做法很快给成员国，特别是东道主美国带来了不小的收益。英国于 2007 年宣布在伦敦成立 JITISC 第二办公室，成为国际反避税协作的欧洲平台。虽然 JITSIC 近几年经过机构改革，已由联合集中办公改为应需分散办公模式，但不可否认的是，JITSIC 是英、美不惜人力、物力、财力，有效提升本国税收话语权和影响力的完美范例。①

JITSIC 于 2014 年重建，其范围扩大到 OECD 的税收征管论坛（FTA）的所有成员国，其宗旨在于提供一个平台，使成员国能够在有效的双边或多边税收协定及税收信息交换协议法律框架之内积极合作——分享经验、资源、专业知识，来应对其共同面对的问题。现在该组织有 37 个成员国。②

美国在 JITSIC 华盛顿办公室设立 JITSIC 专职组，组长为主管当局代表，负责办公室日常管理、文件签署和对外协调。组员为 1 名行政管理人员，负责文件运转和为各国代表服务；1 名业务经理，负责技术专家团队的管理和业务分配、工作质量把关等；6 名技术专家，负责日常的案件合作和信息交换。此建制长期固定，没有特殊情况，人员保持不变。

英国也积极对外派驻税务官员，目前在 24 个国家和地区的使领馆派驻了 32 名官员，负责海关信息交换和税收信息交换。就信息交换而言，英国皇家

---

① 梁若莲. 税收联合国［J］. 国际税收，2016（4）.

② 这 37 个成员国分别是：澳大利亚、奥地利、比利时、加拿大、智利、中国、捷克、丹麦、爱沙尼亚、芬兰、法国、德国、希腊、匈牙利、冰岛、印度、爱尔兰、以色列、意大利、日本、韩国、卢森堡、马来西亚、墨西哥、荷兰、新西兰、挪威、葡萄牙、俄罗斯、斯洛伐克、南非、西班牙、瑞典、瑞士、土耳其、英国、美国。Joint International Taskforce on Shared Intelligence and Collaboration，http：//www.oecd.org/tax/forum-on-tax-administration/jitsic/.［2017-08-15］.

税务与海关总署（以下简称税务与海关总署）的国际与公司税司有三个部门可以作为授权主管当局对外进行情报交换，即：反避税处下设的综合情报交换科负责综合性的信息交换，国际税收部门负责转让定价、资本弱化和受控外国公司领域有关的信息交换，JITSIC 科负责 JITSIC 成员国之间的信息交换。税务与海关总署对 JITSIC 予以高度重视，在国际与公司税司反避税处专设 JITSIC 科，负责 JITSIC 伦敦办公室的日常工作。该科共有 1 名主任、1 名管理人员和 5 名代表，负责各类反避税案件的合作和信息交换，人员建制固定。随着 JITSIC 向 OECD 的税收征管论坛成员国开放，英国增加了 JITSIC 的人员，建立“国家关系经理制”，由专人负责与固定国家间的合作。

日本、韩国两国都派遣税务官员参加 JITSIC 工作，积极参与对国际逃避税和高收入资产个人等相关税收情报的交流，同时与其他国家分享工作经验和调查技巧，以共同打击国际逃避税，获取与其他国家平等分享挽回流失税源的机会，在反避税工作第一线维护本国的税收权益。①

5. 1. 2. 2　JITSIC 在我国反避税过程中发挥过作用

中国 2010 年加入 JITSIC，先后向 JITSIC 伦敦办公室和华盛顿办公室派出了常驻代表，并全面、实质性地参与 JITSIC 各项工作，分享了各成员国的反避税经验和理念，在跨境逃避税案件处理、防止税基侵蚀等方面与其他成员国合作成效显著，有力维护了中国的经济和税收权益，为纳税人营造了更加公平的税收环境。②

（1）帮助中国从美国获得关键证据

2013 年 1 月，巴巴多斯 MRS 公司就其股权转让收益主动向陕西省西安市地税局曲江分局申报缴纳 4216 万元的企业所得税，这意味着经中国国家税务总局批准立案的全国首例涉嫌滥用税收协定的一般反避税案件初战告捷。在这个案件的调查陷入僵局时，专项调查小组得到中国国家税务总局国际税务司的大力支持，其帮助专案组联系到中国驻 JITSIC 英国伦敦办公室代表。通过与中国常驻代表多次沟通和分析案情，从美国税务当局取得了关键性的证据。③

---

① 刘馨颖，宋雁. 日本韩国：国际税收规则制定的参与者应用的引领者［J］. 国际税收，2016（1）.

② 国际联合反避税信息中心副局长会议在上海召开［EB/OL］.（2013-09-25）. http://money.163.com/13/0925/16/99KPBV8S00253B0H.html.

③ 毕红梅，陈显信. 全国首例涉嫌滥用税收协定的一般反避税案件细节披露［N］. 中国税务报，2013-08-16.

（2）帮助中国进行反避税

2012年，C国税务局通过中国驻JITSIC代表处向中国国家税务总局提出协助请求，希望中方提供中国移民X某和L某夫妇在华的收入和纳税情况。中山市地税局历时两年半的调查，前后翻阅核查了上万条银行账户交易记录、2300多条出入境记录、10家企业横跨9年的工商登记及变更资料、9宗不动产的产权登记材料，最终找出了当事人持股企业的隐名股东，依法追缴个人所得税税款3474.37万元。[①]

5.1.2.3 中国应继续利用好JITSIC

中国国家税务总局局长王军在2016年5月13日发布的《第十届税收征管论坛大会公报（中文版）》中指出：“作为税务局长，我们将继续合作，共同打击国际逃避税。为提高合作效益，我们将借助国际联合信息分享与协作特别工作组（JITSIC）开展工作”，“我们重申加强JITSIC职能的承诺并将其更名为‘国际联合信息分享与协作联合工作组’（Joint International Task-force on Shared Intelligence and Collaboration）。[②] JITSIC是税务官员通过协作行动应对全球税收遵从风险的组织，它既是打击国际避税和离岸逃税的重要工具，也为税务部门开展跨境税收遵从和执法行动提供灵活的工作机制。其基于现有法律工具在信息分享与协作方面能力的增强，有利于提高全球税务部门运行的效率。”[③] 我国在该机构中注意发挥我国派驻税务官员以及情报搜集方面的作用，并注意多向发达国家学习。

5.1.3 利用亚洲税收管理与研究组织加强与亚洲国家的合作

亚洲税收管理与研究组织（Study Group on Asian Tax Administration and Research，SGATAR）于1971年成立，是亚太地区唯一的官方税收组织，由17个国家与地区的税务机构组成。中国将于2018年举办年会并担任主席国，我国应该利用好本地区的税收平台，学习别国经验，展现中国形象。

2016年11月21日至25日，中国国家税务总局副局长王秦丰率中国税务

---

① 吴敏哲，况淑敏. 跨国情报交换引发高收入移民调查 追缴税款3474万元［N］. 中国税务报，2015-10-27.

② 之前该组织被称为“国际联合反避税信息中心”，英文名称Joint International Tax Shelter Information Centre，简写JITSIC。现在简写没变，称谓有所改变。

③ 第十届税收征管论坛大会公报［N］. 中国税务报，2016-05-16.

代表团参加了在新西兰召开的第46届亚洲税收管理与研究组织（SGATAR）年会，并于会后访问了澳大利亚税务局。本届年会主要讨论了BEPS行动计划成果实施、纳税服务和税收征管能力建设事项。王秦丰副局长作了主旨演讲，介绍了中国税收征管能力建设取得的成果、经验以及国家税务总局与加拿大税务局牵头税收征管论坛（FTA）能力建设项目的进展情况，获得与会各方积极评价。

5.1.4 利用欧洲税收管理组织向欧洲国家学习

欧洲税收管理组织（Inter-European Organization of Tax Administration，IOTA）成立于1996年，是欧洲国家（地区）之间讨论税收征管问题、加强合作的平台，由45个成员国（地区）的税务管理机构组成。自2005年起，欧洲税收管理组织邀请中国国家税务总局以观察员身份参加其全体会议。

2017年6月29日—7月3日，中国国家税务总局副局长王秦丰率中国税务代表团参加了在乌克兰基辅召开的第21届欧洲税收管理组织年会。本届欧洲税收管理组织年会主要讨论了新型商业模式和突破性趋势给税收征管及人才培养带来的挑战，探讨了税务部门如何应对数字经济时代的新型商业模式和区块链技术以及如何培养具有必备技能的人才等问题。王秦丰就人才培养议题作了题为“倾力打造专业人才队伍，积极应对数字经济挑战”的演讲，介绍了中国在实施人才强税战略方面取得的成果及经验，获得与会各方积极评价。

中国以观察员身份在会议上发声，使其他国家了解中国情况，中国也可以借此平台为基础，来学习别国经验。

5.1.5 加强与金砖国家的合作

2017年7月27日，金砖国家税务局长会议在杭州举办会议，与会各国税务部门作出了提升相互协商程序效率的承诺——加大金砖国家间及国际间税收案件谈判力度，加快跨境税收争议解决速度，共同促进金砖国家间及国际间生产要素流动和经济技术合作，以助力金砖国家经济的联动增长。中国应该抓住这种区域合作的机会，加快与金砖国家间（其中印度为“一带一路”沿线国家）税务争议案件的处理进程。并且不断总结经验，加快与所有“一带一路”沿线国家对此类案件的办理速度，提高税收的确定性。

5.1.6 增加外派税务代表的规模

外派税务官员方兴未艾，越来越多的国家开始外派税务官员，改善海外企业投资环境，保护本国海外企业利益，协调相关国家的国际税收关系。

5.1.6.1 境外投资较多的国家比较重视外派税务官员工作

从世界范围看，境外投资比较多的国家非常重视外派税务官员或代表工作。这样做的效果：一是获得本国境外投资企业和个人的各项涉税信息；二是建立与驻在国的紧密协作关系。这样既可以促进本国境外税收的征收，又可以保护本国税收利益和本国居民纳税人的权益。

自2010年起，美国国内收入局（IRS）开始在与其贸易往来频繁的国家使馆派驻税务专员或代表，其职责主要包括：与驻在国及其周边国家的税务主管当局建立良好的合作关系；为美国公民提供纳税服务；根据税收协定和情报交换协议，与驻在国及其周边国家开展专项情报交换和相互协商等。

南非税务局也于2012年7月22日向南非驻华使馆派驻了税务代表，此举将有助于加强两国在国际税收领域的合作。

日本与韩国均在与其经济交往密切国家的大使馆或设立的海外联络中心等地方，派遣常驻税务官员，及时获取第一手海外税收情报，为解决各自国家企业的国际涉税问题争得先机。①

法国设有驻外税务专员，他们在大使馆协调信息的交换程序。②

5.1.6.2 中国应该加快外派税务官员的步伐

中国外派警务联络官的信息就比较清晰——1998年首次向驻美使馆派出警务联络官。至今，中国已在英国、泰国、阿富汗、巴基斯坦、塔吉克斯坦等31个国家、36个驻外使（领）馆派驻了62名警务联络官。这些驻外警务联络官是“警察”，也是“外交官”。他们既代表中国开展国际执法合作，也是华人华侨的“境外110”。

---

① 刘馨颖，宋雁. 日本韩国：国际税收规则制定的参与者应用的引领者［J］. 国际税收，2016(1).

② 崔晓静. 我国跨境税收行政合作制度的深化拓展——以法国和欧盟的税收行政合作的新发展为借鉴［J］. 法学杂志，2011(5).

2016年中国国家税务总局在中国企业“走出去”的重点国家和国际组织派驻税务官员，专门承担开展国际税收协作、涉税争端解决、涉税信息收集等任务。今后国家税务总局会进一步扩大外派驻税务官员范围，[①] 但具体在哪些国家派驻税官，尚不得而知。[②] 中国应该根据企业“走出去”的情况，合理选择税务官员的派驻国家。

随着经贸交往的推进，中国与“一带一路”沿线国家（地区）的税收合作也得到深化和拓展，相互间签署了大量税收协定，奠定了税收合作的法律基础。比如，中国签署的106个税收协定涵盖大部分“一带一路”沿线国家（地区），开始向“一带一路”沿线国家（地区）和国际组织派驻税务官员等。中国在提升征管能力和纳税服务水平方面正在作出更大努力。同时，努力构建“一带一路”税收合作长效机制，研究建立沿线国家税务局长会晤与沟通平台，促进税收政策协调及征管多边合作，更好地发挥税收促进全球经济治理的作用。

5.1.7 加强税收情报的交换与分析

自1985年以来，中国税务机关根据与90多个国家（地区）签订的税收协定（或安排）的情报交换条款，与有关国家和地区的税务当局开展了卓有成效的情报交换工作。交换网络逐渐成为一道跨国偷避税难以逾越的高墙。

我国情报交换的法律框架和操作指引基本形成，合理有效的工作机制基本建立。情报交换是一项具有鲜明国际税收特色的业务，涉及纳税人之间的跨国交易、劳务和投资行为，也考验税务机关开展跨国税务合作的能力和水平。在国际上，各国税务机关从事情报交换的机构和岗位设置各有不同。例如，英国情报交换都是由税务与海关总署内设的情报科直接完成，日本国税厅采取的是总部国际业务课统一部署、地区和基层税务机关的管理和调查部门具体实施的方式。我国的做法与上述国家略有不同。由于情报交换涉及企业所得税、个人所得税等几个税种，因此，在行政机构设置上，国家税务总局设立国际税收情报处，各省级及以下税务机关大部分设立了国际税收管理职能部门，并在该专门机构的基础上根据业务规模等情况设立固定或专门的

---

① 杜涛. 中国企业出海警惕“被坑税”！税总为“一带一路”外派驻税官［N］. 经济观察报，2017-05-15.

② 李想. 我驻外警务联络官遍布31国36个使领馆［EB/OL］.（2016-01-27）［2018-02-03］. http://news.sina.com.cn/o/2016-01-28/doc-ifxnvhvu7138687.shtml.

情报交换人员，形成了较为合理有效的工作机制。这种工作机制可以使情报的收集、制作、传递、使用等工作由专业人员来完成，在保密性、准确性等方面比较有保障。①

情报交换机制发挥作用有两个重要前提：一是税务机关收集、制作信息的能力。这种能力既来自于税法和其他法律赋予税务机关收集信息的权力，又与情报工作人员收集信息的意识和能力有关。二是情报处理和传递的效率。时效性是情报交换的生命，情报时效性的提高有赖于一国税务机关情报交换内部机制的建立，同时又取决于信息技术和税收信息来源的格式设计等是否在情报交换中得到充分应用或应有的考虑。

5.1.7.1 加强税收情报交换

2017 年我国开始执行《多边税收征管互助公约》，2018 年开始实施《金融账户涉税信息自动交换多边主管当局间协议》，以及根据我国于 2016 年 5 月 12 日签署的《转让定价国别报告多边主管当局间协议》，对全球合并收入超过 7.5 亿欧元的跨国企业集团从 2017 年起由其母公司向所在国税务机关报送 2016 年度集团全球所得、税收和业务活动的国别分布情况及其他指标。这些信息预计于 2018 年在有关协议签署国税务部门之间进行交换，之后转让定价国别报告将按年度报送及交换。② 届时我国收发情报的数量都会大增。

5.1.7.2 情报交换分类管理

情报交换的类型包括专项情报交换、自动情报交换、自发情报交换，以及同期税务检查、授权代表访问和行业范围情报交换等。

专项情报交换，是指缔约国一方主管当局就国内某一税务案件提出具体问题，并依据税收协定请求缔约国另一方主管当局提供相关情报，协助查证的行为。包括：获取、查证或核实公司或个人居民身份，收取或支付价款、费用，转让财产或提供财产的使用等与纳税有关的情况、资料、凭证等。

自动情报交换，是指缔约国双方主管当局之间根据约定，以批量形式自动提供有关纳税人取得专项收入的税收情报的行为。专项收入主要包括：利息、股息、特许权使用费收入；工资薪金，各类津贴、奖金，退休金收入；佣金、劳务报酬收入；财产收益和经营收入等。

自发情报交换，是指缔约国一方主管当局将在税收执法过程中获取的其

---

① 高运根. 我国税收情报交换中存在的主要问题及建议［J］. 涉外税务，2008（10）.

② 江苏省国际税收研究会. 国际税收征管协作中的问题和对策［J］. 国际税收，2017（1）.

认为有助于缔约国另一方主管当局执行税收协定及其所涉及税种的国内法的信息，主动提供给缔约国另一方主管当局的行为。包括公司或个人收取或支付价款、费用，转让财产或提供财产使用等与纳税有关的情况、资料等。

同期税务检查，是指缔约国主管当局之间根据同期检查协议，独立地在各自有效行使税收管辖权的区域内，对有共同或相关利益的纳税人的涉税事项同时进行检查，并互相交流或交换检查中获取的税收情报的行为。

授权代表访问，是指缔约国双方主管当局根据授权代表的访问协议，经双方主管当局同意，相互间到对方有效行使税收管辖权的区域进行实地访问，以获取、查证税收情报的行为。

行业范围情报交换，是指缔约国双方主管当局共同对某一行业的运营方式、资金运作模式、价格决定方式及偷税方法等进行调查、研究和分析，并相互交换有关税收情报的行为。①

5.1.7.3　加强税收情报分析

在经济全球化进程加快、我国参与跨国活动日益频繁的大背景下，如何防止纳税人利用税收政策和管理的漏洞及跨国交易的隐蔽性实施逃避税行为，维护国家税收权益，是税务机关面临的长期重要问题。多年来，各国税务机关和 OECD 等国际组织致力于通过双边和多边国际合作的形式达到这一目标。实践证明，情报交换是其中最有效和最主要的手段之一。自 1985 年以来，我国税务机关根据与 90 多个国家（或地区）签订的税收协定（或安排）的情报交换条款，与有关国家和地区的税务当局开展了卓有成效的情报交换工作。税收情报交换网络逐渐成为一道跨国逃避税难以逾越的高墙。与此同时，随着税源国际化和交易复杂化，税务机关在及时收集有效信息、发现逃避税行为并采取有效措施方面的难度也在增加。因此，有必要在制度和实践层面对情报交换技术含量、效率、及时性、决策辅助的因素进行分析。

（1）我国税法缺乏对税务机关征税依据的事实或信息在形式或来源等方面的要求，导致各级税务机关掌握的即使经过核实的情报信息也难以直接用作征税的基础。虽然《国际税收情报交换工作规程》（国税发〔2006〕70 号印发）规定情报可以作为税务机关执法的依据，但其仅属于一般性的部门规章，缺乏《中华人民共和国税收征收管理法》（以下简称《税收征管法》）或实体税法的支持，如直接将其作为执法依据，将给税务机关带来较大的执法风险。此外，

① 《国家税务总局关于印发〈国际税收情报交换工作规程〉的通知》，国税发〔2006〕70 号。

在《中华人共和国行政诉讼法》关于证据的规定中，要求域外证据必须履行由来源国公证机关和中国使领馆作出的法定证明手续。对于税务机关将获取的税收情报用于征税，涉及行政诉讼时是否也应作为域外证据履行上述法定证明手续，存在一定的不确定性。因此应在税收基本法或税收程序法中明确取得情报的性质和将税收情报作为执法依据应该具备的条件及要求。

（2）对税务机关为情报交换目的收集情报或核查有关事项的权力，法律规定有明显的缺失。虽然《税收征管法》规定了协定优先的原则，但是税收协定的情报交换条款对于核查方式、手段等并没有特别规定，有关事项需要在国内法中予以明确，而我国目前仍没有制定关于税收协定条款如何在国内法中运用的特别规定。严格来说，一些核查的事项涉及的主体不一定是在我国负有纳税义务的纳税人，也未必是违反我国税法的行政相对人，因此，《税收征管法》和其他税法中有关税务机关的检查权、纳税人提交资料的义务及相关的法律责任在一些情况下是不适用的。其中，最典型的例子是关于银行向税务机关提供个人银行记录和储蓄存款信息。情报核查常常涉及调查外国纳税人在中国的银行存款账户的情况，而《税收征管法》规定税务机关只能检查税收违法案件的涉嫌人员的储蓄存款信息，在情报交换请求中，如果外国纳税人不同时构成中国的纳税人，也不涉嫌在中国违反税法，其银行信息是无法取得的，这在客观上造成税务机关难以执行情报交换义务。有关因银行信息保密的规定限制获取情报能力的问题，长期以来得到 OECD 的关注。OECD 推动成员国在法律中废除限制条款的努力一直没有停止过，并取得了重大进展，《OECD 税收协定范本》（2005 年）将相关内容纳入情报交换条款。到目前为止，绝大多数 OECD 成员国通过修改法律或双边协定明确税收情报不因银行信息保密而不予提供。我国《税收征管法》对银行信息查询的规定，因其具有类似限制而引起了 OECD 的极大关注。我国虽然不是 OECD 成员国，但由于与我国开展情报合作的主要是 OECD 成员国，我国新修订的税收协定也越来越多采用了《OECD 税收协定范本》中新的情报交换条款的内容，从情报合作的互惠对等性和履行协定义务的要求出发，都需要在国内法中对这一问题做出相应的衔接安排或规定。

（3）提高情报信息收集的自动化程度和格式规范化程度。未来我国情报搜集工作的发展思路：一是需要有专门的情报信息处理系统，将信息化技术用于情报交换数据的分类、录入、查询、筛选以及综合管理中，提高情报制作的效率。二是在企业所得税、个人所得税申报表和其他税务文书格式设计中，应该纳入情报所需要的信息，通过软件程序从申报资料中自动生成自动或自发情报。三是由于外国提供的自动情报信息主要包括统一格式的纳税人信息和收入支付信息，可以经过初步核查后将其纳入纳税人的信息档案中，成为日常征管信息的一个组成部分，以降低核查成本，拓展纳税人征管信息的来源渠道。

（4）对跨国逃避税方法和税务管理风险认识不足。

发挥情报作用的前提是对税务机关的管理风险存在清醒的认识，对纳税人进行跨国逃避税有比较全面的了解。从这个角度来说，目前我国的情报交换仍处于初级阶段，在完善情报交换的机制和程序的同时更需要深入研究情报交换实施的基础，分析跨国偷避税行为形成的原因、方式及情报交换在其中能够发挥的作用。

为了提高征管效率，降低管理成本，引入风险评估管理机制是一个发展趋势。在人力资源和成本约束的前提下，如何集中情报交换的资源、最大限度地发挥情报在反逃避税中的作用，很大程度上依赖于对不同类型的纳税人在不同税种上纳税遵从状况的评估。将纳税风险评估运用于情报交换工作，包括以下内容：

第一，发现、识别国际投资、贸易和劳务中的逃避税风险区域，并按照风险高低进行分类。识别风险的基础是征管实践和情报核查的总结、纳税人申报信息以及外汇管理、银行、出入境管理等第三方提供的信息。

第二，识别情报交换对方实施合作的能力水平、时效和程序，根据以前年度的合作实践分国别做出评估和分类，并进行动态更新，提出应对策略。

第三，掌握国际逃避税的一般方式和表现形式，向基层税务机关提供国际逃避税行为发生的警示标志、指南和相关案例，提高情报核查和情报请求的针对性和时效性。

第四，根据识别的风险确定是否提出请求、请求的方式和内容，以及核查的可行性、方式和进度等。

以上信息对我国掌握跨国公司生产经营与税收情况、发现其反避税方面是否存在问题，都有非常大的用处。我国应该对这些数据进行深入分析，发挥其最大效能。

5.1.7.4 修订情报交换相关文件

《国际税收情报交换工作规程》是目前国内唯一一个有关自动情报交换的实施制度，随着国际税收形势的快速发展，该规程已经不能满足需求，需要进行修改。虽然《国际税收情报交换工作规程》规定情报可以作为税务机关执法的依据，但其仅属于一般性的部门规章，缺乏《税收征管法》或实体税法的支持，如直接将其作为执法依据，将给税务机关带来较大的执法风险。因此应在税收基本法或税收程序法中明确取得的情报的性质和将税收情报作为执法依据应该具备的条件及要求。

对税务机关为情报交换目的收集情报或核查有关事项的权力，法律规定有明显的缺失。虽然《税收征管法》规定了协定优先的原则，但是税收协定的情报交换条款对于核查方式、手段等并没有特别规定，有关事项需要在国内法中予以明确，而我国目前仍没有制定关于税收协定条款如何在国内法中运用的特别规定。严格来说，一些核查的事项涉及的主体不一定是在我国负有纳税义务的纳税人，也未必是违反我国税法的嫌疑人，因此，《税收征管法》和其他税法中有关税务机关的检查权、纳税人提交资料的义务及相关的法律责任在一些情况下是不适用的。其中，最典型的例子是关于银行向税务机关提供个人银行记录和储蓄存款信息。情报核查常常涉及调查外国纳税人在中国的银行存款账户的情况，而《税收征管法》规定税务机关只能检查税收违法案件的涉嫌人员的储蓄存款信息，在情报交换请求中，如果外国纳税人不同时构成中国的纳税人，也不涉嫌在中国违反税法，其银行信息是无法取得的，这在客观上造成税务机关难以执行情报交换义务。有关因银行信息保密的规定限制获取情报能力的问题，长期以来得到OECD的关注。OECD推动成员国在法律中废除限制条款的努力一直没有停止过，并取得了重大进展，《OECD税收协定范本》（2005年）将相关内容纳入情报交换条款。到目前为止，绝大多数OECD成员国通过修改法律或双边协定明确税收情报不因银行信息保密而不予提供。我国《税收征管法》对银行信息查询的规定，因其具有类似限制而引起了OECD的极大关注。[①]

5.2 加快谈签与修订税收协定的步伐

税收协定，常被形容为企业“走出去”的“护身符”。“税收信息不对等”成为困扰企业海外发展的最大瓶颈。稳定、明确的税收政策和透明、公平的税

① 高运根. 我国税收情报交换中存在的主要问题及建议［J］. 涉外税务，2008（10）.

收环境，是跨境经营纳税人普遍关心的税收问题。而税收协定的签署，可为缔约双方跨境经营纳税人提供可靠的税收预期。国家税务总局信息显示，截至2017年4月底，我国与116个国家和地区建立了双边税收合作机制，签订双边税收协定、安排和协议已达106个，其中“一带一路”沿线国家（地区）有54个，覆盖了中国主要对外投资目的地。专家指出，税收协定的有力执行，一方面助推了我国企业更好地“走出去”；另一方面，也有利于吸引“一带一路”沿线国家（地区）的企业“走进来”，享受同等相关税收优惠政策。据统计，2016年，仅税收协定利息条款就为我国金融机构减免境外税收278亿元，有力支持了“资金融通”，协定的双向互惠也为境外纳税人在我国减免税收280亿元。三年来，通过开展双边协商累计消除国际重复征税达131.8亿元。

通过用好税收协定，为企业明确征税税率、东道国对利润征税门槛、母国抵免规定、跨境涉税争议解决方法，这无疑给纳税人大大提高了税收透明度，纳税人只需执行税收协定规定的内容，不必再担心东道国的税收政策如何变化，从而提升对外投资贸易的确定性。①

目前我国是世界第三大税收协定网络国，覆盖了我主要对外投资目的地，给企业境外投资提供了非常大的便利。但随着时间的推移、国际经济形势的变化，现行税收协定还存在一些问题，需要进一步完善。

5.2.1 根据经贸关系谈签新的税收协定

目前尚有一些国家没有与我国签订税收协定，其中有的与我国的经济关系（相互投资、承包工程）还非常密切，我国应该加快与这些国家谈签税收协定的步伐。

5.2.1.1 中国对外直接投资存量

我国对外直接投资（存量）国别情况如下（见表5-1），表中有与我国签订税收协定的国家（102个）、与内地签订税收安排的香港、澳门（2个），以及与大陆签订避免双重征税协议的台湾地区（1个）；也有与我国签订情报交换协议的国家与地区（6个分别是：开曼群岛、英属维尔京群岛、百慕大群岛、列支敦士登、阿根廷、巴哈马）。从表5-1可以看出，有些国家与我国经济关系密切，比如缅甸、刚果（金）、阿根廷、津巴布韦、加纳、安哥拉、

① 税收协定谈签提速护航“一带一路”[N/EB].经济参考网. http://www.jjckb.cn/.

坦桑尼亚等，但尚未与我国签订税收协定。

表 5-1　　中国对外直接投资存量（截至 2015 年末）　　单位：万美元

国家（地区）	金额	国家（地区）	金额	国家（地区）	金额
中国香港	65685524	秘鲁	70549	斐济	9792
开曼群岛	6240408	埃及	66，315	芬兰	9507
英属维尔京群岛	5167214	朝鲜	62500	瓦努阿图	9447
美国	4080195	西班牙	60801	贝宁	8731
新加坡	3198491	特立尼达和多巴哥	60463	丹麦	8217
澳大利亚	2837385	瑞士	60415	文莱	7352
荷兰	2006713	匈牙利	57111	葡萄牙	7142
英国	1663246	尼日尔	56544	几内亚（比绍）	6906
俄罗斯	1401963	哥伦比亚	55443	乌克兰	6890
加拿大	851625	科威特	54362	阿塞拜疆	6370
印度尼西亚	812514	格鲁吉亚	53375	吉布提	6046
卢森堡	773988	墨西哥	52476	马绍尔群岛	6005
德国	588176	比利时	51953	塞尔维亚	4979
中国澳门	573912	白俄罗斯	47589	巴拉圭	4791
法国	572355	也门	45330	中非	4622
哈萨克斯坦	509546	卡塔尔	44993	圣文森特和格林纳丁斯	4204
老挝	484171	乍得	42272	南苏丹	3598
南非	472297	阿富汗	41993	约旦	3255
阿拉伯联合酋长国	460284	伊拉克	38812	格林纳达	2367
缅甸	425873	几内亚	38272	突尼斯	2084
巴基斯坦	403593	纳米比亚	38044	佛得角	1518
印度	377047	罗马尼亚	36480	密克罗尼西亚	1517
蒙古	376006	波兰	35211	列支敦士登	1304
韩国	369804	马达加斯加	34770	立陶宛	1248
柬埔寨	367586	奥地利	32799	布隆迪	1237
挪威	347129	博茨瓦纳	32108	克罗地亚	1182
泰国	344012	玻利维亚	31746	帕劳	1160
瑞典	338196	以色列	31718	莱索托	1115
越南	337356	马里	30733	叙利亚	1100
刚果（金）	323935	萨摩亚	30691	马耳他	1045
日本	303820	尼泊尔	29193	汤加	819

续表

国家（地区）	金额	国家（地区）	金额	国家（地区）	金额
伊朗	294919	利比里亚	28899	哥斯达黎加	782
百慕大群岛	286106	马拉维	25815	波黑	775
委内瑞拉	280029	圭亚那	25601	亚美尼亚	751
阿尔及利亚	253155	爱尔兰	24832	阿尔巴尼亚	695
沙特阿拉伯	243439	加蓬	24442	安提瓜和巴布达	630
尼日利亚	237676	保加利亚	23597	斯洛文尼亚	500
赞比亚	233802	赤道几内亚	23163	科摩罗	453
巴西	225712	巴拿马	22815	巴林	387
马来西亚	223137	牙买加	22568	黎巴嫩	378
阿根廷	194892	捷克	22431	尼加拉瓜	367
巴布亚新几内亚	191183	喀麦隆	20734	爱沙尼亚	350
苏丹	180936	智利	20464	多米尼克	315
津巴布韦	179892	阿曼	20077	基里巴斯	293
土耳其	132884	塞拉利昂	19630	巴巴多斯	289
加纳	127449	孟加拉国	18843	马尔代夫	237
安哥拉	126829	乌拉圭	18273	马其顿	211
新西兰	120872	塞舌尔	16011	摩尔多瓦	211
坦桑尼亚	113887	摩洛哥	15629	冈比亚	124
埃塞俄比亚	113013	土库曼斯坦	13304	冰岛	110
肯尼亚	109904	多哥	12882	多米尼加	101
毛里求斯	109658	斯洛伐克	12779	安圭拉	100
刚果（布）	108867	科特迪瓦	12678	危地马拉	99
吉尔吉斯斯坦	107059	塞内加尔	12602	拉脱维亚	94
厄瓜多尔	105635	卢旺达	12357	伯利兹	70
中国台湾	96905	古巴	12062	巴哈马	60
意大利	93197	希腊	11948	圣多美和普林西比	38
塔吉克斯坦	90909	厄立特里亚	11941	黑山	32
乌兹别克斯坦	88204	苏里南	11352	圣卢西亚	15
斯里兰卡	77251	塞浦路斯	10915	库克群岛	7
莫桑比克	72452	毛里塔尼亚	10583	巴勒斯坦	4
乌干达	72215	利比亚	10577	萨尔瓦多	1
菲律宾	71105	东帝汶	10028		

资料来源：《中国统计年鉴（2016 年）》。

5.2.1.2 截至 2015 年末中国吸引外资存量

我国吸引外资的存量不断增加，各国（地区）具体数额见表 5-2。

表 5-2 中国吸收境外国家（地区）直接投资存量（截至 2015 年末）

单位：万美元

国家（地区）	金额	国家（地区）	金额	国家（地区）	金额
中国香港	8638672	巴西	5084	安哥拉	90
维尔京群岛	738778	泰国	4438	巴基斯坦	65
新加坡	690407	巴巴多斯	3911	津巴布韦	65
韩国	403401	阿联酋	3899	叙利亚	55
日本	319496	菲律宾	3867	圣其茨和尼维斯	52
美国	208889	安圭拉	3416	阿富汗	50
萨摩亚	199109	伯利兹	3180	埃及	50
德国	155636	土耳其	2701	乌克兰	50
中国台湾	153710	新西兰	2247	秘鲁	28
开曼群岛	144446	巴拿马	2064	坦桑尼亚	25
法国	122390	北美洲其他国家	1973	拉丁美洲其他国家	25
中国澳门	88540	捷克	1627	孟加拉国	24
荷兰	75179	欧洲其他国家	1350	立陶宛	22
百慕大群岛	71018	俄罗斯	1312	圣文森特和格林纳丁斯	18
卢森堡	63011	黎巴嫩	1114	贝宁	17
瑞典	52721	大洋洲其他国家	1083	保加利亚	14
英国	49648	斯洛伐克	1071	突尼斯	13
马来西亚	48048	柬埔寨	1000	哥伦比亚	12
爱尔兰	45157	哈萨克斯坦	953	乌拉圭	12
毛里求斯	34601	冰岛	735	利比亚	10
澳大利亚	30689	墨西哥	731	格鲁吉亚	10

续表

国家（地区）	金额	国家（地区）	金额	国家（地区）	金额
沙特阿拉伯	27774	瓦努阿图	624	克罗地亚	10
意大利	24519	智利	526	马里	8
塞舌尔	22600	以色列	523	阿塞拜疆	8
加拿大	22392	赞比亚	512	朝鲜	7
瑞士	21885	列支敦士登	331	希腊	7
西班牙	19726	匈牙利	317	爱沙尼亚	7
巴哈马	14895	尼日利亚	300	加纳	6
挪威	12798	也门	249	委内瑞拉	6
印度尼西亚	10754	伊朗	246	约旦	5
丹麦	10466	科威特	220	喀麦隆	5
波兰	8277	葡萄牙	202	博茨瓦纳	4
印度	8080	南非	198	斯里兰卡	3
奥地利	7842	塞浦路斯	195	斯洛文尼亚	3
比利时	7629	马耳他	177	肯尼亚	2
文莱	7258	圣马力诺	134	亚美尼亚	2
马绍尔群岛	7189	伊拉克	102	马达加斯加	1
芬兰	5432	卡塔尔	90		

资料来源：《中国统计年鉴（2016年）》。

5.2.1.3 我国对外承包工程情况

我国对外承包工程逐年增加，其中2015年完成的营业额见表5-3。目前尚不能找到其他国家在我国承包工程的国别数字。

从表5-3可以看出，2015年我国对安哥拉劳务承包工程营业额排在世界第5位，但双方尚未签订税收协定。我国对肯尼亚承包工程营业额排在第10位，早在2006年，两国就签署了《中华人民共和国政府和肯尼亚共和国政府航班协定》，规定缔约一方指定空运企业经营国际航空运输在缔约另一方领土内取得的收入、利润，应在缔约另一方境内免征一切税收，为两国合作提供了很好的基础。目前中国与肯尼亚也已经完成了税收协定谈判，正等待合适时机签署（见表 5-3）。[①]

表 5-3　中国对外承包工程完成营业额（2015 年）　单位：万美元

国家（地区）	金额	国家（地区）	金额	国家（地区）	金额
阿尔及利亚	824061	乌兹别克斯坦	61241	哥斯达黎加	7070
沙特阿拉伯	701812	巴布亚新几内亚	60010	波兰	6873
埃塞俄比亚	589402	加蓬	56413	西班牙	6561
巴基斯坦	516289	吉尔吉斯斯坦	54857	乌拉圭	6395
安哥拉	495275	德国	52252	安提瓜和巴布达	6320
委内瑞拉	494205	塞内加尔	50037	东帝汶	5315
印度尼西亚	481528	几内亚	48642	罗马尼亚	5037
中国香港	402744	津巴布韦	45789	马耳他	4650
伊拉克	397661	南非	45177	多米尼加共和国	4473
肯尼亚	384569	阿曼	44939	瓦努阿图	4433
马来西亚	356227	日本	44346	萨摩亚	4165
新加坡	354079	哥伦比亚	39564	挪威	4032
越南	352317	牙买加	38860	非洲其他国家	4011
尼日利亚	348142	马其顿	36906	中国台湾	3945
厄瓜多尔	328837	厄立特里亚	36614	洪都拉斯	3933
老挝	321606	博茨瓦纳	31504	比利时	3638
刚果（布）	297587	乌克兰	31375	塞舌尔	3517
泰国	281007	巴哈马	29469	亚洲其他国家	3444
美国	270429	毛里塔尼亚	28413	摩纳哥	3443
印度	267458	韩国	27393	也门	3354
哈萨克斯坦	234700	玻利维亚	26524	尼加拉瓜	3271
阿根廷	217332	尼泊尔	25302	几内亚（比绍）	3245
菲律宾	204150	希腊	24584	黑山	3107
巴西	202023	马里	23462	保加利亚	3041

① 吴为. 投资肯尼亚：关注特区优惠 研究税收协定 [N]. 中国税务报，2017-06-20.

续表

国家（地区）	金额	国家（地区）	金额	国家（地区）	金额
埃及	201777	特立尼达和多巴哥	22525	苏里南	2624
缅甸	189471	卢旺达	21251	直布罗陀	2613
法国	184421	多哥	21176	佛得角	2458
赞比亚	178981	利比里亚	19873	科摩罗	2225
孟加拉国	175184	毛里求斯	19824	汤加	2177
俄罗斯	171440	塞尔维亚	19801	朝鲜	1832
伊朗	159048	智利	19620	危地马拉	1644
乌干达	155063	波黑	19410	叙利亚	1634
苏丹	154873	亚美尼亚	19049	库克群岛	1600
阿联酋	153943	阿尔巴尼亚	18809	巴拉圭	1596
中国澳门	147710	利比亚	17380	格林纳达	1443
坦桑尼亚	141471	斐济	15380	阿富汗	1133
喀麦隆	141350	以色列	15238	密克罗尼西亚	902
加纳	140598	瑞典	14794	冈比亚	734
斯里兰卡	136871	意大利	14498	黎巴嫩	721
赤道几内亚	136854	马尔代夫	14380	巴勒斯坦	527
卡塔尔	136173	莱索托	12610	中非	486
土耳其	133887	斯威士兰	12487	立陶宛	399
科威特	128114	新西兰	11749	基里巴斯	377
柬埔寨	121396	瑞士	11506	布基纳法索	320
澳大利亚	121217	巴拿马	11141	北美洲其他国家	314
莫桑比克	118750	突尼斯	11067	索马里	224
南苏丹	114388	加拿大	10663	丹麦	218
摩洛哥	113109	马拉维	9232	克罗地亚	213
吉布提	107188	古巴	9162	东萨摩亚	211
白俄罗斯	98955	贝宁	9159	斯洛文尼亚	194
蒙古	93484	圭亚那	9147	圣多美和普林西比	127
墨西哥	90219	文莱	8653	塞浦路斯	113
英国	84736	芬兰	8537	荷兰	111
纳米比亚	76642	约旦	8459	拉脱维亚	96

续表

国家（地区）	金额	国家（地区）	金额	国家（地区）	金额
乍得	71585	塞拉利昂	7928	新喀里多尼亚	90
土库曼斯坦	68921	捷克	7754	多米尼克	66
塔吉克斯坦	64377	葡萄牙	7632	巴林	27
尼日尔	63689	阿塞拜疆	7592	巴巴多斯	7
科特迪瓦	63005	马达加斯加	7484	格陵兰	5
秘鲁	62566	布隆迪	7146	大洋洲其他国家	2

资料来源：《中国统计年鉴（2016年）》。

5.2.2 在交通协定基础上谈签新的税收协定

实际上，虽然有些国家没有与我国签订税收协定，但已经与一些国家签署了其他方面的协定。以“一带一路”沿线国家为例，尚未与我国签订税收协定的国家，其已经与我国签订海运、空运协定等。

5.2.2.1 航空协定

我国已经与黎巴嫩、马尔代夫、阿富汗签署了航空协定，其中：第一，与黎巴嫩约定相互减免企业所得税、个人所得税、间接税；第二，与老挝、马尔代夫约定互免个人所得税；第三，与阿富汗约定互免企业所得税。

5.2.2.2 海运协定

我国与黎巴嫩签署了海运协定，约定互免企业所得税、个人所得税。

5.2.2.3 河运协定

我国与老挝签署了河运协定，约定互免间接税。

以上协定为我国与这些国家谈签税收协定打下来很好的基础，我国应该采取积极措施，比如对没有或很少签订税收协定的国家提供必要的技术援助，[①] 加快与这些国家谈签税收协定的步伐。

5.2.3 争取降低一些税收协定中的预提税税率

随着“走出去”企业的增加，我国越来越注意在税收协定中争取比较低

① 课题组，龚辉文执笔.税收如何服务于“一带一路”？[N].中国税务报，2017-05-17.

的预提税税率。以我国与罗马尼亚税收协定为例，与1991年的旧协定相比，2016年的新协定大幅降低了股息、利息、特许权使用费等所得的限制税率——由当时的10%、10%和7%全部降为3%，在我国已签订税收协定中，该预提税税率最低；我国与中亚5国、中东欧16国等国家的预提税税率也比较低。这些国家税收协定中的税率均低于国内税法规定的非居民企业适用的预提税税率，有利于降低企业税负。

但我国早期与东南亚等国签订的税收协定，股息等预提税税率比较高、区域内各国税率差异大。随着国家间经济联系的增强及国际税收的新进展，我国会逐步开展与这些国家税收协定的修订，在修订中尽量缩小各国预提税的差距。

我国与部分国家税收协定中预提税的税率见表5-4。

表5-4　中国与部分国家税收协定及各国国内税法中股息、利息、特许权使用费预提税的税率

单位:%

国家（地区）		股息	利息	特许权使用费
东南亚	印度尼西亚	10（20）	10（20）	10（20）
	泰国	20或15（10）	10（0/10/15）	15（15）
	马来西亚	10（0）	10（0/15）	15或10（10）
	越南	10（0）	10（5）	10（10）
	新加坡	10或5（0）	10或7（0/15）	10或6（0/10）
	菲律宾	15或10（15/30）	10（20）	15或10（30）
	老挝	5（10）	在老挝：5；在中国：10（10）	在老挝：5；在中国：10（5）
	文莱	5（0）	10（15）	10（10）
	柬埔寨[①]	10（14）	10（14）	10（14）
南亚	印度	10（0）	10（5/20/30/40）	10（10）
	巴基斯坦	10（12.5/20）	10（10/20）	12.5（15）
	孟加拉国	10（20）	10（20）	10（20）
	斯里兰卡	10	10	10
	尼泊尔	10	10	15
中东欧	波兰[②]	10（19）	10（20）	10或7（20）
	罗马尼亚[③]	3（5）	3（16）	3（16）
	罗马尼亚[④]	10（5）	10（16）	7（16）
	捷克[⑤]	10或5（15/35）	7.5（15/35）	10（15/35）

续表

国家（地区）		股息	利息	特许权使用费
中东欧	斯洛伐克⑥	10（0/35）	10（19/35）	10（19/35）
	保加利亚	10（0/5）	10（10）	10或7（10）
	匈牙利	10（0）	10（0）	10（0）
	拉脱维亚	10或5（对避税地企业支付15/30，否则，0）	10（对避税地企业支付5/15，否则，0）	7（对避税地企业支付15，否则，0）
	立陶宛	10或5（0/15）	10（0/10）	10（10）
	斯洛文尼亚⑦	5（15）	10（15）	10（15）
	爱沙尼亚	10或5（10）	10（5）	10（5）
	克罗地亚⑧	5（12）	10（15）	10（15）
	阿尔巴尼亚	10（15）	10（15）	10（15）
	塞尔维亚⑨	5（20/25）	10（20/25）	10（20/25）
	马其顿	5	10	10
	波黑	10（5）	10（10）	10（10）
	黑山	5（9）	10（9）	10（9）
中亚	哈萨克斯坦⑩	10（15/20）	10（15/20）	10（15/20）
	乌兹别克斯坦	10（10）	10（10）	10（20）
	土库曼斯坦	10或5（15）	10（15）	10（15）
	吉尔吉斯斯坦	10（10）	10（10）	10（10）
	塔吉克斯坦	10或5	8	8

资料来源：根据国家税务总局网站资料整理。

说明：表格中括号里的数字为一国国内税法规定的非居民获得股息、利息、特许权使用费适用的预提税税率。不带括号的为税收协定规定的税率。

注：

①我国与柬埔寨2016年10月签订税收协定，尚未生效。

②波兰：根据欧盟指令，向符合条件的欧盟公司支付，免税。

③罗马尼亚：新协定2016年签订，尚未生效。

④罗马尼亚：根据欧盟指令，向符合条件的欧盟公司的支付，免税。

⑤捷克：向避税地企业的支付，适用35%的税率。另外，根据欧盟指令，向符合条件的欧盟企业的支付，免税。

⑥斯洛伐克：如果一国或地区尚未与斯洛伐克签订税收协定或税收情报交换协议，则其居民来自于斯洛伐克的股息等适用35%的税率。另外，向欧盟符合条件的企业居民的支付，免预提税。

⑦斯洛文尼亚：根据欧盟指令，向符合条件的欧盟企业的支付，免税。

⑧克罗地亚：根据欧盟指令，向符合条件的欧盟企业的支付，免税。

⑨塞尔维亚：如果支付给避税地或低税率管辖区，25%；否则20%。

⑩哈萨克斯坦：非居民如果位于避税地，则适用20%的税率。

5.2.4 尽量统一国有金融机构利息免税的条款

我国在与他国签订的税收协定中，创造性地引入了联合国税收协定范本与 OECD 税收协定范本中所没有的对国有金融机构利息免税的条款。境外承包工程企业签订的借款合同一般为包税合同，即该笔利息应该缴纳的预提税由借款企业承担。利息免税，利于降低境外投资企业的税收负担。

但考察我国已经签订的税收协定，该条款的规定差异非常大，有的采用列举法的，有的采用概括法。以与我国地缘接近、经贸关系密切的东南亚为例，有 3 国采用概括法、6 国采用列举法，并且列举的金融机构也不相同（见表 5-5）。

表 5-5　中国与东南亚国家税收协定关于国有金融机构利息免税的规定

国家	利息可以免税的国有金融机构
印度尼西亚、菲律宾、柬埔寨	概括法
泰国	1. 中国人民银行以及在中央银行一般授权的范围内进行活动的中国银行；2. 地方当局；3. 其资金完全为中华人民共和国政府或地方当局所有，并为缔约国双方主管当局所随时同意的金融机构（有这样的条款，必须及时更新，马来西亚国开行就是一个例子）
马来西亚	1. 中国人民银行、中国银行总行和中国国际信托投资公司；2. 缔约国双方主管当局随时可同意的，由中华人民共和国政府拥有其全部资本的机构
越南	1. 中国国家银行；2. 行政区或地方当局；3. 其资本完全为中华人民共和国政府、其行政区或地方当局拥有，并为缔约国双方主管当局随时同意的金融机构
新加坡	从缔约国一方取得的利息应在该国免税，如果受益所有人是：1. 中华人民共和国政府和任何地方当局；2. 国家开发银行；3. 中国农业发展银行；4. 中国进出口银行；5. 全国社会保障基金理事会；6. 中国出口信用保险公司；7. 缔约国双方主管当局随时可同意的，由中国政府完全拥有的任何机构
老挝	1. 中国人民银行；2. 中国国家开发银行；中国进出口银行；3. 中国农业发展银行；4. 地方当局；5. 其资本完全为中华人民共和国政府或地方当局所有，并为缔约国双方主管当局所随时同意的金融机构
文莱	1. 中国人民银行；2. 中国国家发展银行；3. 中国进出口银行；4. 中国农业发展银行；5. 社会保障基金理事会；6. 任何地方政府；7. 资本完全由中国政府或地方政府拥有，经缔约国双方主管当局随时通过协商同意的金融机构

资料来源：根据国家税务总局网站资料整理。

注：在采取列举法的税收协定中，均包括地方政府，各协定的规定基本相同。免税国有金融机构的差别比较大，这里进行研究。

今后在税收协定修订过程中，建议：（1）统一免税待遇，在所有税收协定中列入对国有金融机构免税的条款。(2) 统一“国有”的含义，建议按照“主要所有（国有资本占比超过 50%）”界定是否为免税金融机构。(3) 统一“利息”的界定，既包括贷款利息，也包括担保、保险利息。(4) 到底是运用概括法还是列举法，一旦确定，就都沿用同一种方法。如果采用列举法，建议：第一，尽量争取列举的金融机构相同。第二，如果税收协定中有根据需要两国“随时确定”可以享受免税的金融机构的条款，那么一旦有新的符合条件的金融机构出现，我国应该第一时间与对方国家展开磋商，将这样的金融机构涵盖在税收协定中。

5.2.5 根据相互投资情况设计税收饶让条款

目前，发展中国家为了鼓励外国资本来投资，对外国投资者征收的所得税，在一定时期内给予减税或免税的优惠。作为发达国家，如果对发展中国家减免的税款加以补征，其结果就会使发展中国家为吸引外资给予的税收优惠落空。中国虽然目前还属于发展中国家，但“走出去”企业的数量已经不少。对于中国“走出去”企业而言，如果没有税收饶让，就相当于没有最终得到投资国的税收优惠，只不过是将投资国减免的税款，转到中国缴纳了而已。因此，只有“走出去”企业在享受了投资国税收优惠的前提下，回国后及时申请税收饶让，才意味着投资国的税收优惠真正地享受到了。[①]

需要注意的是，不同税收协定条款的具体表述有所不同，因此税收饶让抵免的范围也不尽相同。因此，“走出去”企业不仅要知晓投资国的税收政策，根据经营投资实际享受合法税收优惠，更要关注该国与中国政府签署的税收协定中关于税收饶让的约定，同时加强与国内主管税务机关的沟通，按规定申请税收饶让，以减轻境外投资的税收负担。

我国在与越南、南斯拉夫联盟（适用于塞尔维亚与黑山）、马其顿、尼泊尔、阿曼、斯里兰卡、文莱、沙特阿拉伯、柬埔寨、印度、科威特、巴基斯坦、保加利亚、波黑、泰国、马来西亚签订的税收协定中，约定相互给予税收饶让。越南、柬埔寨等属于发展中国家，为吸引外资出台了多项税收优惠。缔约双方相互给予税收饶让，这些优惠能够被我国境外投资企业享受到。

但我国与一些国家的税收协定中，是对方单方给予税收饶让。我国不给

① 邓睿. 有税收饶让，投资国减免税才能“落袋”[N]. 中国税务报，2015-12-04.

予税收饶让，则我国“走出去”的企业不能享受对方国家的税收优惠，中国首钢国际贸易工程公司（以下简称首钢国际）就遇到了这样的问题。首钢国际在新加坡成立的首钢国际（新加坡）有限公司，由于符合新加坡政府要求的相关条件，经批准加入了新加坡政府的全球贸易商计划，享受新加坡政府给予的企业所得税优惠，所得税税率由17%降为10%。但由于我国不给予新加坡税收饶让，我国企业回国按照实际缴纳税款抵免，新加坡政府的税收优惠没有享受到。①

另外，我国与一些国家比如中亚5国的税收协定中没有税收饶让条款，“走出去”的企业同样不能享受到对方国家的税收优惠。

今后在我国税收协定的谈签及修订中具体问题具体分析，有针对性地设计税收饶让条款。在我国企业可能投资较多的国家，我国方面给予税收饶让协议；对与相互有投资的国家，给予双边税收饶让。

5.2.6 根据《BEPS多边公约》修订税收协定

我国已经加入《BEPS多边公约》，必须遵循《BEPS多边公约》的规定。根据《BEPS多边公约》，各国确定本国的立场并提交给OECD秘书处。

5.2.6.1 我国修订税收协定的立场

我国在确定立场的时候，充分考虑了我国经济发展情况、与沿线国家对接经贸关系，以及我国国际税收立法实践。我国采纳的立场包括：4个必选项目；4个非必选项目。

5.2.6.2 我国需要修改的税收协定及条款

（1）筛选被公约涵盖的税收协定

如果某税收协定的两个缔约方均已经加入《BEPS多边公约》，则该税收协定被公约所涵盖。如果两个缔约方中有一方未加入，则该协定没有被公约涵盖。

截至2017年12月，我国已对外正式签署的106个税收协定，其中，中国和智利签署的税收协定，中国内地和中国香港、中国澳门签署的税收安排，以及中国大陆与中国台湾签署的税务合作协议除外，其他均被公约涵盖。“一带一路”沿线国家中签署加入《BEPS多边公约》的国家有21个，分别是保加利亚、克罗地亚、捷克、埃及、格鲁吉亚、匈牙利、印度、印度尼西亚、

① 张剀. 增加税收饶让助企业“走出去”[N]. 中国税务报. 2016-04-15.

以色列、科威特、拉脱维亚、立陶宛、巴基斯坦、波兰、罗马尼亚、俄罗斯、塞尔维亚、新加坡、斯洛伐克、斯洛文尼亚、土耳其。我国与上述 20 个国家（印度除外）签订的税收协定均在公约涵盖范围之内。

（2）确定需要修订的条款

只有两个缔约国共同选择的条款才涉及税收协定的修订，故我国未选择的条款不需要在税收协定中进行修改。①必选条款。第六条被涵盖税收协定的目的、第七条防止协定滥用（三种方法必选其一，我国选的是主要目的测试 PPT）、第十六条相互协商程序、第十七条相应调整，这四项为必选项，每个国家都选择采纳。我国与“一带一路”沿线国家修订税收协定均涉及这四个条款。②可选条款。这要依据税收协定的两个缔约方针对《BEPS 多边公约》某项 BEPS 措施的立场来定。如果两个缔约方均选择采纳某条款，则该条款需要进行修订。比如，我国与埃及均选择“双重居民实体”条款，则这条需要修订。如果一方选择、另一方未选择，则该条款不需要修订。比如我国选择了“双重居民实体”条款，但克罗地亚没有选择，则两国税收协定中的该项条款不需要修改。

5.2.6.3 分析修订后税收协定的效应及可能会出现的问题

（1）效应

统一各国间反避税的方法，加大信息共享与征管合作，利于消除国际重复征税，利于资本的自由流动。

（2）可能出现的问题

我国应该清醒地认识到，尽管各国根据公约修订税收协定并付诸实施，但避税问题仍然会存在，我国及世界各国反避税任务任重道远。原因是：①《BEPS 多边公约》涉及的只是 1000 多个税收协定，还有 2000 个税收协定没有被《BEPS 多边公约》所涵盖，传统的避税方式还会存在。②即使税收协定被《BEPS 多边公约》所涵盖，因为各国立场不同，也会有新的逃避税方式出现。比如《BEPS 多边公约》第八条“享受股息低档税率的条件”，我国的立场是企业预享受股息低档税率，应满足 365 天的最低持有期限标准。但有的国家保留此条款，即没有这个期限要求，这给企业税收筹划留下了空间。

另外，根据《BEPS 多边公约》修订并执行税收协定，有可能会出现纠纷。比如《BEPS 多边公约》第七条“防止协定滥用”给出了 3 种方法，我国选择的是其中的主要目的测试（PPT）法。相对于利益限制条款（LOB），PPT 规定符合条件的纳税人才能享受税收协定待遇，比较原则和主观，有可能会出现税企纠纷。

5.3 充分发挥相互协商程序的作用

纳税人与税务机关发生涉税争议后，可以选择进行行政复议和法律诉讼。对于跨国税收争议，税收协定还提供了另外一种法律救济渠道——相互协商程序（MAP）。随着中国在国际舞台上经济交往的深度和广度都不断推进，国内税收政策也在被不断地调整，其中，税收协定发挥的影响力日益重要，在解释和适用税收协定时出现的分歧逐渐增多，提请启动相互协商程序解决争议案件数量明显上升。在种种形式发展的需要面前，国家税务总局制定了更为清晰、更为实用的《税收协定相互协商程序实施办法》（国家税务点局公告 2013 年第 56 号）。

与原办法相比，新办法在适用范围和相互协商事项的内容方面都有了适应性的转变。例如：原办法仅适用于中国居民（国民）申请启动相互协商程序的案件，新办法则扩大适用到缔约对方提请的相互协商案件和中国税务机关主动提请的相互协商案件。与此同时，原办法中明确，可以提请启动相互协商程序的事项，既包括特别纳税调整的项目，也包括税收协定范围内的项目。而新办法减少了特别纳税调整的项目，只保留了税收协定范围内可能引起缔约国双方异议和矛盾的 6 种情形。①

2013 年我国启动相互协商程序案件 23 件，完全或部分解决重复征税的案件为 10 件，被终止或撤回的案件为 2 个，案件成功率 83%。2014 年，我国启动案件 29 件，完全或部分解决重复征税的案件为 12 件，被终止或撤回的案件为 2，案件成功率 85.71%。2015 年，我国启动案件 25 件，完全或部分解决重复征税的案件为 5 件，被终止或撤回的案件为 0 件，案件成功率 100%。②可见，我国相互协商程序案件成功率逐年提高，解决了部分“走出去”企业的重复征税问题。今后，我国税务机关仍然需要做许多的工作。

---

① 周琼，张剀. 境外投资遇到税收争议怎么办？[N]. 中国税务报，2013-10-28.

② OECD 自 2006 年起每年公布其成员国以及与部分愿意提供数据的合作经济体的 MAP 案件的统计数据。MAP 的范围包括：居民身份的判定、常设机构与利润归属的判定、转让定价的调整等，但预约定价安排不包括在内。我国作为 OECD 的合作经济体之一，2016 年首次向 OECD 提交数据，当年提交的是 2013 年的数据，后续又提供了 2014 年、2015 年的数据。随着 BEPS 的推行，统计口径会有所更改，目前新的数据尚未出来。

5.3.1 鼓励更多企业用相互协商程序维护权益

目前我国“走出去”企业提请相互协商程序的数量还比较少。以北京市为例，调查显示，82.5% 的企业不了解中美税收协定，在遇到税务争议或歧视待遇时，只有 2.5% 的企业利用中美相互磋商程序化解在美国的税务纠纷。[①] 其中的原因除了是我国企业“走出去”比较晚、投资金额相对于发达国家比较少以外，企业不了解税收协定或不相信相互协商程序能够解决问题，也是一个重要原因。我国与其他国家启动的相互协商程序数量（当年新启动案件与年底年初存量案件）的比较见表 5-6 至表 5-9。

表 5-6　OECD 成员国启动的相互协商程序案件数量（2006—2015 年）

国家＼年度	2006	2007	2008	2009	2010	2011	2012	2013	2014	2015
澳大利亚	9	13	8	19	21	10	10	8	10	14
奥地利	29	26	36	30	38	35	61	41	49	43
比利时	31	30	71	213	120	120	151	124	205	428
加拿大	76	70	85	103	101	94	87	127	127	130
智利	0	0	0	0	0	0	0	0	0	0
捷克	5	10	5	6	8	12	13	7	12	11
丹麦	15	18	21	22	20	24	24	22	43	52
爱沙尼亚	—	—	—	—	—	0	0	0	1	2
芬兰	1	11	8	5	11	13	14	56	49	20
法国	104	100	154	169	135	173	181	216	201	173
德国	212	186	177	177	150	306	277	267	374	363
希腊	1	2	—	—	—	5	3	3*	4	6
匈牙利	4	3	1	2	1	0	1	2	4	4
冰岛	1	0	0	0	0	1	2	1	4	1
爱尔兰	3	3	2	6	7	6	12	12	5	13
以色列	—	—	—	—	4	9	5	3	3	2

① 孔丹阳，王宝杰. 服务“一带一路”战略从树立税收风险理念开始［J］. 国际税收，2016（4）.

续表

国家＼年度	2006	2007	2008	2009	2010	2011	2012	2013	2014	2015
意大利	14	20	14	31	22	41	45	52	89	80
日本	37	49	40	44	34	22	31	36	45	38
韩国	8	9	13	25	13	24	22	23	33	42
拉脱维亚	—	—	—	—	—	—	—	0	0*	3
卢森堡	22	31	31	25	35	75	39	45	116	212
墨西哥	14	11	5	10	4	5	17	12	4	3
荷兰	80	57	—	64	51	34	83	75	87	128
新西兰	4	5	2	6	4	4	3	14	28	7
挪威	15	21	30	21	16	7	10	26	18	33
波兰	11	7	19	14	7	9	5	19	18	6
葡萄牙	10	7	5	14	17	15	17	6	11	11
斯洛伐克	0	—	1	1	3	4	1	2	2	3
斯洛文尼亚	—	—	3	0	2	2	3	6	11	5
西班牙	18	67	24	24	24	18	36	25	33	30
瑞典	72	61	104	64	104	111	100	65	91	92
瑞士	—	45	99	119	65	112	120	131	109	148
土耳其	0	2	1	3	4	0	0	2	2	2
英国	—	55	44	56	68	54	69	79	117	115
美国	240	257	308	326	252	279	236	403	354	289
合计	1036	1176	1311	1599	1341	1624	1678	1910	2259	2509

资料来源：OECD 网站，http：//www. oecd. org/。

注：①拉脱维亚 2013 年起开始向 OECD 报告相互协商程序启动数量。

②如果一国没有报告某个年度启动的相互协商程序数量，则表格用该国上年度的数据，并在后面标注星号。比如此表中希腊 2013 年的数据即是如此。

表 5-7　非 OECD 成员启动的相互协商程序案件数量（2006—2015 年）

国家＼年度	2006	2007	2008	2009	2010	2011	2012	2013	2014	2015
阿根廷	—	—	0	1	0	—	—	—	—	1
中国	—	—	—	—	—	—	—	23	29	25
哥斯达黎加	—	—	—	—	—	—	—	—	1	0
立陶宛	—	—	—	—	—	—	—	—	—	0
南非	—	—	4	1	5	5	3	2	4	13

续表

国家 \ 年度	2006	2007	2008	2009	2010	2011	2012	2013	2014	2015
合计	—	—	4	2	5	5	3	25	34	39

资料来源：OECD 网站，http：//www. oecd. org/。

注：中国 2013 年开始向 OECD 报告统计数据；哥斯达黎加 2014 年开始向 OECD 报告统计数据；立陶宛 2015 年开始向 OECD 报告统计数据。

表 5-8 OECD 成员国年底尚未结案的相互协商程序案件数量（2006—2015 年）

国家 \ 年度	2006	2007	2008	2009	2010	2011	2012	2013	2014	2015
澳大利亚	16	23	22	23	27	21	21	23	18	22
奥地利	144	152	105	120	106	110	137	156	180	185
比利时	81	95	152	265	142	241	305	317	492	632
加拿大	134	153	186	206	225	225	222	235	257	272
智利	0	0	0	0	0	0	0	0	0	0
捷克	13	13	4	8	13	14	16	21	26	33
丹麦	82	82	79	86	67	57	55	57	72	148
爱沙尼亚	—	—	—	—	—	0	0	0	1	1
芬兰	12	22	20	22	32	37	50	103	109	95
法国	254	233	328	427	490	539	551	618	549	566
德国	476	527	519	543	484	702	787	858	1029	1147
希腊	4	5	5*	5*	5*	27	30	30*	35	28
匈牙利	12	9	10	7	8	4	2	4	8	11
冰岛	1	1	0	0	0	1	1	0	1	0
爱尔兰	4	6	7	13	16	17	22	26	25	28
以色列	—	—	—	13	13	14	17	18	17	17
意大利	52	63	56	67	80	102	130	174	250	319
日本	67	85	82	90	75	61	70	65	77	95
韩国	28	30	30	47	44	59	65	80	98	139
拉脱维亚	—	—	—	—	—	—	0	0*	0*	1
卢森堡	31	34	35	38	59	109	76	72	123	137
墨西哥	26	23	14	18	12	11	19	14	16	15
荷兰	120	151	127	118	97	99	140	123	198	259
新西兰	2	4	1	3	1	1	3	13	18	7

续表

国家＼年度	2006	2007	2008	2009	2010	2011	2012	2013	2014	2015
挪威	25	32	42	51	52	44	36	49	48	68
波兰	26	25	33	32	26	28	29	44	40	42
葡萄牙	43	45	47	47	41	42	47	27	27	31
斯洛伐克	1	4	5	6	7	9	9	15	14	21
斯洛文尼亚	—	—	3	1	2	4	4	10	16	12
西班牙	55	109	66	76	84	87	82	79	78	93
瑞典	94	100	125	103	134	163	198	183	186	192
瑞士	33	33	88	143	142	187	231	256	271	328
土耳其	2	3	2	4	8	4	2	4	4	5
英国	84	109	126	120	131	133	143	160	190	229
美国	430	500	578	724	705	686	573	732	956	998
合计	2352	2671	2897	3426	3328	3838	4073	4566	5429	6176

资料来源：OECD 网站，http：//www. oecd. org/。

注：①拉脱维亚 2013 年开始报告数据。

②如果一国没有报告某年度年底未结案的相互协商程序案件的数量，则用其上一年度的数据替代；如果前一年度数据不可得，则用后一年度数据替代。并在数据后面标注星号。

表 5-9　非 OECD 成员年底未结案的相互协商程序数量（2006—2015 年）

国家＼年度	2006	2007	2008	2009	2010	2011	2012	2013	2014	2015
阿根廷	—	—	2	3	3	3*	3*	3*	3*	6
中国	—	—	—	—	—	—	—	43	55	99
哥斯达黎加	—	—	—	—	—	—	—	43	55	99
立陶宛	—	—	—	—	—	—	—	—	1	0
南非	—	—	0	1	4	6	6	6	8	18
合计	—	—	2	4	7	9	9	52	67	125

资料来源：OECD 网站，http：//www. oecd. org/。

注：①如果一国没有报告某年度年底未结案的相互协商程序案件的数量，则用其上一年度的数据替代；如果前一年度数据不可得，则用后一年度数据替代。并在数据后面标注星号。

②中国 2013 年开始报告统计数据。

③哥斯达黎加 2014 年开始报告统计数据。

④立陶宛 2015 年开始报告统计数据。

2017 年 3 月 17 日，中国国家税务总局发布《特别纳税调查调整及相互协商程序管理办法》（国家税务总局公告 2017 年第 6 号发布，以下简称《办法》）自 2017 年 5 月 1 日起开始实行。《办法》规定的相互协商程序既适用于税收协定缔约一方实施特别纳税调查调整引起另一方相应调整的协商谈判，也适用于双边或者多边预约定价安排的谈签。其目的在于落实 BEPS 第 14 项行动计划争端解决机制的要求，进一步规范我国特别纳税调整事项相关的相互协商工作流程，推动相互协商案件的及时处理，积极为纳税人避免或者消除国际重复征税。今后我国税务机关需要不断加强宣传，使企业充分了解税收协定，充分利用相互协商程序。

5. 3. 2 加快相互协商程序结案速度

相互协商程序的结案速度体现了一个国家的治理水平和治理能力，也是支持企业“引进来”和“走出去”的重要手段。

5. 3. 2. 1 与世界其他国家相比我国相互协商程序的结案速度还不够快

2013 年我国处理与 OECD 成员国之间税务争议案件的平均结案周期为 29. 7 个月，处理与非 OECD 成员国之间的案件的平均周期为 31 个月。2014 年，我国处理与 OECD 成员国之间税务争议案件的平均结案周期为 19. 7 个月，处理与非 OECD 成员国之间的案件的平均周期为 23. 5 个月。2015 年我国处理与 OECD 成员国之间税务争议案件的平均结案周期为 33 个月，处理与非 OECD 成员国之间的案件的平均周期为 4. 5 个月。

世界各国处理相互协商程序案件所花费的时间不同，其中 OECD 成员国之间所用时间差异不大，大概 24 个月（见表 5-10）。

表 5-10　　OECD 成员国之间相互协商程序案件平均结案时间　　单位：月

年度	2006	2007	2008	2009	2010	2011	2012	2013	2014	2015
平均结案时间	22. 10	18. 93	22. 42	22. 82	27. 30	25. 59	25. 46	23. 57	23. 79	20. 47

资料来源：Mutual Agreement Procedure Statistics 2006-2015，http：//www. oecd. org/ctp/dispute/map-statistics-2006-2015. htm，［2017-08-09］.

结案时间比较长的原因包括：有关主管当局没有善意解释和适用协定，例如一国出于保护本国税收收入考虑而不愿与对方协商；国内法影响案件的处理；处理案件的人力资源比较有限等。

具体到我国，个别案件的结案周期比较短，比如 2015 年我国处理与非 OECD 成员国案件的周期是 4. 5 个月，但更多的案件处理起来周期比较长，高于 OECD 成员国之间案件处理周期的平均天数。

5.3.2.2 我国需要加快相互协商程序结案速度

相互协商程序结案周期越短，对企业越有吸引力。为规范相互协商程序，我国发布《特别纳税调查调整及相互协商程序管理办法》（国家税务总局公告2017年第6号发布），自2017年5月1日起施行。《办法》明确了三个时点：一是启动时点。国家税务总局决定启动相互协商程序的，应当书面通知省税务机关，并告知税收协定缔约对方税务主管当局。负责特别纳税调整事项的主管税务机关应当在收到书面通知后15个工作日内，向企业送达启动相互协商程序的《税务事项通知书》。二是暂停或者终止时点。国家税务总局决定暂停或者终止相互协商程序的，应当书面通知省税务机关。负责特别纳税调整事项的主管税务机关应当在收到书面通知后15个工作日内，向企业送达暂停或者终止相互协商程序的《税务事项通知书》。三是执行时点。国家税务总局与税收协定缔约对方税务主管当局签署相互协商协议后，应当书面通知省税务机关，附送相互协商协议。负责特别纳税调整事项的主管税务机关应当在收到书面通知后15个工作日内，向企业送达《税务事项通知书》，附送相互协商协议，并做好执行工作。① 但这些规定是约束国内税务机关的，为提高结案速度，需要加强与其他国家的合作。

5.3.2.3 在税收协定中规定缔约国另一方的反应时限

我国目前签订的税收协定中规定的相互磋商程序条款没有明确规定，在我国税务主管当局启动相互协商程序后，缔约国另一方主管当局何时反馈，此种情形不利于及时解决争议。比如，华新水泥股份有限公司在塔吉克斯坦设立了子公司亚湾公司（以下简称“亚湾公司”），负责其“走出去”后在塔吉克斯坦具体业务的开展。2012年12月，亚湾公司从中国国家开发银行取得了为期7年的7800万美元贷款，2013年支付利息394万美元，已依据塔吉克斯坦国内法，按12%的税率缴纳所得税47万美元，2014年支付利息445万美元，还未缴纳所得税。

根据我国与塔吉克斯坦签订的税收协定，该项利息可以享受免税待遇。亚湾公司向塔吉克斯坦税务局提出免税申请后，2014年11月3日，塔吉克斯坦税务局回复，同意以后年度利息按税收协定规定的8%税率征税，但不包括

---

① 《国家税务总局关于发布〈特别纳税调整及相互协商程序管理办法〉的公告》（国家税务总局公告2017年第6号）。

2013 年和 2014 年度利息应缴税款。为此，亚湾公司多次与塔吉克斯坦税务局沟通，希望按照税收协定，免征 2014 年利息所得税并退还 2013 年已缴税款。但该国税务局没有同意，并催促亚湾公司缴纳 2014 年支付利息预提税款 53 万美元，否则将予以处罚。由于当时亚湾公司已同国家开发银行签订了金额高达 1 亿美元的二线项目投资贷款协议，若不能享受税收协定待遇，公司将多缴纳近 500 万美元的所得税。在协调无效的情况下，华新水泥公司只好向属地国税机关——黄石市国税局求援。

2015 年 2 月 2 日，湖北省黄石市国税局致电湖北省国税局，反映华新水泥股份有限公司设在塔吉克斯坦的子公司亚湾公司申请税收优惠待遇受阻，如果处理不善可能遭受重大损失的情况。2015 年 2 月 4 日湖北省国税局充分收集资料后向国家税务总局报告了详细情况。国家税务总局国际税务司获悉后，立即启动两国税收协定项下的相互协商程序，致函塔吉克斯坦税务局，要求根据税收协定对亚湾公司向国家开发银行支付的利息给予免税待遇。经中国驻该国大使馆等多方努力和沟通协调，2 月 28 日，塔吉克斯坦税务局确认收到信函，3 月 10 日最终同意按税收协定的规定办理免税。这为亚湾公司带来了近 500 万美元的经济利益。至此，经湖北省国税局和黄石市国税局历时 36 天的共同努力，湖北省首例“一带一路”境外投资企业税收维权案，终于尘埃落定。①

中国华新公司的案件 36 天得到解决，这在相互协商程序算是非常快的。但之所以这样快，是因为本案事实非常清晰，公司是将利息支付给我国的国有银行，根据协定应该免税。其实，这个案子应该更快。因为，本案中我国税务主管当局启动相互协商程序后，塔吉克斯坦税务主管当局在经我国多方努力和沟通协调下才最终确认收到信函的。因此，建议缔约国双方通过双边协商确定，缔约国一方启动相互协商程序后的缔约国另一方的反馈时限和程序行为义务要求。②

5.3.2.4　增加相互协商程序专门人才

相互协商程序使我国税务机关面临很大的压力。据统计我国相互协商程序的存量案件，从 2013 年底的 43 件，增加到 2014 年底的 55 件、2015 年底

---

① 朱彦等. 便民办税春风吹暖“走出去”之路湖北企业境外维权税务尽心相助［N］. 中国税务报，2105-03-23.

② 崔晓静. 中国与“一带一路”国家税收协定优惠安排与适用争议研究［J］. 中国法学，2017（2）.

的99件。这就需要我国加快高层次人才的培养，并创造良好的环境留住人才。

5.3.3 提升相互协商程序的处理效果

相互协商程序有两个结果：一是争端消除，双重征税问题全部或部分解决。二是案件被撤销，双重征税问题没有得到解决，提请审议的企业所花费的成本变为“沉没”成本，这是企业所不愿看到的。

OECD认为，BEPS各项行动计划落实后，各国国内法和国际税收规则都面临大幅调整，给纳税人带来不确定性，双重征税问题增加，相互协商案件会相应增加。因此，OECD在BEPS项目中专设了第14项行动计划来切实提高相互协商程序的效果和效率，从而尽可能地降低不确定性及双重征税的风险。①

第14项行动计划主要包括三方面的内容：一是提高相互协商程序效果和效率的主要措施。这些措施分为三个层次，分别是最低标准、最佳实践以及强制仲裁，这是该项行动计划的核心内容。二是为确保这些措施的落实，各国税务主管当局要接受同行审议（peer review），审议结果将向G20报告，向国际社会公示。三是同行审议的标准与方法。

所谓“最低标准”是各国主管当局必须做到的，其是否做到，由同行审议之后确定。最低标准包括17项内容，主要围绕三个主要目标制定，即确保与相互协商程序相关的协定义务能够被全面、善意地履行，且相互协商程序案件能够得到及时解决；确保各国的征管程序能够促进相互协商程序案件的预防和及时解决；确保纳税人在符合条件时可申请启动相互协商程序。为便于在随后进行的同行审议过程中被评估和监督，最低标准的制订体现了清晰和客观的原则，具体内容见表5-11。

---

① 因为目的的不同，使第14项行动计划（使争议解决机制更有效）在“税基侵蚀与利润转移”（BEPS）所有行动计划中显得与众不同：一是从面向的对象看，其余行动计划大多规范的是纳税人的行为，而第14项行动计划则对各国主管当局提出要求，要求后者提高解决相互协商案件的效果和效率；二是从内容看，其余行动计划大多是在政策或征管上提出针对BEPS的措施，加强对避税的打击力度，而第14项行动计划的目的是消除落实BEPS成果过程中可能出现的不确定性、双重征税等负面影响，及时处理预期增加的相互协商案件，保护纳税人利益。从这两个角度来说，第14项行动计划在整个BEPS项目中起到了独特而关键的平衡作用，是一揽子行动计划中不可或缺的一部分。转引自：高峰，BEPS行动计划14、第二阶段成果7：让税收争议解决更有效［J］．国际税收，2015（10）．

表 5-11　　最低标准的内容

目标	要求
确保与相互协商程序相关的协定义务能够被全面、善意地履行，且相互协商程序案件能够得到及时解决	（1）各国应在税收协定中纳入《OECD 税收协定范本》第 25 条的第 1 至第 3 款，为转让定价案件提供启动相互协商的机会，并且执行相互协商达成的协议；（2）当纳税人与进行纳税调整的税务机关就协定反滥用规定的适用条件是否满足，或国内法反滥用规定是否与协定规定相冲突持不同意见时，各国应允许纳税人启动相互协商；（3）各国应力争在平均 24 个月内解决一个相互协商案件；（4）各国应成为税收征管论坛下设的相互协商论坛的成员，以加强合作与协调；（5）各国应按相互协商论坛开发的报告模板，及时提供全面的相互协商统计数据；（6）各国应承诺在相互协商论坛框架下允许其他国家对其执行最低标准的情况进行检查；（7）各国应表明其对相互协商案件适用仲裁的立场
确保各国的征管程序能够促进相互协商程序案件的预防和及时解决	（1）各国应就相互协商程序的申请和使用发布规则、指南，并向纳税人公布。（2）各国应在公开的共享平台公布其相互协商工作国家概况，按照与相互协商论坛开发的模板编制。（3）各国应确保负责相互协商工作的人员具备按照有关税收协定条款解决相互协商案件的权限，而无需依赖作出纳税调整的税收征管人员的批准或指示，也不应受该国对未来协定修订的政策期望所影响。（4）各国不应以审计调整额或者税收收入作为负责相互协商的主管当局及人员的绩效考核指标。（5）各国应确保负责相互协商工作的部门拥有充足的人力和财力等资源。（6）各国应在其相互协商指南中明确，税务机关与纳税人的审计和解不应妨碍纳税人申请启动相互协商。有些国家拥有独立于审计或检查职能之外的行政或司法争端解决机制，而且该机制只能依纳税人申请而启动，一些国家可能会对已经由上述机制解决的事项适用相互协商作出限制。各国应向协定伙伴通知上述行政或司法争端解决机制，并且在公开的相互协商指南中明确该机制对相互协商程序的影响。（7）提供双边预约定价安排的国家应规定，如果以前税务年度中相关事实情况相同且真实性可经审计核实，应允许在适当情形下将预约定价安排追溯适用于以前年度
确保纳税人在符合条件时可申请启动相互协商	（1）双方主管当局都应被知会相互协商申请已经提交，且应能够就是否受理或拒绝该请求提供意见。为了实现此目标，各国应该修订协定第 25 条第 1 款，以允许相互协商请求向缔约国任一方的主管当局提出；或者，在协定不允许向缔约国任一方提出相互协商申请时，如果收到相互协商申请的主管当局认为纳税人的请求不合理，应通过双边通知/ 磋商程序通知缔约对方主管当局。（2）各国发布的相互协商指南应列明纳税人在提交相互协商时需提供的信息和文件。若纳税人已提交所需信息，各国不应以信息不充分为由拒绝相互协商申请。（3）各国应在其税收协定中纳入《OECD 税收协定范本》第 25 条第 2 款的第 2 句：“达成的任何协议应予以执行，而不受各缔约国国内法的任何时间限制”。否则应接受替代条款，以限制缔约国根据《OECD 税收协定范本》第 9 条第 1 款或第 7 条第 2 款进行调整的时间，目的是避免出现由于调整不及时而导致无法通过相互协商避免双重征税的情形

资料来源：高峰，BEPS 行动计划 14、第二阶段成果 7：让税收争议解决更有效［J］. 国际税收，2015（10）.

以上要求，我国有的已做到、有的没有做到。目前我国应该在“最低标准”的指导下，逐条进行对照、不足的地方进行改进，争取顺利通过同行评议，树立税收大国形象。

5.4 不断提升税务服务与管理水平

提升税务机关服务和管理水平，既是支持企业“走出去”的表现，也是中国税务机关自身建设和发展的要求。

5.4.1 对“走出去”企业实施分级管理

通过信用评级体系将“走出去”企业按级次分类。对信用级别较高的“走出去”企业纳税人实施自行管理为主，税务监管为辅，而对于信用级别较低的“走出去”企业纳税人则加大监管力度。同时按经营行业分类，通过对已有的涉税信息库中收集的行业资料，建立行业模型，进行剖析测算，确定行业税负标准，对不同行业类别的“走出去”企业区别监管。[①] 对“走出去”企业按规模、行业和税收风险类型实施分类分级管理，进一步提高税收征管质量和效率。

5.4.1.1 实施科学分类，实现无差别管理向分类管理转变

依据税源现状和特点，先分析境外因素，再考虑境内环境；先宏观考虑规模，再细分按照行业分类管理。在考虑“走出去”企业分类时，应该根据风险、信誉、税种等类型来区分各种情况。市级按规模、行业、风险等级将纳税人分为大企业、重点税源、一般税源和小型税源四类，对大企业和重点税源的风险管理事项提升至更高层次进行管理，

5.4.1.2 组建专业化团队，实现单兵作战向团队协作转变

总体设计风险管理专业化部门，内设大企业和国际税收管理、采集分析、风险应对、办公室等。按职能设领导决策、纳税服务、基础管理、风险统筹、风险应对、稽查检查、综合管理、法制事务等团队。根据团队运作，涵盖“走出去”企业分类分级管理的所有涉税事项，实现管理过程闭环完整。[②]

---

① 肖叶. 常态下鼓励企业“走出去”的税收政策研究——以重庆市为例 [J]. 商，2016 (5).

② 内蒙古陈巴尔虎旗国税局积极探索税收征管改革现代化——茶馆闲谈——家电论坛，http：//bbs. cheaa，com.

5.4.1.3 以信息管税为重点，实现单方管控向税收共治转变

风险管理专业化部门与工商、海关、银行、外汇等关键部门联合采集涉税信息，数据获取渠道逐步拓宽至价值链、上下游、能源、土地、人工、注册登记、投融资等，有效推进信息管税。

5.4.1.4 强化数据分析，实现单点发力向多方联动转变

充分利用风险管理部门研发的大数据共享平台，使用其自定义查询功能积极固化风险指标，建立“走出去”税收风险指标体系。

5.4.1.5 建立税企高层对话机制

定期组织召开税企高层见面会，解决企业最关心的问题，大胆尝试实行“走出去”企业涉税事项事先裁定服务，依企业申请，在事前增强企业经营活动的税法适用的确定性，极大地提升了企业税法遵从度。开展合作管控风险，探索引入税务事务所参与帮助企业建立税收风险管理内控机制，以培训方式为大企业提供政策支持。

5.4.2 提升政策应用水平

在 BEPS 大背景下，我国各地税务机关要做到能够统一执法，这方面澳大利亚的经验值得学习。为了培养澳大利亚税务部门（ATO）遵从团队处理 BEPS 风险的能力，保证同类税务风险得到一致的处理结果，ATO 引进了类型学方法处理 BEPS 行动计划框架下国际税收工作的重点内容。类型学即对特定的交易行为进行研究，发现其共同的特征并分类，从而进行更加深入的研究，并得出一个具有指导性的处理结果。类型学的引入，使得 ATO 在处理各种避税筹划时，能够建立全面的管理策略，防止同样问题因办案人员的差异而出现不同的处理结果，也能够推动税收法律改革。随着 BEPS 行动计划的推进，澳大利亚已经将类型学用于处理对外支付、债务倾销、混合工具、国际架构、数字经济等方面的税务问题，争取在防范税基侵蚀和利润转移方面形成有效、统一的应对方案。①

随着 BEPS 行动计划的实施，我国也会面临类似的问题。建议我国开展类似的工作，保证执法水平的统一。

---

① 国家税务总局赴澳大利亚大企业税收管理第二期培训课题组，澳大利亚国际税收管理工作的进展及借鉴——在全球 BEPS 行动计划背景下 [J]. 国际税收，2014 (12).

5.4.3 对企业实施税收风险指引

国际税收形势变化很快，“走出去”企业需要税务机关对其进行风险指引。目前我国已经有一些省份出台了相关文件，但还没有全国统一的风险指导文件。

5.4.3.1 各地已经出台的风险指导文件

我国江苏省国税局、上海市商委、福建国地税等出台了企业合规经营指引、风险指引等文件。

(1) 江苏省国税局

江苏省国税局从几年前就开始这项工作，于2014年发布《2014—2015年度国际税收遵从管理规划》。2014年第一次发布遵从规划后，江苏外资企业的遵从效果进一步显现。2014年和2015年，全省外资企业营业收入总额同比分别增长4.9%和-2.6%，利润同比分别增长9.6%和3.9%，出现了利润增长快于销售收入增长的局面，企业在集团利润中的比重也有明显提高。

在前版规划的基础上，江苏省国税局于2016年又发布了《2016—2018年度国际税收遵从管理规划》（苏国税发〔2016〕125号），并将新版规划的中英文版本发送给江苏规模较大的跨国公司总部的董事长和财务总监。发布新规划的目的就是要引导并加大力度，促使其遵从并在此基础上提高。新规划结合国际税收规则的新变化，建议跨国企业从13个方面防范税收风险。这13个方面是：①

①跨境税收风险控制应纳入公司治理和内部控制；②充分考虑中国特殊因素对利润的贡献；③企业职能风险承担与利润分配应一致；④对无形资产本地化研发和受托研发给予合理回报；⑤重视业务重组经济实质；⑥基于价值贡献适用适当的转让定价方法；⑦避免激进的税收筹划；⑧重视申报、备案类法律义务的遵从；⑨避免出现被列为高风险的几种错配；⑩提高同期资料准备质量；⑪充分认识《多边税收征管互助公约》《统一报告标准》和《海外账户税收合规法案》实施对企业的影响；⑫增强全球价值链布局中的国际税收遵从意识；⑬增加税企沟通和信息透明度。②

---

① 江苏省国税局还发布提醒“走出去”企业、个人应当关注的16个问题，见江苏省国税局网站。

② 江苏国税发布国际税收风险控制要点和关键举措：拼就是赢. http：//blog. sina. com.

该局发布规划的理念是，将遵从规划引领工作做在前面，税务调查调整在后，从而促使跨国公司自觉提高税法遵从度。

（2）上海市商委

为了提高中国“走出去”企业税务管理的科学性、降低税务风险，协助企业成功“走出去”和提升企业国际实力，上海市商务委员会委托安永撰写了《对外投资税务合规管理指引》（以下简称指引）。[①] 指引分为三个部分：第一，什么是全球税务合规管理体系？第二，全球税务合规管理的发展趋势？第三，如何优化企业的全球税务管理？指引不仅系统地介绍了全球税务合规管理，还分析了中国“走出去”企业在进入市场阶段、经营阶段及退出阶段需要考虑的税务合规性问题和相关的国际税务规则，并概要介绍了国内外税务监管环境的最新变化。

改进前后税务合规与申报管理模式之间的差异和变化见图5-1及图5-2。

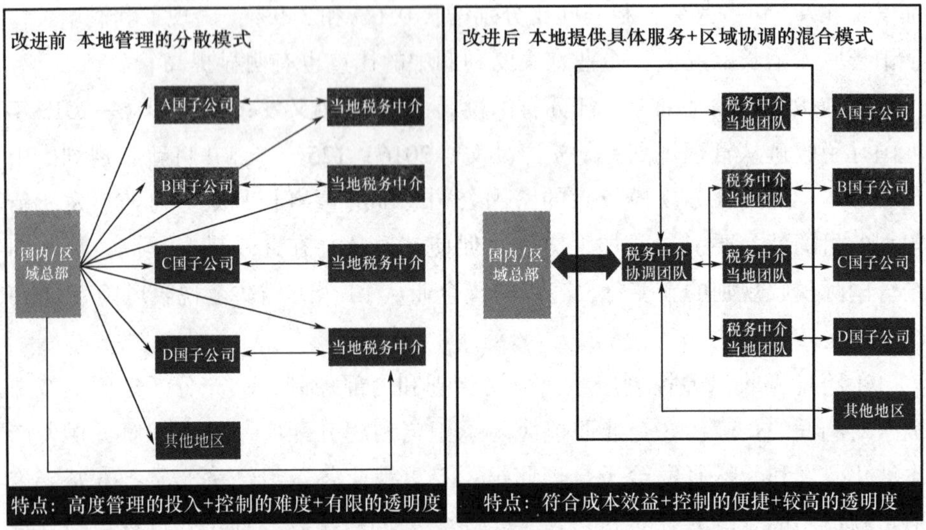

图5-1 改进前后税务合规与申报管理模式之间的差异和变化

（3）河北省国税局及廊坊市国税局

河北省国税局国际税务管理处和廊坊市国税局经过认真调研、严密分析，分类梳理了企业国际化和参与“一带一路”建设面临的典型境外税收风险。

① 参见走出去服务港公众号。

两大类境外税收风险：①税收政策风险（重复征税风险；政策支持风险）。②税收遵从及管理风险。

改进前：	改进后：
本地管理采用了分散模式。即由国内/区域总部直接负责和管理海外子公司税务合规与申报工作，总部或海外子公司在各国聘请当地税务服务中介。这样的管理模式需要总部直接面对各国不同的税务服务中介，故在流程和标准上很难达到统一，对当地情况也无法全面了解。在该模式下，大部分企业仍只能依赖当地税务中介的计算、申报和存档工作，增加了控制的难度，且信息透明度也并不理想。	由本地服务中介提供具体服务并搭配区域协调的混和模式。即由总部委任全球性专业的税务中介提供税务合规与申报管理服务，由税务中介当地团队与税务中介协调团队配合，运用统一的流程、标准完成税务申报相关工作，并通过使用全球纳税申报管理系统，由税务中介协调团队直接向总部汇报，总部亦能够通过该系统实时了解和监控海外子公司，在实现优化税务申报管理成本的同时，税务申报信息亦呈现较高的透明度。

图 5-2　改进前后税务合规与申报管理的变化

三种典型表现及案例：①利用经营地与注册地不一致转移利润（表现形式：虚拟“走出去”，会面临政策风险）。②利用无形资产及劳务交易避税（表现形式：无形资产或劳务交易“裹乱”实质交易，涉及风险：税收政策风险）。③人为操纵利润分配避税（表现形式：人为操纵利润分配；涉及风险：税收遵从及管理风险+税收政策风险）。

两个层面管控建议：①政策制定层面，一是鼓励企业“走出去”，进一步完善政策支持；二是借鉴 BEPS 成果，健全反避税规则。②管理和执行层面，一方面，要优化管理方式，提高政策应用水平；另一方面，要规范部门合作，提高信息管理能力。①

应该说，以上省份所进行的工作各有亮点。但总的感觉，这些提醒比较全面，但针对性还不是特别明确。而且河北与廊坊国税出台的文件的第一、二部分对纳税人非常有启发，但第三部分是针对税务机关的，不是针对纳税人规避风险的提醒。

5.4.3.2　我国应该分层次出台企业税收风险指引

今后我国应该分层次出台税收风险指引：在全国层面发布全国统一的风险指引，力求全面；在地方层面发布本地“走出去”企业应该注意的风险，力求有针对性。对于各地而言，其风险编制包括以下几个步骤：

① 霍志远，杨雷东. 河北省国税部门分类梳理境外税收风险，提醒“走出去”企业管控税收风险走好“一带一路”[N]. 中国税务报，2017-03-17.

（1）摸清本地企业“走出去”的方向

要规范本地企业境外投资经营涉税信息收集内容，通过分国别、分行业、分项目采集、筛选、共享和应用企业的各项境外收入、来源国家、适用税率、境外缴纳税款等项目信息，便于动态跟踪服务“走出去”企业境外投资经营情况，开展政策效应分析和经济运行分析，为完善服务与后续管理奠定基础。①

（2）归纳风险点

各地税务机关根据本地企业“走出去”的目的地，总结在东道国可能存在的具体风险点。例如，云南广西企业“走出去”东南亚；新疆等赴中亚投资。可以将已经“走出去”企业遇到的问题汇编，并前瞻性地提出可能出现的问题。具体的风险点包括（但不限于）：

①税收居民身份证明的开具要求

一般情况下，税收居民身份证明开具一份即可，但有的国家比如哈萨克斯坦有特殊要求，要求开具三份税收居民身份证明。

这方面山东企业已经经历过。山东电力建设第一工程公司赴哈萨克斯坦投资，根据该国规定，企业预享受税收协定优惠，必须出具《中国税收居民身份证明》（以下简称《证明》），并且必须得到公证局齐鲁公证处及哈萨克斯坦大使馆的认证。“双认证”的《证明》需要出具三份，公证处留存一份，出具《公证书》时需要一份，哈萨克斯坦税务局仍需要一份。而按照我国税法规定，一家公司只能开具一份税收居民身份证明。当地主管税务机关得知情况后进行了协调，顺利开出证明，电建一公司顺利享受到了 209.09 万元的税款减免。② 提前告知，可以避免企业遇到类似问题时的咨询时间。

②享受税收协定的方式

目前，世界各税收管辖区在执行税收协定时有多种不同的模式，主要有以下几种：审批制、备案制、扣缴义务人判定和自行享受。实行审批制的国家和地区中，部分实行先征税，经审批后退税，如比利时、中国台湾地区；部分实行事先审批，英国、德国在处理部分所得类型的税收协定待遇时采用此种模式。实行备案制的国家和地区，由非居民纳税人到税务机关办理备案

① 陈文裕.“走出去”企业涉税风险的现状与应对［J］. 税收经济研究，2016（3）.

② 山东省国税局：税收居民身份证明 企业海外减税利器［EB/OL］.（2017-08-15）［2018-02-03］. http：//bb. ah-n-tax. gov. cn/art/2017/7/24/art_4539_369935. html.

手续即可享受税收协定待遇，如韩国。由扣缴义务人或支付人判断非居民是否符合享受税收协定待遇条件并相应扣缴税款也是一种常见模式，如美国、新加坡都采用这种模式。另外，中国香港等税收管辖区则对非居民享受税收协定待遇没有具体的程序性要求，仅在纳税申报时注明即可。①

各地税务机关应根据本地企业境外投资的主要国家税收协定的执行模式，提醒其享受税收优惠需要做的工作，避免“走出去”企业因为不知情而造成的被动。

5.4.4 培养国际税收专门人才

启动专业人才培养机制，锻造一支具有国际视野、英语能力出众、财税素养过硬、团队效应显著的应用型、复合型专业团队。促进国际税收服务与管理工作提质增速。

在税务机关有三个部门最具有难度：国际税收管理、大企业税收管理和税务稽查。这三个部门在业务的本质要求上具有共通性，但以国际税收管理对干部税收业务的掌控能力、谈判能力以及拓展能力要求最高，因为它决定着税务机关在国际上的地位和尊严。税务机关能不能维护国家权益，能不能服务中国企业在全球化竞争中施展才华，国际税收管理举足轻重，国际税收管理人才是关键。

培养国际高级税收人才，首要因素在于培养人才，不仅要引入最前沿的税务实战专家，也需要求助于最具权威的政府专家。同时，学者、企业经营者和政府管理者需要关注中国与海外的最新税务法规变化的动态，并据此提供最具价值的参考意见。只有从企业战略出发，结合全球最新的税务咨询，并在实践中探索国际税收及企业商业模式与资本运作中的税务难点与关键点，才能构建最有深度的税务监管体系。

5.5 构建友好型税制

与我国“走出去”企业关系最为密切的税种是企业所得税。具体来看，

① 福建国地税、厦门国地税，启丝绸之路 助企业杨帆 服务“走出去”企业税收政策和风险指南（2017年版）。

我国构建友好型企业所得税制需要做的工作包括以下四个方面。

5.5.1 提高税收法律层次

目前我国企业所得税是以法律形式颁布的，属于我国现行税法体系中较少的几个人大立法的税种。但除《中华人民共和国企业所得税法》以外，还有一些条文、规章指导企业所得税的征收。以反避税为例，影响面比较广泛的两个文件是国税发〔2009〕2号与国税函〔2009〕698号。

5.5.1.1 《国家税务总局关于印发〈特别纳税调整实施办法（试行）〉的通知》（国税发〔2009〕2号）

根据《国家税务总局关于规范成本分摊协议管理的公告》（国家税务总局公告2015年第45号），第六十九条废止。根据《国家税务总局关于完善关联申报和同期资料管理有关事项的公告》（国家税务总局公告2016年第42号），第二章、第三章、第七十四条和第八十九条废止。根据《国家税务总局关于完善预约定价安排管理有关事项的公告》（国家税务总局公告2016年第64号），第六章废止。根据《国家税务总局关于发布〈特别纳税调查调整及相互协商程序管理办法〉的公告》（国家税务总局公告2017年第6号），第四章、第五章、第十一章和第十二章废止。

5.5.1.2 《国家税务总局关于加强非居民企业股权转让所得企业所得税管理的通知》（国税函〔2009〕698号）

根据《国家税务总局关于非居民企业所得税源泉扣缴有关问题的公告》（国家税务总局公告2017年第37号），该办法已全文废止。

这两个文件的法律层级均比较低，而且部分条款已经失效或全文废止。国际税收的管理对象一般是这两个文件涉及跨境纳税人，有必要进一步提高法律层次。

5.5.2 降低企业所得税税率

我国企业所得税税率为25%，与世界上大多数国家相比并不算低。世界主要国家的公司所得税税率见表5-12。

表 5-12　　世界主要国家（地区）公司所得税税率（2017）　　单位：%

国家（地区）	税率	国家（地区）	税率	国家（地区）	税率
阿尔巴尼亚	15	德国	15	尼日利亚	30
阿尔及利亚	19~26	加纳	25	挪威	24
安道尔	10	直布罗陀	10	阿曼	15
安哥拉	30	希腊	29	巴基斯坦	31
安圭拉	0	格林纳达	30	帕劳	0
安提瓜与巴布达	25	危地马拉	25	巴勒斯坦	15
阿根廷	35	根西岛	0/10/20	巴拿马	25
亚美尼亚	20	几内亚	35	巴布亚新几内亚	30
阿鲁巴岛	25	中国香港	17	巴拉圭	10
澳大利亚	30	匈牙利	9	秘鲁	29.5
奥地利	25	冰岛	20	菲律宾	30
阿塞拜疆	20	印度	30	波兰	19/15
巴哈马	0	印度尼西亚	25	葡萄牙	21
巴林	0	伊拉克	15	卡塔尔	10
孟加拉国	25	爱尔兰	13	罗马尼亚	16
巴巴多斯	25	马恩岛	0	俄罗斯	20
白俄罗斯	18	以色列	24	卢旺达	30
比利时	33	意大利	24	沙特阿拉伯	20
贝宁湾	30	科特迪瓦	25	塞内加尔	30
百慕大群岛	0	日本	24	塞尔维亚	15
玻利维亚	25	泽西	0/10/20	塞舌尔	35
波黑	10	约旦	20	塞拉利昂	30
博茨瓦纳	22	哈萨克斯坦	20	新加坡	17
巴西	34	肯尼亚	30	圣马丁岛	30
英属维尔京群岛	0	朝鲜	22	斯洛伐克	21
文莱	19	科索沃	10	斯洛文尼亚	17
格鲁吉亚	10	科威特	15	所罗门群岛	30
布基纳法索	28	吉尔吉斯斯坦	10	南非	28
布隆迪	30	老挝	24	南苏丹	10/15/20
柬埔寨	20	拉脱维亚	15	西班牙	25
喀麦隆	30	黎巴嫩	15	圣基茨和尼维斯	33
加拿大	15	莱索托	25	圣卢西亚	30

续表

国家（地区）	税率	国家（地区）	税率	国家（地区）	税率
开曼群岛	0	利比亚	20	圣文森特和格林纳丁斯	33
乍得	35	列支敦士登	13	瑞典	22
智利	25	立陶宛	15	瑞士	9
哥伦比亚	34	卢森堡	19	叙利亚	28
刚果（金）	35	中国澳门	12	中国台湾	17
库克群岛	20	马其顿	10	坦桑尼亚	30
哥斯达黎加	30	马达加斯加	20	泰国	20
克罗地亚	18	马德拉群岛	21	特立尼达和多巴哥	25/30
库拉索岛	22	马拉维	30	突尼斯	25
塞浦路斯	12.5	马来西亚	24	土耳其	20
捷克	19	马尔代夫	5/15	土库曼斯坦	8/20
丹麦	22	马耳他	35	特克斯和凯科斯群岛	0
吉布提	25	毛里塔尼亚	25	乌干达	30
多米尼克	25	墨西哥	30	乌克兰	18
多米尼加共和国	27	摩尔多瓦	12	阿联酋	0
厄瓜多尔	22	摩纳哥	33	英国	19
埃及	23	蒙古	25	美国	35
萨尔瓦多	30	黑山	9	乌拉圭	25
赤道几内亚	35	摩洛哥	31	乌兹别克斯坦	8
爱沙尼亚	20	莫桑比克	32	瓦努阿图	0
埃塞俄比亚	30	缅甸	25	委内瑞拉	34
芬兰	20	纳米比亚	32	美属维尔京群岛	35
法国	33	瑙鲁	0	也门	20
加蓬	30	荷兰	25	赞比亚	35
冈比亚	31	新西兰	28	津巴布韦	25
格鲁吉亚	15	尼加拉瓜	30		

说明：表中税率为国家层面的税率，不包括地方所得税。
资料来源：Corporate Tax Rates，更新至2017年3月，https：//www2. deloitte. com/content/dam/Deloitte/global/Documents/Tax/dttl-tax-corporate-tax-rates. pdf，[2017-08-15].

由表5-12可知，我国企业所得税税率仅仅比菲律宾、印度、巴基斯坦等少数国家低，比大多数国家高。世界上其他国家的低税率尤其是“一带一路”沿线国家的低税率对我国造成了比较大的压力。以与我国经贸关系最为密切的东南亚各国为例，目前在我国的外资有向东南亚转移的趋势。发生转移的原因有二：一是东南亚各国不仅公司所得税税率比较低，而且有些国家对企业境外股息所得免税，对外资有很大的吸引力。二是目前我国与东盟建立了自由贸易区，2004 年中国与东盟签署了《货物贸易协议》和《争端解决机制协议》，规定从 2005 年 7 月起，双方对 7000 多个税目的产品实施降税，对原产于中国和东盟的产品相互给予优惠关税待遇，以自由贸易区的税率实现彼此货物的通关。在 2015 年 11 月 22 日升级版的《议定书》签订之前中国—东盟自贸区货物贸易自由化水平已经很高，双方近 95%的产品已经实现了零关税。一些本在我国投资的外商以及新的外国投资者到东盟国家投资办厂，生产出来的产品可以再出口到我国，在其出口过程中享受免关税或低关税的优惠，绕开了我国的高税率。①

在经济全球化背景下，生产要素在国际范围内的流动越来越便捷，公司所得税税率的差异会显著影响资本的国际间流动，各国为吸引投资以及生产要素的流入，必然选择降低公司所得税税率，以获得国际资本竞争的优势。国际税收竞争使全球公司所得税税率呈现下降趋势，我国应在条件允许的情况下进一步降低企业所得税税率。

5.5.3 引入总部税收优惠

总部税收优惠可以增加一国就业税收，促进一国经济发展，一些国家推出税收优惠来吸引总部。近年来，总部经济税收优惠政策发展迅猛，开始引入上海，随着税收优惠政策的扶持，大批企业的积极响应取得非常不错的成绩，随之该模式也引入西南地区。如 2016 年重庆是全国 GDP 发展最快的城市，总部经济税收优惠政策为重庆的发展做出了一份贡献，其中重庆黔江正阳工业园区是总部经济税收优惠政策代表之一。

重庆市黔江正阳工业园以总部经济招商，不改变企业现有的经营地址和经营模式，公司的实际经营地址与注册地址不在同一地区，也可以享受总部经济税收优惠政策。扶持的项目有增值税以地方财政所得的 30%~50%进行扶持，企业所得税以地方财政所得的 30%进行扶持，个人所得税核定征收

① 赵书博，胡江云."一带一路" 战略构想下完善我国企业境外投资所得税制的思考 [J].管理世界，2016 (11).

(0.5%~3.1%)，扶持周期为每月，优惠政策享受方式：新公司（有限公司或个人独资企业）；分公司。中国香港认为短期可以财资中心为新的开源方式，给予税务优惠，鼓励更多跨国企业来港，现时中国香港的跨国企业总部数目远逊新加坡逾2000个；长远则需全面完善税制，如引入累进利得税等。

5.5.3.1 一些国家推出的总部税收优惠

(1) 东南亚国家

东南亚的4个国家有针对总部的税收优惠，均是在国家层面实行统一的优惠政策，实行该项优惠的目的在于吸引跨国公司将总部（全球总部或地区总部）设在本国。其中，新加坡、泰国的税收优惠政策既有针对跨国公司总部的，也有针对地区总部的；菲律宾只规定了吸引地区总部的税收优惠；马来西亚没有用“总部”的名称，而是用“首要枢纽”，含义与总部类似。[①]

东南亚11国中有4国实行了总部优惠（见表5-13）。

表5-13　　东南亚4国总部优惠的具体规定

国家	税收优惠
泰国	对设立总部与地区总部均有税收优惠。 (1) 地区运营总部（ROH）。符合条件的所得减免公司所得税，免预提税。 (2) 国际总部（IHQ）与国际交易中心（ITCs）。自2015年5月2日起，对国际总部以及国际交易中心给予税收优惠，包括：符合条件的所得减免，免预提税
菲律宾	只规定了吸引地区总部的税收优惠，以该国的经济发展水平，目前可能还难以吸引跨国公司在本国设立总部。 地区总部（RHQs）：免所得税。 地区运营总部（ROHOs）：跨国公司可能在菲律宾设立区域运营总部（ROHQ），来为关联企业、分支机构等提供研发、产品开发等服务。ROHQ适用10%的低的公司所得税优惠税率（该国正常公司所得税税率为30%），免征各种地方税费。 地区仓库（RWs）：可享受进口税及货劳税优惠
马来西亚	跨国公司在该国设立首要枢纽（Principal hub），在不超过10年的期限内，分别适用0、5%、10%的低税率。该国将首要枢纽分为三级，其具体税率根据级别来定
新加坡	优惠措施既有针对总部的也有针对地区总部的。经过批准的位于新加坡的地区总部获得的符合条件的海外所得适用15%的低税率。根据对新加坡经济的贡献程度，国际总部可以获得免税或低税率优惠

资料来源：根据Deloitte、PWC、KPMG网站相关资料整理。

(2) 土耳其推出地区总部优惠

土耳其于2016年8月9日公布第6728号改善投资环境法，其中第55条

---

① 赵书博.“一带一路”沿线国家公司所得税优惠制度比较以及对我国的启示［J］.财政监督，2017 (15).

修改了公司所得税法，规定符合条件的地区总部可以享受免征公司所得税的待遇。①

（3）法国总部优惠

法国政府对于公司总部提供特殊的税收优惠待遇。为鼓励跨国公司将欧洲地区总部设在法国，法国政府给予其税收便利，即总部型企业可以与法国税务当局谈判，共同拟订应税基数，该应税基数一般为总部日常支出总额的 8%。②

（4）美国总部优惠

美国没有全国统一的吸引总部的税收优惠，但有些州根据自身情况出台了适用于本州的税收优惠。实践表明，那些对总部提供慷慨的税收优惠、税收负担较低的州，对总部的吸引力非常大（见表 5-14）。③

表 5-14　美国部分州对总部的优惠

州	总部优惠
密西西比	第一，公司所得税：国家或地区总部税收抵免优惠（National or Regional Headquarters Tax Credit），对设在该州或转移至该州的企业总部给予税收抵免（A）。 第二，销售或使用税：对符合条件的企业在本州设立、向本州迁移或在本州扩张已有的全国总部或地区总部，其在建设总部设施或对已有设施改良过程中购买原材料或机器设备时，可以享受销售税与使用税免税的优惠，时间从开始建造或改良起至建造或改良完成。前提：A 须产生 20 个新的总部就业岗位；B 是跨州企业（multi-state business）（B）
印第安纳	公司所得税：企业总部重置税收抵免（The Headquarters Relocation Tax Credit，HRTC）优惠：总部重置过程中所发生支出的 50%可以从公司所得税前抵免（C）
南卡罗来纳	公司所得税：总部新设或重置支出的 20%可以在税前税收抵免（D）

资料来源：①Tax Incentives，https：//www. mississippi. org/home-page/our-advantages/incentives/tax-incentives/，[2017-03-01].

②Sales and Use Tax Exemption for Regional and National Headquarters，https：//www. mississippi. org/assets/incentives/sales-and-use-tax-exemption-headquarters. pdf，[2016-07-02].

③Office of Fiscal and Management Analysis，2015 Indiana Tax Incentive Evaluation，https：//iga. in. gov/static-documents/6/d/e/c/6dec6072/indiana_tax_incentive_review_2015_annual_report. pdf，[2107-08-16].

④Business Incentives—South Carolina Department of Commerce,. https：//www. sccommerce. com/sites/default/files/17-50-scd_business_incentive_booklet_v_3. pdf，JANUARY 2017.

---

① 国家税务总局. 土耳其通过税收优惠吸引地区总部，http：//www. chinatax. gov. cn/2013/n31886/n37074/n37075/c2523434/content. html，[2017-03-017].

② 陈展，王增光. 法国对外投资的税收服务和管理 [J]. 国际税收，2016（3）.

③ Jared Walczak，Location Matters：Effective Tax Rates on Corporate Headquarters by State，https：//taxfoundation. org/location-matters-effective-tax-rates-corporate-headquarters-state，August 31，2015.

5.5.3.2 我国因地制宜地对总部给予税收优惠

2017年8月8日，《国务院关于促进外资增长若干措施的通知》发布，其中有一项措施为“鼓励跨国公司在华投资设立地区总部。支持各地依法依规出台包括资金支持在内的吸引跨国公司地区总部的政策措施，积极参与全球产业格局调整”。

各地为吸引总部，出台了一些财政激励措施，并且出现了地区间的竞争，包括：各地相互攀比降低能够享受总部补贴的“总部”的条件；提高补贴额度等。建议我国在税法中规定针对总部的税收优惠，在全国范围内统一这种优惠。

5.5.4 完善消除国际双重征税的办法

关于今后我国“走出去”企业境外所得征税制度的改革，目前有两种意见：一是完善抵免制，二是转而实行免税制。

5.5.4.1 完善抵免制

持这种观点的学者认为，我国应该继续实行抵免制，但需要进行完善：一是不再要求境外投资企业对境外所得根据我国税法进行调整；二是改为实行综合抵免制；三是增加抵免层次。这三项措施均可以降低企业的遵从成本，实行综合抵免制，允许企业在不同国家的经营成果可以盈亏相抵，有可能会降低部分企业的税收负担；增加抵免层次，考虑到了企业境外投资的实际情况，对降低部分企业的整体税负也是有好处的。即使这样，如此改革仍然存在如下问题，只有在饶让抵免的情况下，境外投资企业才可以享受到东道国的低税率及税收优惠的好处。目前，我国国内税法没有饶让抵免的规定，只是在与部分国家签订的税收协定中有此条款，存在不公平。如果我国对“走出去”企业境外所得免税，这个问题可以迎刃而解。

5.5.4.2 实行免税制

我们认为我国应该转而实行免税制，最大限度地降低企业的税收负担，增强我国税制竞争力。本着简化征管成本以及遵从成本的目的，建议我国对企业境外股息所得、居民公司转让持有的境外公司股份获得的资本利得给予免税。为了防止企业根据此项规定避税，我国可以规定“走出去”企业享受境外所得免税的条件，包括持股比例与时间的要求、东道国税率的要求等。

或直接列举“黑名单”，“走出去”企业赴列入“黑名单”的国家的投资不能享受免税待遇等。“走出去”企业不能享受免税待遇的所得在我国仍需纳税，其在境外已纳税款可以抵免。①

① 赵书博.“一带一路”沿线国家公司所得税优惠制度比较以及对我国的启示［J］.财政监督，2017（15）.

结束语

20世纪后半期以来，国际政治经济格局日益变化，给现行全球治理结构的合法性与有效性带来了不小的危机，重新分配话语权、增加发展中国家的代表性已成为大势所趋。这同时也冲击了OECD长期以来主导国际税收秩序的现象，使得国际税收秩序中的角色呈现出以下的变革态势：一方面，发达国家和发展中国家之间对国际税收秩序话语权进行再调整；另一方面，G20在国际税收领域的领导作用日益加强。

中国通过“一带一路”倡议的提出和推进，致力于共商、共建和共享，以BEPS2.0——税基共建与利润分享（Base Election and Profit Sharing）理念，在政府贡献的基点上寻求最大的公约数，引领国际税收秩序重构和全球经济的复苏与健康发展，实质上是在推动“一带一路”市场经济的社会主义化的历史进程。

G20在税收领域的国际协调与合作仍有发展空间，继续在完善全球税收治理上发挥引领作用。中国在国际税收领域提出重构国际税收秩序的中国方案，贡献中国智慧，分享中国经验，为打造“创新、活力、包容、共享”的世界经济做出贡献。这一宗旨，也可以看作是中国政府构建全球税收新秩序，从国际税收规则接受者变成制定者的关键一步。①

实施“一带一路”倡议的“走出去”企业正是面临国际税收领域大变化、大调整和大发展的历史时期，面临的挑战和机遇并存，解决跨国税收问题的方案将更加丰富多彩，我们愿意在全球合作应对BEPS背景下中国企业“走出去”税收问题上贡献绵薄之力。

---

① 张泽平.全球治理背景下国际税收秩序的挑战与变革［J］.中国法学，2017（3）.

附录 1　BEPS 行动计划一揽子报告的项目概述

应对税基侵蚀和利润转移（BEPS）问题已成为各国政府要优先解决的重点工作。经济合作与发展组织（OECD）和二十国集团（G20）各成员在平等的基础上开展合作，制订了应对 BEPS 的 15 项行动计划。OECD/G20 BEPS 项目不仅是通过政策调整，使征税行为与经济活动和价值创造保持一致，从而增加税收收入，更是为了在国际共识的基础上，创建应对 BEPS 问题的一整套国际税收规则，为纳税人增加确定性和可预见性，并达到保护税基的目的。此项工作的重点是消除双重不征税。然而，在此过程中所创立的新规则不应导致双重征税，加重遵从负担或阻滞合法的跨境交易。

第 1 项行动计划——应对数字经济面临的税收挑战

第 1 项行动计划的报告结论指出，不能将数字经济截然单独圈离，因为它已越发成为经济本身。报告分析了数字经济下 BEPS 风险的加剧，并且展示了在 BEPS 项目下制定出来的措施的预期影响。相关增值税法规和实施机制已经制定，旨在有助于跨境 B2C 交易情况下增值税基于消费者所在国征收。此举不仅为国内外供应商制造公平的竞争环境，同时也便于有效征收与该类交易相关的增值税税款。报告讨论和分析了为应对数字经济引起的更广泛的税收挑战的各种技术方案，包括诸如税收关联度和数据等问题。由于该类挑战和潜在的应对方案给现有跨境活动税收框架所带来的系统性问题已经超出了 BEPS 的范围，OECD 和 G20 成员一致同意监控局势发展和分析未来可得数据。在此基础上，将讨论现有国际税收标准能否有效应对数字经济发展带来的税收挑战，决定是否将上述讨论分析的方案进一步付诸实践。

第 2 项行动计划——消除混合错配安排的影响

第 2 项行动计划制订的相关通用方案将有助于通过国内法和税收协定规则来促进不同国家间的操作趋于一致，从而消除混合错配安排。这将有助于通过消除因错配带来的税收利益而防止双重不征税，同时也能防止同一笔费用的多次重复扣除、同一笔费用在一国扣除但在另一国却不征税，以及同一笔税款能享受多次外国税收抵免的各种情况。为消除混合错配安排的税收影响，但同时又不至于干涉到相应的金融工具或实体在商业中的正常运用，在不影响跨境贸易和投资的前提下，第 2 项行动计划的相关规则将限制使用混合错配安排作为 BEPS 的工具。

第 3 项行动计划——强化受控外国企业（CFC）规则

该报告针对有效受控外国企业规则的构建提出建议，但同时报告也承认受控外国企业规则在不同国家（地区）之间或存有不同的政策目的。这些建议并非最低标准，但其被设计用于确保选择采用它们的管辖区能有一套规则以有效防止纳税人将利润转移至外国子公司。报告指出了由知识产权、服务和数字交易产生的流动性所得对现有受控外国企业规则带来的挑战，并允许各国针对上述情况制定适当的政策以应对。第 3 项行动计划强调，受控外国企业规则作为转让定价和其他相关规则的一道重要防御线，在应对 BEPS 问题上将持续发挥着重要作用。

第 4 项行动计划——通过利息扣除和其他金融支出的相关规定限制税基侵蚀

在利息扣除方面，一个用来促进不同国家间规则操作趋于一致的通用方案业已详细制定。许多学术研究都阐述了税收规则对跨国集团内债务发生地的影响；同时，一个广为人知的情况是通过集团内部融资，跨国集团轻而易举地就可以将集团内单个成员企业的债务水平成倍增加。此外，鉴于解决相互竞争以及确保限制利息扣除本身不会引起双重征税的重要性，在应对超额利息扣除方面，包括那些为免税或递延收入融资所产生的利息，报告建议相关应对措施最好是以协作的方式进行。通用方案旨在确保企业抵扣的净利息直接与其从事的经济活动产生的应税所得相挂钩，并致力于促进该领域下各国规则的协调。

第 5 项行动计划——关注信息透明度与实质性因素，有效打击有害税收实践

目前对有害税收实践的关注主要集中在两个方面，即：利用优惠制度进行人为利润转移，以及针对某些特定纳税人的个别规定欠缺透明度的相关问题。基于各方一致同意的相关方法，第 5 项行动计划提出了一个最低标准，并以此评估某项税收优惠制度是否针对的是有实质性经营活动的行为。对于涉及知识产权的问题，如“专利盒”等，讨论一致认为应采用“关联法”。该方法利用企业在该国发生的费用作为实质性经营活动的评估指标，确保享受特定优惠制度的纳税人确实参与了研发活动并且该活动也实际产生了真实的费用。这一原则同样适用于其他的税收优惠制度，从而使该制度包含实质性活动要求，即仅在纳税人从事了产生相关优惠制度所涵盖的所得的有关核心活动时，才准予适用该税收优惠。对于透明度的问题，目前各方已同意构建一个强制自发交换特定裁定信息的框架，以免因缺乏与此有关的情报交换而引起BEPS问题。对于已采纳详尽的实质性活动以及信息透明度等因素用以评估税收优惠制度的实施结果，第5项行动计划也有相关涵盖。

第6项行动计划——防止协定滥用

第6项行动计划包括了一项防止协定滥用的最低标准措施，以及为防止协定滥用而制定的新的保护措施，同时就如何执行这些措施给予了一定的灵活度。报告中新的反滥用协定规则首先提出应对滥用协定待遇的问题，即非税收协定缔约国的居民企图获得该缔约国签订的协定优惠待遇。更多用于解决其他滥用协定形式的针对性措施会相继出台。《OECD税收协定范本》的其他修改也获得了一致通过，用来确保税收协定相关条款不会在无意中阻碍国内法的反避税规则的适用。对协定范本的标题和序言的改写将明确地阐明双重不征税并非税收协定的意图。最后，报告也指出了与无税或低税率国家（地区）签订税收协定过程中应有的政策考量。

第7项行动计划——防止人为规避常设机构的构成

税收协定通常只赋予缔约国一方仅对外国企业归属于在该缔约国内设立的常设机构的利润才具有征税权。因此，协定中常设机构的定义对于非居民企业是否在另一国具有所得税纳税义务而言至关重要。《OECD税收协定范本》中，第五条常设机构的定义被广泛用于税收协定谈判磋商的蓝本，本报告对其予以了修改。这些修改主要针对采取不当方法人为避免税收关联度的问题，包括通过以代理安排来代替分销商，又或通过人为拆分业务活动等手段。

第8项—第10项行动计划——确保转让定价的结果与价值创造相一致

基于OECD和联合国范本的税收协定第9条及《转让定价指南》中涵盖的转让定价规则被用以在独立交易原则的基础上如何确定跨国企业集团内部交易的条件（包括价格）。近年来该领域的现行标准不断得到明确和强化，包括独立交易原则指南本身，以及在独立交易原则下就难以估值的无形资产进行合理定价的方法等。相关工作重点关注三个领域。由于无形资产具有很大流动性且通常难以估值，第8项行动计划关注涉及与无形资产的受控交易相关的转让定价问题。对有价值的无形资产所产生的利润进行不合理分配很大程度上造成了税基侵蚀与利润转移的问题。按照第9项行动计划，只有在有实际决策且对相关风险实施实际控制的情况下，按照法定合同进行的风险分配才会被认可。第10项行动计划关注其他高风险领域，包括应对商业上不合理的受控交易中的利润分配、跨国企业集团是否采用了使利润偏离其最重要经济活动发生地的转让定价方法，以及跨国企业集团成员间是否使用某种与价值创造不匹配的税基侵蚀支付方式（如管理费和总部费用）等。第8项—第10项行动计划为应对这些问题提供了经修订的指引，并使转让定价指南可以确保产生的营业利润与经济活动发生地相匹配。

第8项—第10项行动计划也为跨境商品的交易和集团内部低附加值服务提供了指引，发展中国家认为这是两个对它们至关重要的领域。G20发展工作组委托的下一步工作将致力于补充该指引的内容，为发展中国家提供商品交易定价和防止以常规形式的费用支付侵蚀税基的相关转让定价知识、最佳实践介绍和相应的应对工具。

第11项行动计划——评估和监督BEPS项目

通过使用不同的数据来源和估算方法，众多的实证研究确认了以避税为目的进行利润转移的证据。尽管受限于BEPS复杂性和现有数据局限性而使估算BEPS的影响范围非常困难，但近期许多研究表明因BEPS造成的全球企业所得税税收流失可能非常严重。第11项行动计划对现有数据和研究方法进行了评估，并得出了结论：各种重大的局限严重限制了对BEPS规模和其经济影响的经济分析，因此需要改进数据和研究的方法。在认识到这些数据的局限性的基础上，通过使用不同的数据来源并评估各种BEPS发生的途径，第11项行动计划已经构建出一个拥有六项BEPS指标的模板。这些指标强有力地揭示出BEPS是真实存在的并且随着时间推移而增长。尽管受到BEPS复杂性以及研究方法和数据局限性的挑战，新的OECD实证研究估计全球企业所得税流失规模可能在每年1000亿~2400亿美元。该项研究还发现了BEPS所引起的严重非财政上的经济扭曲，并就如何更好地利用现有税收数据和改进分析方法提出多项建议，以便在未来对BEPS监控提供支撑，包括利用分析工具来协助各国评估BEPS对本国财政的影响和采取的对策。今后，对经济分析水平和对BEPS监督要求的进一步提高将需要各国改进数据的收集、整理和分析工作。

第 12 项行动计划——要求纳税人披露恶意税收筹划安排

缺乏与恶意税收筹划策略有关的及时、全面和相关的信息是全球税务机关面临的主要挑战之一。及早获取该类信息可以使税务机关有机会通过风险评估、税务稽查或修改相关法律等形式快速应对相应的税务风险。第 12 项行动计划为没有制定强制性披露规则的国家提供了一个从最佳实践方法中提炼出来的模块化框架指引，力图设计一个满足所有涉及的国家需求的制度，用来及早获取与恶意滥用的税收筹划有关的信息及其使用者的信息。该报告内的建议不代表最低标准，各国可以自由选择是否采用强制性披露。该框架同时意在为已经实行强制性披露规则的国家提供参考，以加强其本国制度的有效性。该方案具有必要的灵活度，可以平衡一个国家对及时优质的信息需求与纳税人遵从负担之间的关系。它还为国际税收规划相关规定，以及各国税务机关发展落实更为有效的情报交换和合作政策提出了具体的最佳实践建议。

第 13 项行动计划——重新审视转让定价文档资料

不断改进的具有更好协调性的转让定价同期资料将会提高传递给税务机关信息的质量，并减少企业的遵从负担。第 13 项行动计划针对转让定价同期资料规定了三层标准化处理的方法，包括国别报告的最低标准。这反映了实施统一的国别报告标准模板的决心。第一层，转让定价同期资料指南要求跨国企业就其全球商业运营情况和转让定价政策向税务机关提交概要性信息的“主文档报告”，该信息将向所有相关税务机关公开。第二层，企业以“本地文档报告”的形式向各个特定国提交一份详细的相关交易的转让定价文档资料，并对重大关联方交易、交易涉及的金额，以及企业就这些交易的转让定价政策的决策分析说明。第三层，大型跨国企业（MNEs）应每年上报国别报告，就其在各有关运营国家（地区）的经营活动所取得的收入、税前利润、应缴及实缴所得税额和其他经济活动指标做出说明。国别报告应在最终母公司所在地申报，并且通过政府间情报交换机制进行自动共享。在特定情况下，第二层机制包括本地申报可以作为第三层的备用方法。各国一致同意的实施计划将确保税务机关及时取得信息、所报告的信息得以保密，同时，各个国别报告也将得以正确使用。

上述三层结构规定一并施行，将要求纳税人清晰说明其一贯的转让定价情况，并且可以为税务机关评估转让定价风险、决定在哪里部署稽查资源最为有效以及在需要进行税务稽查时开展问询等提供一系列有用的信息。通过确保各国的转让定价资料采用一致的方法，并且通过利用税务机关之间的情报交换机制减少需要多次申报国别报告的情况，跨国企业也可以享受到因减轻遵从负担带来的好处。

第 14 项行动计划——更有效的争端解决机制

各国意识到 BEPS 项目带来的变化可能导致某些不确定性，如不采取行动、将在短期内增加双重征税和相互协商程序（MAP）争议。充分意识到消除双重征税壁垒对跨境贸易和投资掣肘的重要性，各国承诺采用最低标准来解决税收协定相关争议。其中特别包含了有力的政治承诺来确保通过相互协商程序有效和及时地解决争端。此承诺还包含建立一个有效的监督机制来确保最低标准得以落实以及各国在快速解决争端方面取得进展。此外，很多国家已承诺在其双边税收协定中采取强制性和有约束力的仲裁机制。

第 15 项行动计划——制定多边工具

借助国际法和税法专家的专业知识，第 15 项行动计划探究了通过制定多边工具来落实 BEPS 中与协定相关的措施和修订双边税收协定的技术可行性。这项行动结论表明，多边工具是值得制定并且是可行的，针对多边工具的协商需要尽快展开。基于上述分析，一个所有国家均可参加的临时专项小组业已成立，以期制定多边工具并在 2016 年完成以备各方签署。截至目前，已有 87 个国家在平等的基础上参与该项工作。

附录2　中国签订的税收多边公约

多边税收征管互助公约
（经2010年议定书修订）

经《〈税收征管互助公约〉修订议定书》

（2011年6月1日生效）修订后的文本

序言

欧洲委员会成员国、经济合作与发展组织（经合组织）成员国及本公约缔约方，

考虑到人员、资本、货物和服务跨国流动的发展，本身虽益处颇多，但也增加了避税与逃税的可能性，因此税务机关之间需加强合作；

对近年来在双边或多边等国际层面为打击避税和逃税所作的各种努力表示欢迎；

考虑到为促进各类涉税问题中各种形式的征管协助，同时确保纳税人的权利得到充分保障，各国有必要协同努力；

认为在合理确定纳税义务，帮助纳税人保障其权利方面，国际合作可以发挥重要促进作用；

认为个人权利和义务由适当法律程序确定的基本原则，在各国税收工作中同样适用；并认为各国应努力保护纳税人合法权益，包括合理防止出现歧视或双重征税；

因此确信，各国在对情报进行必要保密，并参考保护个人隐私及个人信息传递的相关国际公约的情况下，应采取相关措施或提供情报；

认为一个新的国际合作环境业已形成，各国希望制定一个多边法律文书，使尽可能多的国家从这种合作的新环境中受益，与此同时在税收领域开展符

合国际最高标准的合作；

愿缔结一项在税收事务方面进行征管互助的公约；

达成协议如下：

第一章　公约范围

第一条　公约适用对象及人的范围

一、各缔约方应按照第四章规定，在涉税事宜中为彼此提供征管协助。在适当情况下，此协助可涉及由司法机关采取的措施。

二、此类征管协助应包括：

（一）情报交换，包括同期税务检查及参与境外税务检查；

（二）追索协助，包括保全措施，以及

（三）文书送达。

三、无论涉及人是公约某缔约方还是任何其他国家的居民或国民，公约缔约方均应提供征管协助。

第二条　税种范围

一、本公约适用于

（一）以缔约方名义征收的以下税种：

1. 对所得或利润征收的各税种，

2. 除对所得或利润所征税种之外，对资本利得单独征收的各税种，

3. 对财产净值征收的各税种，以及

（二）以下税种：

1. 以缔约方国家层面以下的政治机构或地方机构名义征收的有关所得、利润、资本利得或财产净值的各税种；

2. 应支付给中央政府或依照公共法律设立的社会保险机构的强制性社会保险费用；

3. 除关税外，以缔约方名义征收的其他各类税种，即：

（1）遗产税、继承税或赠与税；

（2）对不动产征收的各税种；

（3）一般消费税，如增值税、销售税；

（4）对货物或劳务征收的特别税种，如消费税；

（5）对使用或拥有机动车辆而征收的各税种；

（6）对使用或拥有除机动车辆以外其他动产所征收的各税种；

（7）任何其他税收。

4. 以缔约一方征管部门或地方当局名义征收的，属上述第3目规定类别的各税种。

二、本公约适用的现行税种，应按照本条第一款所提类别，分类列于本公约附件一中。

三、对本条第二款所提列表进行修改而导致附件一任何变动的，缔约各方应通知欧洲委员会秘书长或经合组织秘书长（以下简称为“公约保存人”）。此变动从公约保存人收到上述通知之日起三个月后的次月第一天起生效。

四、自公约对缔约方生效之日起，缔约方新开征的，对附件一所列税种进行补充或替代的税种，如与附件一所列税种等同或本质类似应同样适用。遇有此情况，有关缔约方应将有关税种征收情况通知任一公约保存人。

第二章　一般定义

第三条　定义

一、除上下文另有要求外，在本公约中：

（一）本公约中“请求国”与“被请求国”分别指申请税收征管协助的任一缔约方和被请求提供此类协助的任一缔约方；

（二）“税收”一词指依照第二条规定，本公约应适用的任何税种或社会保险费；

（三）“税收主张”一词指应缴且尚未支付的任何税款本金及利息，以及相关的征管罚款和为追偿税款而发生的费用；

（四）“主管当局”一词指本公约附件二中所列的人员及机关；

（五）对缔约方而言，“国民”一词指：

1. 任何拥有该缔约方国籍的个人，及

2. 任何依该缔约方现行法律取得相应资格的法人、合伙制企业、协会和其他实体；

对于已就上述术语定义做出声明的缔约方，上述用语应依照附件三中的定义理解。

二、对缔约方应用公约时，任何公约中未定义的术语，除上下文另有要求外，将具有该缔约方法律中所规定的涉及公约涵盖税种的涵义。

三、缔约各方对附件二和附件三所做出的任何变动均应通知任一公约保存人。此类变动应自有关公约保存人收到上述通知之日起三个月后的次月第一天起生效。

第三章 协助的形式

第一节 情报交换

第四条 一般规定

一、在公约涵盖的税种范围内，凡是与缔约方运用或实施相关国内法有可预见相关性的情报，各缔约方均应进行交换。

二、(删除)

三、任何缔约方均可通过向公约保存人提出声明的方式，表明在依照第五条和第七条规定提供有关其居民或国民的情报前，依据国内法，其主管当局可通知该居民或国民。

第五条 专项情报交换

一、应请求国请求，被请求国应向请求国提供符合第四条规定的、涉及任何具体人员或交易的情报。

二、如被请求国现有税收情况资料中的情报不够充分，从而不能满足情报交换请求，该国应采取一切必要措施，提供请求国要求提供的情报。

第六条 自动情报交换

两个或两个以上的缔约方应根据相互协商所确定的程序自动交换涉及不同类别案件且符合第四条规定的情报。

第七条 自发情报交换

一、尽管没有收到事先请求，在下列情况下，缔约一方如知晓相关情报，应向缔约另一方提供：

（一）缔约一方有根据认为缔约另一方可能遭受税收损失的；

（二）某纳税义务人在缔约一方取得了减税或免税，因此可能会增加其在缔约另一方税收或纳税义务的；

（三）缔约一方的纳税义务人与缔约另一方的纳税义务人在一个或多个国家进行商业交易，交易方式可能导致缔约一方或另一方税收减少或双方的税收均减少的；

（四）缔约一方有理由怀疑因在企业集团内部人为转移利润而可能造成少缴税款的；

（五）缔约一方提供给缔约另一方的情报，可能使缔约另一方获得与评估纳税义务有关的情报。

二、各缔约方应采行必要的措施和程序，确保获得本条第一款所述情报，向缔约另一方传送。

第八条 同期税务检查

一、应缔约一方请求，两个或两个以上的缔约方应共同协商、确定同期税务检查的案件和程序。相关各方应决定其是否希望参与某项具体的同期税务检查。

二、在本公约中，同期税务检查指由两个或两个以上的缔约方安排，同时在各自境内，对某人或存在某种共同或关联利益的多人进行的纳税事项检查，以交换各自由此所获的相关情报为目的。

第九条 境外税务检查

一、应请求国主管当局请求，被请求国主管当局可在其境内某项税务检查活动中的某一适当环节，允许请求国主管当局代表在场。

二、如接受上述请求，被请求国主管当局应尽快通知请求国主管当局该项税务检查的时间和地点、指定进行该税务检查的机关或官员，及被请求国对进行该检查所要求的程序和条件。有关进行该税务检查活动的所有决定均应由被请求国做出。

三、缔约一方可通知任一公约保存人其一般不接受本条第一款所述请求的意向。上述声明可在任何时间做出或撤销。

第十条 内容矛盾的情报

如缔约一方从缔约另一方获取的有关某人的税收情报与其掌握的情报内容相矛盾，应将该情况通知提供情报的缔约另一方。

第二节 税收追索协助

第十一条 税收主张的追索

一、应请求国的请求，在遵守第十四条和第十五条规定的条件下，被请求国应以对待自身税收主张一样，采取必要措施追索请求国的税收主张。

二、第一款规定仅适用于请求国某法律文书允许执行的税收主张，且除非有关缔约方间另有协议，该税收主张须不存在争议。然而，如该税收主张针对的并非某请求国居民，则除非有关缔约方间另有协议，本条第一款仅适用于对该税收主张不再有争议的情况。

三、涉及已死亡人员或其财产的，根据从财产还是从受益人处追索税收主张，协助义务分别限于财产的价值或每位财产受益人获得的财产价值。

第十二条 保全措施

应请求国请求，即使有关税收主张存在争议或尚未构成某文书允许执行的内容，被请求国仍应为追偿一定税额采取保全措施。

第十三条　请求附随文件

一、根据本节规定提出的征管协助请求应随附：

（一）一份声明，声明该税收主张涉及公约涵盖税种，在涉及追索的情况下，据第十一条第二款规定，声明此税收主张不存在争议或不会产生争议；

（二）允许在请求国执行主张的文书官方副本；以及

（三）追索或采取保全措施所需的任何其他文件。

二、收到协助请求后，应尽快按照被请求国的现行规定，视具体情况，用被请求国允许主张执行的文书接受、认可、补充或替代在请求国允许主张执行的文书。

第十四条　时效

一、税收主张可执行期限的问题应由请求国法律决定。协助请求函中应提供上述期限的具体规定。

二、被请求国根据协助请求采取的追索措施，如按照本国法律，造成对第一款规定期限的暂停或中断的，那么此类措施也应在请求国产生同样法律效力。被请求国应将此类措施通知请求国。

三、在任何情况下，对于距原始文书允许执行日相隔15年后提出的协助请求，被请求国没有义务履行。

第十五条　优先权

即使使用了被请求国追索自身税收主张所用的程序，追索协助涉及的税收主张也不得享有该国自身税收主张所特别享有的优先权。

第十六条　延期缴纳

如果在类似情况下，被请求国的法律或征管惯例允许延期缴纳或分期缴纳，被请求国可允许延期支付或分期缴纳，但应首先通知请求国。

第三节　文书送达

第十七条　文书送达

一、应请求国请求，被请求国应向收件人送达请求国发出的涉及公约涵盖税种的相关文书，包括与司法判决有关的文书。

二、被请求国应采用下述方式完成送达：

（一）按照其国内法规定的，采用送达实质类似的文书所采用的方式；

（二）在可能的情况下，采用请求国要求的特定方式，或采用被请求国法律中与请求国要求方式最接近的方式。

三、缔约一方可直接通过邮寄方式向位于缔约另一方境内的某人送达文书。

四、本公约的任何规定均不应理解为使某缔约方依据其法律进行的文书送达无效。

五、据本条规定进行文书送达时，无需随附文书译本。但如果收件人不懂该文书语言，被请求国应安排将文书翻译为该国官方语言或官方语言中的一种，或附上用上述语言起草的文书内容概要。被请求国也可要求请求国将文书翻译为被请求国、欧洲委员会或经合组织的官方语言之一，或附上用上述语言起草的文书内容概要。

第四章　关于各种协助形式的规定

第十八条　请求国应提供的信息

一、根据具体情况，协助请求函中应指出：

（一）发出请求的主管当局机关或机构；

（二）请求涉及人的姓名、地址和任何其他有助于认定其身份的细节；

（三）对要求提供情报的，为满足需要，请求国所希望的情报提供形式；

（四）对请求税款追索或保全措施协助的，税收主张的性质、构成内容及可从中实现追索主张的资产；

（五）对请求文书送达协助的，送达文书的性质及内容；

（六）是否符合请求国的法律和征管惯例。根据第二十一条第二款第（七）项的规定，该请求是否合理。

二、一旦了解有关请求协助的任何其他情报，请求国应将其尽快发送给被请求国。

第十九条　（删除）

第二十条　对协助请求的答复

一、如果接受了一项协助请求，被请求国应尽快通知请求国其采取的行动及协助结果。

二、如果拒绝了一项协助请求，被请求国应尽快通知请求国该决定及决定的理由。

三、如果对于情报请求，请求国已明确希望提供的情报形式，且被请求国也能做到，则被请求国应按照请求国要求的形式提供该情报。

第二十一条　对人的保护和提供协助义务的限制

一、本公约的任何规定都不影响被请求方法律或行政惯例赋予人的权利及保护措施。

二、除第十四条规定的情形外，不能将本公约规定理解为对被请求国施加以下义务：

（一）采取有违本国或请求国法律或行政惯例的措施；

（二）采取有违公共秩序（公法）的措施；

（三）提供那些依照本国或请求国法律或行政惯例无法获得的情报；

（四）提供可能泄露贸易、经营、工业、商业、专业秘密或交易过程的情报，或一旦泄露可能违反公共秩序（公法）的情报；

（五）在认为请求方的征税行为已经违反普遍认可的税收原则，或违反避免双重征税协定的规定，或任何被请求国与请求国之间其他协定的规定的情况下，提供征管协助；

（六）为行使或实施请求方税法中对被请求方居民构成歧视的相关规定或相关要求，提供征管协助。

（七）在请求国尚未采取所有按照本国法律和行政惯例可采取的合理措施（采取此类措施会带来太多困难除外）的情况下，提供征管协助。

（八）在被请求国实施税收追索的执行成本明显超过请求国可能获得的收益的情况下，提供协助。

三、如果请求国依据本公约要求提供情报，即使从被请求国自身税收目的出发并不需要该情报，被请求国也应使用其情报收集手段取得被请求的情报。前句所确定的义务受本公约中相应限制约束，但是无论何种情况下，这些限制，尤其是第一款和第二款的限制，均不应理解为允许被请求国可仅因该情报对其无国内利益而拒绝提供情报。

四、任何情况下，本公约的规定，尤其是本条第一款和第二款的规定，均不应理解为允许被请求国仅因情报由银行、其他金融机构、代名人、代理人或受托人所持有，或涉及某人的所有者权益而拒绝提供情报。

第二十二条　保密

一、缔约一方根据本公约所获得的任何情报，均应视同通过其国内法获得的情报予以保密，并采取同样的保密措施，同时要执行有关保障措施，确保对个人信息的必要保护。具体措施可由情报提供国根据其国内法提出。

二、在任何情况下，此类情报均只能告知给那些涉及相关方税收义务确定、征收、追索、执行、起诉、起诉裁决及对上述活动进行监督的有关人员或机构（包括法院和行政、监督部门）。仅上述人员或机构可使用此类情报，且仅限于上述目的使用此类情报。虽有本条第一款规定，这些人员或机构仍可在公开法庭的诉讼或有关此类税收的司法判决中披露有关情报。

三、如果缔约一方对公约第三十条第一款第（一）项规定的内容做出保留，从该国获得情报的任何其他缔约方均不得将此类情报用于属于保留范围内的税种。同样地，做出该保留的缔约方也不能将根据本公约获得的情报用于属于保留范围内的税种。

四、虽有本条上述第一、二和三款规定，在情报提供方的法律规定允许，同时情报提供方主管当局也授权的情况下，取得情报的缔约方可将所获情报用于其他目的。经情报提供方主管当局事先授权，情报获得方可将获得的情报传送给第三方。

第二十三条　诉讼

一、由于被请求国采取本公约所规定的措施引起的诉讼，仅应向被请求国的相应机关提出。

二、由于请求国采取本公约所规定的措施引起的诉讼，尤其是在税收追索方面，当涉及税收主张是否存在或主张金额的多少，或授权追索执行的具体文书时，仅应向请求国的相应机关提出。如此类诉讼被提出，请求国应通知被请求国，被请求国将暂停有关程序，等候相应机关的裁决。

但是，如请求国要求，被请求国仍应采取保全措施，确保税款的追索。被请求国也可从任何利益相关方得知此类诉讼事宜。一旦收到此类信息，如有必要，被请求国应就此事与请求国进行协商。

三、一旦诉讼的最终裁决已做出，视具体情况，由被请求国或请求国将此裁决及其对协助请求造成的影响通知对方国。

第五章　特别规定

第二十四条　公约的实施

一、缔约各方应通过各自的主管当局进行相互沟通联络，实施本公约。为此目的，主管当局可直接沟通，并授权下级机构代表其采取行动。缔约双方或多方主管当局可就公约实施方式在彼此间达成共识。

二、被请求国如认为本公约对某一具体案件的适用可能产生严重的不良后果，则被请求国与请求国的主管当局应相互磋商并努力通过达成协议解决问题。

三、在经合组织的协助下，由缔约各方主管当局代表组成的协调机构应负责监督本公约的实施和改进。为此目的，该协调机构应提出促进本公约基本宗旨得以实施的建议。特别是该协调机构应作为一个论坛，研究增进税收领域国际合作的新方法和新程序，在适当的情况下，还可建议对公约进行修改或修订。已签署但尚未批准、接受或核准本公约的国家有资格作为观察员出席该协调机构的会议。

四、缔约方可要求该协调机构就本公约条款的解释提出意见。

五、如果两个或两个以上的缔约方之间就有关本公约的实施或解释遇到困难或产生疑义，相关缔约方主管当局应努力通过相互协商解决问题。达成的协议应通报给协调机构。

六、经合组织秘书长应将协调机构根据本条第四款提出的意见，以及根据上述第五款规定达成的协议通知各缔约方及已经签署但尚未批准、接受或核准本公约的签字国。

第二十五条　语言

提出请求和对请求的答复应使用经合组织和欧洲委员会官方语言之一起草，或使用有关缔约方之间双边协议规定的任何其他语言起草。

第二十六条　费用

除非有关缔约方之间另有双边协议，

（一）提供协助发生的常规费用由被请求国负担；

（二）提供协助发生的非常规费用由请求国承担。

第六章　最终条款

第二十七条　其他国际协定或安排

一、本公约规定的各种可能提供的协助并不限制，也不受限于，有关缔约方之间现有或未来的国际协议、其他安排或与税收合作有关的其他文书。

二、虽有本条第一款规定，只要本公约规定的协助能比欧盟相应规定提供的协助促成更广泛的合作，欧盟成员国各缔约方彼此之间即可适用本公约规定的协助。

第二十八条　公约的签署和生效

一、本公约应向欧洲委员会成员国和经合组织成员国开放签字，并需进行批准、接受或核准。批准书、接受书或核准书应由任一公约保存人保存。

二、自五个国家依照本条第一款规定，表示同意接受公约的约束之日起，经三个月后的次月第一天作为公约开始生效日。

三、对此后表示同意接受公约约束的任何欧洲委员会成员国或经合组织成员国，本公约应于批准书、接受书或核准书交存之日起三个月后的次月第一天起生效。

四、修订本公约的议定书（以下称2010年议定书）于2010年5月27日开放签字。对于在该议定书生效后成为本公约缔约方的任何欧洲委员会或经合组织成员国，除非以书面沟通方式向公约保存人之一表示不同意见，将自动成为经议定书修订后公约的缔约方。

五、在2010年议定书生效后，任何非欧洲委员会成员国或非经合组织成员国，可申请应邀签署和批准经2010年议定书修订的本公约。此类申请均应向公约保存人之一提出，由公约保存人将申请转交给各缔约方。该公约保存人也应通知欧洲委员会的部长委员会和经合组织理事会。对提出公约缔约申请的国家发出邀请的决定应由本公约全体缔约方通过协调机构一致同意后做出。对任何依照本款规定批准本公约（经2010年议定书修订）的国家，本公约均自该批准书交存于任一公约保存人之日起三个月后的次月第一天起生效。

六、本公约（经2010年议定书修订）对缔约方生效当年后的次年1月1日当日开始的纳税期限或该日后开始的纳税期限为本公约（经2010年议定书修订）条款规定的征管协助适用的纳税期限。如没有纳税期限，征管协助则适用于本公约（经2010年议定书修订）对缔约一方生效当年后的次年1月1日当日或该日后产生的征税行为。两个或多个缔约方可相互协商将本公约（经2010年议定书修订）征管协助适用于更早的纳税期限或征税行为。

七、虽有第六款规定，对于根据请求国刑事法律应被起诉的，涉及故意行为的涉税事项，本公约（经2010年议定书修订）规定也将适用于本公约对缔约方生效之日前更早的纳税期限或征税行为。

第二十九条　公约适用的领土范围

一、各国可在签署公约时，或交存批准书、接受书或核准书时，明确本公约适用的领土范围。

二、此后的任何时间，任何国家均可通过向公约保存人之一作出声明的方式，将本公约适用范围扩大至声明规定的任何其他领土范围。对这些领土范围，本公约将自公约保存人收到上述声明之日起三个月后的次月第一天起生效。

三、根据上述两款作出的，任何涉及具体领土范围的声明，均可通过向公约保存人之一发出通知的方式撤销。该撤销将自该公约保存人收到上述撤销通知之日起三个月后的次月第一天起生效。

第三十条　保留内容

一、任何国家在签署本公约，或交存批准书、接受书或核准书时，或此后任何时间，均可声明保留以下权利：

（一）如在本公约附件一某类税种中未列入本国相应税种，则对在第二条第一款（二）项所列其他缔约方该类税种的相关税收不提供任何形式的协助；

（二）对第二条第一款所列所有税种、一类或多类税种，不提供税收主张追索与征管罚款追索的协助；

（三）对于在本公约对某国生效之日已存在的任何税收主张，或对于某些税种，在涉及这些税种的有关保留（根据上述第（一）项或第（二）项做出）被撤销之日前，对涉及这些税种的税收主张，均不提供协助；

（四）对第二条第一款所列的所有税种、一类或多类税种，不提供文书送达方面的协助；

（五）按照第十七条第三款规定，不允许通过邮寄方式送达文书。

（六）第二十八条第七款仅适用于涉及特定纳税期限的征管协助，这些特定纳税期限为本公约（经2010年议定书修订）对某缔约方生效当年起（不含当年）往前数的第三个年份的1月1日当天开始或该日后开始的纳税期限。对于没有纳税期限的情形，第二十八条第七款仅适用于涉及特定期限征税行为的征管协助，这些特定期限征税行为指本公约（经2010年议定书修订）对某缔约方生效当年起（不含当年）往前数的第三个年份的1月1日当天产生或此日后产生的征税行为。

二、缔约方不得对其他内容作出保留。

三、本公约对某缔约方生效后，对于在批准、接受或核准公约时未作出保留的，第一款所列某项或多项保留内容，该缔约方仍可提出保留。该保留将自该公约保存人收到所提保留之日起三个月后的次月第一天起生效。

四、任何已根据第一款和第三款作出保留的缔约方，均可通过向任一公约保存人发出通知的方式，部分或全部撤销该保留。撤销将自有关公约保存人收到撤销通知之日起生效。

五、已就本公约某条款作出保留的缔约方不得要求任何其他缔约方适用该条款规定。但如该缔约方仅作出部分保留，可要求相关条款按照其所接受的程度对等适用于对方。

第三十一条　退出

一、任何缔约方均可通过向任一公约保存人发出通知的方式，在任何时间退出本公约。

二、自公约保存人收到该通知之日起三个月后的次月第一天起，退出开始生效。

三、退出公约的缔约方如仍持有通过本公约获得的文书或情报，则仍受第二十二条规定约束。

第三十二条　公约保存人及其职能

一、在参与完成下列行为、通知或往来沟通之后，公约保存人应通知欧洲委员会成员国，经合组织成员国及本公约缔约方：

（一）任何缔约行为；

（二）任何批准书、接受书或核准书的交存；

（三）依照第二十八条和第二十九条规定本公约生效的日期；

（四）依照第四条第三款规定或第九条第三款规定作出的任何声明及这些声明的撤销；

（五）依照第三十条规定作出的任何保留和依照第三十条第四款规定的对任何已提保留的撤销；

（六）依照第二条第三款或第四款、第三条第三款、第二十九条或第三十一条第一款规定收到的任何通知；

（七）与本公约有关的任何行为、通知或往来沟通。

二、公约保存人之一依照上述第一款规定收到信函或发出通知后应立即通知另一公约保存人相关事宜。

下列签字人，经各自政府正式授权，在本公约上签字。

本公约于一九八八年一月二十五日在斯特拉斯堡签订，一式两份，每份均用英文和法文写成，两种文本同等作准。一份文本在欧洲委员会存档，另一份在经合组织存档。欧洲委员会秘书长及经合组织秘书长应将经核证后的副本送达欧洲委员会各成员国及经合组织各成员国。

金融账户涉税信息自动交换多边主管当局间协议

（中译本）

签署“金融账户涉税信息自动交换多边主管当局间协议”（以下简称本协议）的辖区均为《多边税收征管互助公约》（以下简称《公约》）或经议定书修订的《公约》的缔约方或其所涵盖的地区，或者已签署参加《公约》意向书或已明确表达签署《公约》的意愿，并认可在第一次金融账户涉税信息交换开始之前，确保《公约》的生效执行；

各辖区有意愿通过加强税收征管互助关系，提高国际税收遵从度；

统一报告标准由经济合作与发展组织（以下简称经合组织）与二十国集团成员国共同制订，以应对逃避税行为并提高税收遵从度；

已签署参加《公约》意向书或已表达意愿将签署《公约》的国家，一旦其成为《公约》缔约方，将成为本协议第一章所定义的辖区；

各辖区的法律已要求或应要求金融机构按照本协议第二章规定的自动信息交换范围以及统一报告标准规定的信息报送和尽职调查程序，报送有关特定账户的信息并执行相应的尽职调查程序；

各辖区将不时修订其法律以便及时反映统一报告标准的最新情况，修订后的法律一旦生效，统一报告标准的定义将适用该辖区的最新情况；

《公约》第三章授权开展税收信息交换，包括自动信息交换，并允许各辖区主管当局协商确定自动信息交换的范围和形式；

《公约》第六条规定两个或多个缔约方可以相互协商一致开展自动信息交换，信息交换将以主管当局之间的双边交换为基础；

各辖区已经或将在第一次信息交换发生时（1）采取合理的保护措施确保根据本协议交换信息的保密性并仅用于《公约》规定的目的，以及（2）具备相应的机制以保护有效的信息交换（包括建立及时、准确并保密的信息交换流程；有效并可靠的沟通机制；快速解决有关信息交换或信息请求的问题及疑虑的能力；以及实施本协议第四章条款内容的能力）；

各辖区的主管当局有意愿在《公约》规定的自动信息交换基础上共同达成协议以提高国际税收遵从度，且不影响各自国内立法程序（如有），尊重欧盟法律（如适用），并遵守《公约》中的保密条款及其他保护条款，包括下文提到的、针对所交换信息使用范围的限制条款；

为此，各主管当局现达成协议如下：

第一章　定义

一、本协议中所含术语的含义如下：

（一）术语“辖区”指签署本协议的某个国家或地区，在其领土范围内，按照《公约》第二十八条的规定，《公约》已签署并批准生效，或是按照第二十九条的规定，通过领土延伸使《公约》对其生效；

（二）术语“主管当局”指各辖区在《公约》附件二中所列的个人和主管当局；

（三）术语“辖区内的金融机构”指各辖区内：1. 具有居民身份的金融

机构，但不包括该金融机构位于该辖区之外的分支机构，2. 非居民金融机构位于该辖区境内的分支机构；

（四）术语“报送信息的金融机构”指除无需报送信息的金融机构之外的其他金融机构；

（五）术语“需报送的账户”指由报送信息的金融机构保有的，并根据统一报告标准中的尽职调查程序被确定为由辖区外一个或多个需报送人持有的金融账户，以及由报送信息的金融机构保有的，并由控制人是辖区外需报送人的消极非金融机构持有的金融账户；

（六）术语“统一报告标准”指经合组织与二十国集团成员国共同制订的金融账户涉税信息自动交换标准（含注释）；

（七）术语“协调机构秘书处”指经合组织秘书处，依照《公约》第二十四条第三款的规定，为由《公约》缔约方主管当局代表组成的协调机构提供支持；

（八）术语“协议生效”指在涉及到任何两个主管当局时，双方均表示愿意开展自动信息交换，且均已符合第七章第二款第（一）项中所列条件。本协议已生效的主管当局名单见附件五。

二、本协议中没有另行定义的大写字母术语，其含义将与本辖区适用于本协议的法律中的含义保持一致，也与统一报告标准规定的含义一致。本协议以及统一报告标准中均未另行定义的术语，除非上下文另有要求或主管当局一致同意采用其他通用含义（由国内法所允许），应当使用本辖区在实施本协议时的国内法项下的含义。本辖区税收法律下界定的术语含义，优先于本辖区其他法律中的定义。

第二章　需报送账户的信息交换

一、（一）根据《公约》第六条和第二十二条的规定，以及统一报告标准适用的信息报送和尽职调查的要求，一旦本协议生效，每个主管当局将与其他主管当局依规定获取并按年自动交换第二款所列信息。

（二）尽管有前款规定，附件一所列辖区主管当局只能向其他辖区主管当局提供但不能接收第二款所列信息。附件一中没有列出的辖区主管当局可以接收第二款所列信息。各主管当局将不向附件一所列辖区主管当局提供上述信息。

二、对于需报送的其他辖区账户，需交换的信息包括：

（一）作为账户持有人的各个需报送人的名称、地址、纳税人识别号、出生日期及出生地（如果是个人）；对于机构，在适用统一报告标准的尽职调查程序后，被认定为存在一个或多个控制人是需报送人，提供该机构的名称、地址、纳税人识别号以及需申报人的名称、地址、纳税人识别号、出生日期及出生地。

（二）账号（没有账号的前提下，提供具有同等功能的其他信息）。

（三）报送信息的金融机构的名称及识别编号（如有）。

（四）在相关日历年度年末、其他适当的报送期间期末或销户前（针对在该年度或期间内销户的账户）的账户余额或净值（包括具有现金价值的保险合同或年金合同的现金价值或退保价值）。

（五）对于托管账户：

1. 在日历年度或其他适当的报送期间内，已付至或记入该账户（及其相关账户）的利息的总金额、股息的总金额及该账户下资产产生的其他收入的总金额。

2. 在报送信息的金融机构作为账户持有人的托管人、经纪人、名义持有人或代理人的情形下，提供日历年度或其他适当的报送期间内，因出售或赎回金融资产并已付至或记入该账户的收益总金额。

（六）对于存款账户，在日历年度或其他适当的报送期间内，已付至或记入该账户的利息的总金额。

（七）对于不属于第二款第五项或第六项的其他账户，在日历年度或其他适当的报送期间内，报送信息的金融机构作为债务人，提供已付至或记入账户持有人账户的总金额，包括在该日历年度或其他适当的报送期间付至账户持有人的赎回款项的总金额。

第三章　信息交换的时间和方式

一、为第二章规定的信息交换目的，可以根据信息交换辖区的税收法律原则，确定需报送的账户的付款金额和性质。

二、为第二章规定的信息交换目的，所交换的信息应当指明各相关金额的计价币种。

三、根据第二章第二款以及第七章中有关通知流程和具体日期的规定，从附件六中规定的年度开始，信息应当在该信息相关的日历年度终了后的九个月内进行交换。虽有前述规定，当本协议对双方主管当局均已生效，且双方辖区现行法律规定的日历年度内的信息报送要求与第二章规定的交换范围以及统一报告标准规定的信息报送和尽职调查程序一致时，才进行一个日历年度的信息交换。

四、[删除]

五、各主管当局应基于可以扩展标记语言的统一报告标准数据模式，自动交换第二章规定的信息。

六、各主管当局应制订并一致同意一种或多种数据传输方法，包括加密标准，使得标准程度最大化和复杂程度及成本最小化，详见附件二。

第四章　合规与执行的合作

签署一方的主管当局应在其有理由相信错误可能已导致信息报送的不正确或不完整时，或报送信息的金融机构存在违反其适用的、统一报告标准规定的信息报告要求和尽职调查程序的情形时，通知另一方主管当局。接到通知的另一方主管当局应采取国内法规定的全部适当措施，对通知中所述的错误和重大不合规行为作出处理。

第五章　保密与数据保护

一、交换的全部信息应按照《公约》的规定（包括限制已交换信息用途的条款）得到保密和其他保护，并按照信息提供方主管当局根据本国法律所要求的以及附件三列出的保护措施，确保个人数据得到必要的保护。

二、签署一方的主管当局应立即通知协调机构秘书处任何有关违反保密条款或保护失败的情形，以及随后可能采取的相应制裁和赔偿行为。协调机构秘书处应通知本协议与前述主管当局已生效的所有主管当局。

第六章　协商与修订

一、如果本协议在实施或解释过程中遇到困难，签署一方的主管当局可以请求与一个或多个主管当局协商，以制订适当的措施，确保本协议的履行。提出协商请求的主管当局应确保协调机构秘书处知晓已制订的任何措施，并由协调机构秘书处将已制订的措施通知所有主管当局，包括未参与协商的主管当局。

二、所有主管当局可以通过书面协商一致的方式对本协议进行修订。除非另有约定，修订后的条款应当自书面协议最后签字方签署之日起一个月后的次月第一天起生效。

第七章　本协议的期限

一、签署一方的主管当局须在签署本协议时或在本辖区为实施统一报告标准出台必要的法律后，尽快通知协调机构秘书处：

（一）本辖区已存在必要的法律以实施统一报告标准，并说明区分已有账户和新开账户的有效日期，以及适用的或完成的信息报送和尽职调查程序；

（二）确认本辖区是否列入附件一；

（三）规定一种或多种数据传输方法，包括加密方法（附件二）；

（四）规定对个人数据的保护措施（如有）（附件三）；

（五）已具备足够的措施，确保符合保密和数据保护标准要求，并在附件四中附上已完成的保密和数据保护调查问卷；以及

（六）国内法律程序（如有）完成后，有意愿与之执行本协议的所有辖区主管当局名单。

各主管当局须立即通知协调机构秘书处上述附件的后续变动情况。

二、（一）本协议应于以下日期中的较晚日起在两个主管当局间生效：1. 两个主管当局中的后一个主管当局通知协调机构秘书处第一款所列信息的日期，包括根据第一款第（六）项规定列出的另一个主管当局所在辖区；以及，如适用的情况下，2.《公约》对两个辖区生效的日期。

（二）协调机构秘书处应保存已签署本协议的主管当局名单以及本协议已相互生效的主管当局名单，并在经合组织网站上公布（附件五）。

（三）协调机构秘书处应在经合组织网站上公布各主管当局按照第一款第（一）项和第（二）项规定提供的信息。签署方向协调机构秘书处提出书面申请获取其他签署方按照第一款第（三）项和第（五）项规定提供的信息。

三、签署一方的主管当局应在其确认另一方主管当局存在违反本协议的重大情形时，书面通知另一方主管当局暂停本协议下的信息交换。此类暂停立即生效。本款中的重大不合规行为包括但不限于违反本协议和《公约》的保密及数据保护条款，主管当局未能及时或充分提供本协议要求的信息，或者错误定义无需报送的金融机构或者除外账户从而影响统一报告标准的实施。

四、签署一方的主管当局可以书面通知协调机构秘书处终止参加本协议，或终止针对某一特定主管当局的协议。此类终止将于发出终止通知之日起十二个月后的次月第一天生效。在终止的情况下，之前根据本协议接收的所有信息将继续保密并遵守《公约》条款的规定。

第八章　协调机构秘书处

一、除本协议另有规定外，协调机构秘书处应通知所有主管当局其收到的本协议下的任何通知，并通知本协议的所有签署方新签署本协议的主管当局。

二、本协议的所有签署方应平等分摊并按年缴纳协调机构秘书处为管理本协议所产生的费用。尽管有前述规定，对符合《〈公约〉协调机构程序规则》第十条规定的国家，可以免除费用分摊。

本协议用英文和法文写成，两种文本同等作准。

附 1　采取非互惠型模式的辖区名单

［待补充］

附 2　传输方法

［待补充］

附 3　采用的数据安全保护方式

［待补充］

附 4　保密问卷

［待补充］

附 5　本协议已生效的主管当局名单

［待补充］

附 6　计划交换信息的日期

账户	将被定义为	计划交换信息的日期		
新开账户	需报送信息的金融机构保有的、于________年____月____日当日或之后开立的金融账户	________年 9 月		
已有账户		高净值个人账户	低净值个人账户	机构账户
	截至________年____月____日，需报送信息的金融机构保有的金融账户	________年 9 月	________年 9 月	________年 9 月

实施税收协定相关措施以防止税基侵蚀和利润转移的多边公约

（中文译本）

本公约各缔约方，

考虑到激进的国际税收筹划人为将利润转移至免税或低税地区，导致了政府公司税收的大量流失；

意识到税基侵蚀和利润转移（以下称“BEPS”）问题对于工业化国家、新兴经济体和发展中国家都已迫在眉睫；

认识到确保利润在产生利润的实质经济活动发生地和价值创造地征税的重要性；

欢迎在经济合作与发展组织/二十国集团 BEPS 项目下制定的应对措施（以下称“OECD/G20 BEPS 应对措施”）；

注意到 OECD/G20 BEPS 应对措施包含了与税收协定相关的措施，以应对混合错配安排、防止协定滥用、解决人为规避常设机构构成问题并改进争议解决机制；

意识到有必要确保税收协定相关 BEPS 措施在多边框架下迅速、协调、一致地实施；

注意到有必要确保将避免双重征税协定的目的理解为消除对协定适用税种的双重征税，同时不为通过逃税或避税（包括意在使第三方管辖区居民间接享受协定优惠的协定套用安排）导致的不征税或少征税创造机会；

认识到有必要建立一个有效机制，以同步、高效地在现有避免双重征税协定网络中作出已达成共识的修改，无需逐一开展双边谈判修订协定；

达成协议如下：

第一章　公约范围和术语解释

第一条　公约范围

本公约将修订所有符合第二条（术语解释）第一款第（一）项定义的“被涵盖税收协定”。

第二条　术语解释

一、本公约中的术语定义如下：

（一）“被涵盖税收协定”一语是指满足下列条件的对所得避免双重征税的协定（不论是否还适用于其他税种）：

1. 该协定在下述双方或多方之间生效：

（1）公约缔约方；和/或

（2）作为该协定缔约方的管辖区或领土，且公约缔约方对其国际关系负责；并且

2. 公约缔约方已通知公约保存人，将该协定及其任何修订文书、随附文书列为拟适用于本公约的协定，协定、其修订文书和随附文书可通过标题、缔约方名称、签署日期、生效日期（如通知时已生效）确定。

（二）“公约缔约方”一语是指：

1. 按照第三十四条（生效），本公约对其生效的国家；或者

2.已根据第二十七条（签署和批准、接受或核准）第一款第（二）项或第（三）项签署本公约，且根据第三十四条（生效），本公约对其生效的管辖区。

（三）“缔约管辖区”一语是指被涵盖税收协定的缔约方。

（四）“签约方”一语是指已签署本公约但本公约尚未对其生效的国家或管辖区。

二、公约缔约一方在实施本公约的任何时候，未经本公约定义的任何用语，除上下文另有要求的以外，应当具有本公约实施时被涵盖税收协定中规定的含义。

第二章 混合错配

第三条 税收透明体

一、在被涵盖税收协定中，按照缔约管辖区任何一方的税法视为完全透明或部分透明的实体或安排，其取得或通过其取得的所得应视为缔约管辖区一方居民取得的所得，但仅以该缔约管辖区一方在税收上将该所得作为其居民取得的所得处理为限。

二、如缔约管辖区一方居民取得的所得按照被涵盖税收协定的规定可在缔约管辖区另一方征税，且该规定允许缔约管辖区另一方征税的原因仅仅是因为该所得也视同由该缔约管辖区另一方居民取得，则不能适用该协定要求缔约管辖区一方对该所得予以免税，或对已征税款予以减征或抵免的规定。

三、对于被涵盖税收协定，如果公约缔约一方或多方已根据第十一条（税收协定对居民国征税权的限制）第三款第（一）项作出保留，则第一款结尾将增加以下内容：“在任何情况下，本款规定都不应被理解为影响缔约管辖区一方对其居民征税的权利”。

四、第一款（可能被第三款修订）应替代被涵盖税收协定中的下述规定适用，或者在被涵盖税收协定无相关规定的情况下适用。此类规定用于明确，关于实体或安排取得的或通过其取得的所得，在缔约管辖区任何一方的税法将该实体或安排视为税收透明体的情况下（不论通过一般规则，还是通过详细区分对特定模式和类型的实体或安排的处理），该所得是否应被视为缔约管辖区一方居民取得的所得。

五、公约缔约一方可保留以下权利：

（一）本条规定整体不适用于其被涵盖税收协定；

（二）如其被涵盖税收协定已包含第四款所述规定，则第一款不适用于此类协定；

（三）如其被涵盖税收协定已包含第四款所述规定，对在第三方管辖区设立的实体或安排取得的或通过其取得的所得拒绝给予协定待遇，则第一款不适用于此类协定；

（四）如其被涵盖税收协定已包含第四款所述规定，详细区分了对特定模式和类型的实体或安排的处理，则第一款不适用于此类协定；

（五）如其被涵盖税收协定已包含第四款所述规定，详细区分了对特定模式和类型的实体或安排的处理，且对在第三方管辖区设立的实体或安排取得的或通过其取得的所得拒绝给予协定待遇，则第一款不适用于此类协定；

（六）第二款不适用于其被涵盖税收协定；

（七）第一款仅适用于其包含第四款所述规定的被涵盖税收协定，此类规定详细区分了对特定模式和类型的实体或安排的处理。

六、未就第五款第（一）项或第（二）项所述内容作出保留的公约缔约方，应通知公约保存人其各被涵盖税收协定中是否包含未根据第五款第（三）项至第（五）项保留条款排除在外的第四款所述规定，如果包含的话，还应将各规定的条款序号通知公约保存人。如果公约缔约方已根据第五款第（七）项作出保留，上句所述通知内容应仅限于按照该项作出保留的被涵盖税收协定。如果被涵盖税收协定的所有缔约管辖区均已就该协定的某项规定作出此项通知，则应按照第四款规定，由第一款（可能被第三款修订）替代该规定。其他情况下，第一款（可能被第三款修订）应仅替代被涵盖税收协定中与第一款（可能被第三款修订）有冲突的规定。

第四条　双重居民实体

一、如果按照被涵盖税收协定的规定，除个人以外的人成为两个或多个缔约管辖区的居民，缔约管辖区各方主管当局应考虑其实际管理机构所在地、注册地或成立地以及任何其他相关因素，尽力通过相互协商确定其在适用该协定时的居民身份。如未能达成一致，则该人不能享受该协定规定的任何税收优惠或减免，但缔约管辖区各方主管当局就享受协定待遇的程度和方式达成一致意见的情况除外。

二、第一款应替代被涵盖税收协定中的下述规定适用，或者在被涵盖税收协定无相关规定的情况下适用。此类规定用于明确，除个人以外的人在被视为缔约管辖区各方中一方的居民的情况下，是否将其确定为其中一个缔约管辖区的居民。然而，第一款不应适用于被涵盖税收协定中专门确定参与双重上市公司安排的公司居民身份的规定。

三、公约缔约一方可保留以下权利：

（一）本条规定整体不适用于其被涵盖税收协定；

（二）如其被涵盖税收协定规定，对于除个人以外的人是缔约管辖区双方或多方居民的，要求缔约管辖区各方主管当局尽力协商确定其为缔约管辖区一方居民，则本条规定整体不适用于此类协定；

（三）如其被涵盖税收协定规定，对于除个人以外的人是缔约管辖区双方或多方居民的，拒绝给予协定待遇，而不要求缔约管辖区各方主管当局尽力协商确定其为缔约管辖区一方居民，则本条规定整体不适用于此类协定；

（四）如其被涵盖税收协定规定，对于除个人以外的人是缔约管辖区双方或多方居民的，要求缔约管辖区各方主管当局尽力协商确定其为缔约管辖区一方居民，且明确在缔约管辖区各方无法就其居民身份达成一致的情况下，其在该税收协定项下的处理方式，则本条规定整体不适用于此类协定；

（五）针对其被涵盖税收协定，将第一款最后一句替换为以下内容："如未能达成一致，则该人不能享受该协定规定的任何税收优惠或减免。"；

（六）如被涵盖税收协定的缔约对方已作为公约缔约方作出第（五）项所述保留，则本条规定整体不适用于此类协定。

四、未就第三款第（一）项所述内容作出保留的公约缔约方，应通知公约保存人其各被涵盖税收协定中是否包含未根据第三款第（二）项至第（四）项保留条款排除在外的第二款所述规定，如果包含的话，还应将各此类规定的条款序号通知公约保存人。如果被涵盖税收协定的所有缔约管辖区均已就该协定中的某项规定作出此项通知，则应由第一款规定替代该规定。其他情况下，第一款应仅替代被涵盖税收协定中与第一款有冲突的规定。

第五条　消除双重征税方法的适用

一、公约缔约一方可选择适用A选项（第二款和第三款）、B选项（第四款和第五款）或者C选项（第六款和第七款），或者选择都不适用。如果被涵盖税收协定的缔约管辖区双方或各方选择不同（或者缔约管辖区一方选择适用某选项而另一方选择都不适用），缔约管辖区一方选择的选项应适用于其居民。

A选项

二、如果被涵盖税收协定规定，为消除双重征税，缔约管辖区一方居民取得的所得或者拥有的财产应在该缔约管辖区一方免税，则在缔约管辖区另一方适用被涵盖税收协定规定，对该所得或财产给予免税或者限制其征税税率的情况下，前述免税规定应不适用。如果缔约管辖区另一方适用限制税率征税，首先提及的缔约管辖区一方对其居民的所得或财产征税时，应允许等额扣除在缔约管辖区另一方缴纳的税款。然而，扣除额不应超过在扣除前计算的归属于缔约管辖区另一方可征税所得或财产的税款。

三、第二款应适用于要求缔约管辖区一方对该款所述所得或财产免税的被涵盖税收协定。

B 选项

四、如果被涵盖税收协定规定，为消除双重征税，缔约管辖区一方居民取得的所得，因为在该缔约管辖区一方被视为股息处理而在该缔约管辖区一方给予免税，则在根据缔约管辖区另一方的法律，在确定该缔约管辖区另一方居民的应税利润时扣除该项所得的情况下，前述免税规定应不适用。这种情况下，首先提及的缔约管辖区一方应允许从对该居民所得的征税中扣除在缔约管辖区另一方所缴纳的所得税款。然而，扣除额不应超过在扣除前计算的归属于缔约管辖区另一方可征税所得的所得税款。

五、第四款应适用于要求缔约管辖区一方对该款所述所得免税的被涵盖税收协定。

C 选项

六、（一）如果缔约管辖区一方居民取得的所得或者拥有的财产，根据被涵盖税收协定的规定可以在缔约管辖区另一方征税（上述规定允许缔约管辖区另一方征税，仅是因为该所得也由该缔约管辖区另一方居民取得的情况除外），首先提及的缔约管辖区一方应允许：

1. 从对该居民所得的征税中，扣除与在缔约管辖区另一方缴纳的所得税相等的数额；

2. 从对该居民财产的征税中，扣除与在缔约管辖区另一方缴纳的财产税相等的数额。

然而，该扣除额不应超过在扣除前计算的归属于缔约管辖区另一方可征税所得或财产的所得税款或财产税款。

（二）如果根据被涵盖税收协定的任何规定，缔约管辖区一方居民取得的所得或者拥有的财产在该缔约管辖区免税，在计算该居民其余所得或财产的税额时，该缔约管辖区仍可将免税所得或财产考虑在内。

七、第六款应替代被涵盖税收协定中的下述规定适用。此类规定用于明确，为了避免双重征税，要求缔约管辖区一方对其居民取得的所得或者拥有的财产，在缔约管辖区另一方根据被涵盖税收协定的规定可对该所得或财产征税的情况下，应该给予免税。

八、根据第一款选择不适用任何选项的公约缔约一方，可保留权利，使本条整体不适用于其一个或多个指定的被涵盖税收协定（或不适用于其所有被涵盖税收协定）。

九、未选择适用C选项的公约缔约一方，可就其一个或多个指定的被涵盖税收协定（或就其所有被涵盖税收协定）保留权利，不允许缔约管辖区另一方或另几方选择适用C选项。

十、根据第一款选择适用某一选项的公约缔约方，应将其选项通知公约保存人。通知内容还应包括：

(一) 如果公约缔约一方选择适用A选项，则为其包含第三款所述规定的被涵盖税收协定清单及各此类规定的条款序号；

(二) 如果公约缔约一方选择适用B选项，则为其包含第五款所述规定的被涵盖税收协定清单及各此类规定的条款序号；

(三) 如果公约缔约一方选择适用C选项，则为其包含第七款所述规定的被涵盖税收协定清单及各此类规定的条款序号。选项应仅在已选择该选项的公约缔约一方就被涵盖税收协定中的规定作出上述通知的情况下，适用于被涵盖税收协定中的规定。

第三章　协定滥用

第六条　被涵盖税收协定的目的

一、应修订被涵盖税收协定，在序言纳入下述内容：

“旨在消除对本协定所适用税种的双重征税，同时防止逃避税行为所造成的不征税或少征税（包括通过协定套用安排，为第三方管辖区居民间接获得本协定下的税收优惠）”。

二、第一款所述内容应纳入被涵盖税收协定，替代被涵盖税收协定序言中旨在消除双重征税的表述，或者在被涵盖税收协定序言无此表述的情况下纳入，无论该表述是否提及避免造成不征税或少征税的目的。

三、在被涵盖税收协定序言未提及发展经济关系或者加强税收合作意愿相关内容的情况下，公约缔约一方也可选择在被涵盖税收协定序言中纳入以下内容：

“希望进一步发展其经济关系并加强税收合作，”。

四、如被涵盖税收协定序言已包含旨在消除双重征税，同时避免造成不征税或少征税的内容，公约缔约一方可保留权利，使第一款不适用于这些被涵盖税收协定，不论该内容限于逃税或避税案件（包括通过协定套用安排，为第三方管辖区居民间接获得本协定下的税收优惠）还是适用于更广范围。

五、除根据第四款作出保留的情况外，公约缔约各方应将其各被涵盖税收协定是否包含第二款所述的序言内容通知公约保存人，如果包括的话，也要通知相关序言段落的原文。如果所有缔约管辖区已就该序言内容作出通知，第一款所述内容应替代该序言内容。在其他情况下，应在现有序言内容基础上增加第一款所述内容。

六、选择适用第三款的所有公约缔约方都应将其选择通知公约保存人。通知内容还应包括序言中尚未包含发展经济关系或加强税收合作意愿内容的被涵盖税收协定清单。第三款所述内容仅在被涵盖税收协定的所有缔约管辖区均已选择适用该款，且已就被涵盖税收协定作出该项通知的情况下，才应纳入被涵盖税收协定。

第七条　防止协定滥用

一、虽有被涵盖税收协定的任何规定，如果在考虑所有相关事实和情况的基础上，可以合理认定任何直接或间接带来被涵盖税收协定待遇的安排或交易的主要目的之一是获得该待遇，则不应将该待遇给予相关所得或财产，除非可以确认，在这些情形下给予该待遇符合被涵盖税收协定相关规定的宗旨和目的。

二、第一款应替代被涵盖税收协定的相关规定适用，或者在被涵盖税收协定无此类规定的情况下适用。相关规定用于明确，由于任何安排或交易，或与安排或交易相关的任何人，其主要目的或主要目的之一是获取被涵盖税收协定待遇，而拒绝给予本应按照被涵盖税收协定给予的全部或部分待遇。

三、未就第十五款第（一）项所述内容作出保留的公约缔约方，也可选择将第四款适用于其被涵盖税收协定。

四、由于任何安排或交易，或与安排或交易相关的任何人，其主要目的或主要目的之一是获取被涵盖税收协定待遇，而拒绝给予本应给予的全部或部分待遇，如果根据被涵盖税收协定（可能被本公约修订）的上述规定，拒绝将被涵盖税收协定的某项待遇给予某人，则本该给予该项待遇的缔约管辖区一方主管当局，根据该人请求并经考虑相关事实和情况，确认在没有此类安排或交易的情况下应允许该人享受该项待遇，则仍应认为该人有权享受该待遇，或者可以就某项特定所得或财产享受其他待遇。接到上述请求的缔约管辖区一方主管当局应在与缔约管辖区另一方主管当局协商后，才能拒绝缔约管辖区另一方居民根据本款提交的请求。

五、第四款应适用于被涵盖税收协定（可能被本公约修订）中的下述规定，即因任何安排或交易，或与安排或交易相关的任何人，其主要目的或主要目的之一是获取被涵盖税收协定待遇，而拒绝给予本该给予的全部或部分待遇的规定。

六、公约缔约一方也可按照第十七款第（三）项作出通知，选择将第八款至第十三款（以下称“简化版利益限制条款”）所包含的规定适用于其被涵盖税收协定。简化版利益限制条款应仅在被涵盖税收协定的缔约管辖区各方都已选择适用时，才能适用于被涵盖税收协定。

七、如果被涵盖税收协定的所有缔约管辖区并未全部根据第六款选择适用简化版利益限制条款，则虽有第六款规定，简化版利益限制条款仍应按照下述方式适用于被涵盖税收协定有关给予协定待遇的规定：

（一）适用于被涵盖税收协定所有缔约管辖区，条件是所有未根据第六款选择适用简化版利益限制条款的缔约管辖区，通过选择适用本项规定同意此种适用方式并相应地通知公约保存人；或者

（二）仅适用于选择适用简化版利益限制条款的缔约管辖区，条件是所有未根据第六款选择适用简化版利益限制条款的缔约管辖区，通过选择适用本项规定同意此种适用方式并相应地通知公约保存人。

简化版利益限制条款

八、除简化版利益限制条款另有规定外，被涵盖税收协定缔约管辖区一方居民应不能享受被涵盖税收协定本应给予的待遇，除非在给予该待遇时，该居民是第九款定义的“合格的人”。但是，被涵盖税收协定规定的下列待遇除外：

（一）根据被涵盖税收协定中定义缔约管辖区一方居民的规定，除个人以外的人构成缔约管辖区双方或多方居民时，确定该人居民身份的待遇；

（二）缔约管辖区一方在缔约管辖区另一方根据被涵盖税收协定的规定，对关联企业的利润在首先提及的缔约管辖区一方征税的部分作出初始调整后，给予该缔约管辖区一方企业相应调整的待遇；或者

（三）允许缔约管辖区一方居民请求该缔约管辖区主管当局考虑不符合被涵盖税收协定规定的征税案件的待遇。

九、被涵盖税收协定的缔约管辖区一方居民，在被给予被涵盖税收协定待遇时，如果符合下列条件之一，则为合格的人：

（一）个人；

（二）该缔约管辖区，其行政区或地方当局，或该缔约管辖区、其行政区或地方当局的任何组织或机构；

（三）公司或其他实体，条件是其主要种类的股票经常在一个或多个被认可的证券交易所交易；

（四）除个人以外的人，条件是：

1. 非营利组织，且属于经缔约管辖区各方互换外交照会同意的类型；或者

2. 在该缔约管辖区一方成立并按照该缔约管辖区的税法视为单独的人的实体或安排，并且：

(1) 仅为或者几乎仅为个人管理或提供退休利益及其附属或附带利益而成立和经营，且由该缔约管辖区或其行政区或地方当局按此进行管理；或者

(2) 仅为或者几乎仅为第（1）分目提及的实体或安排的利益从事基金投资的目的而成立和经营；

（五）除个人以外的人，如果在包括本应给予待遇的时间在内的十二个月，作为该缔约管辖区一方居民且根据第（一）项至第（四）项有权享受被涵盖税收协定待遇的人，至少一半天数直接或间接拥有该人至少50%的股权。

十、（一）被涵盖税收协定的缔约管辖区一方居民，不论是否是合格的人，如果在该缔约管辖区一方从事积极经营活动，且其从缔约管辖区另一方取得的某项所得来源于或者附属于该经营活动，则该居民有权就来源于缔约管辖区另一方的此项所得享受被涵盖税收协定待遇。在简化版利益限制条款中，“从事积极经营活动”一语不包括下列活动或这些活动的任何组合：

1. 作为控股公司经营；

2. 为公司集团提供全面监督或管理；

3. 提供集团融资（包括资金池业务）；或者

4. 开展投资业务或者管理投资，但该活动由银行、保险公司或注册的证券交易商作为其常规经营活动开展的除外。

（二）如果被涵盖税收协定的缔约管辖区一方居民，从其在缔约管辖区另一方的经营活动中取得所得，或者从其高度关联方取得来源于缔约管辖区另一方的所得，则仅在该居民在缔约管辖区一方从事的与该所得相关的经营活

动，对于该居民或该高度关联方在缔约管辖区另一方从事的相同活动或者补充性经营活动来说具有实质性的情况下，才应认为满足第（一）项所述条件。

在本项中，应根据所有的事实和情况判定一项经营活动是否具有实质性。

（三）在本款中，被涵盖税收协定缔约管辖区一方居民的高度关联方从事的活动，应被视为该居民从事的活动。

十一、被涵盖税收协定的缔约管辖区一方居民即使不是合格的人，也应有权享受被涵盖税收协定给予某项所得的待遇，条件是在包括本应给予协定待遇的时间在内的任何十二个月，同等受益人至少一半天数直接或间接拥有该居民至少75%的受益权。

十二、如果被涵盖税收协定的缔约管辖区一方居民既不是第九款规定的合格的人，也不能根据第十款或第十一款享受协定待遇，缔约管辖区另一方主管当局在考虑被涵盖税收协定的宗旨和目的后，仍可给予其被涵盖税收协定待遇，或者就某项特定所得给予协定待遇，条件是该居民通过证明使该主管当局认可，其成立、并购或保有，或者其从事的业务，都不是以获得被涵盖税收协定待遇为主要目的之一。缔约管辖区一方的居民提出请求后，收到请求的缔约管辖区另一方主管当局应与首先提及的缔约管辖区一方主管当局协商，之后才能根据本款给予协定待遇或者拒绝请求。

十三、在简化版利益限制条款中：

（一）“被认可的证券交易所”一语是指：

1. 任何根据缔约管辖区一方的法律成立和管理的证券交易所；以及

2. 缔约管辖区主管当局各方同意的任何其他证券交易所；

（二）“主要种类的股票”一语是指，累计代表公司多数表决权和价值的一类或几类公司股票，或者累计代表多数表决权和价值的一类或几类受益权；

（三）“同等受益人”一语是指，根据被涵盖税收协定缔约管辖区一方国内法、被涵盖税收协定或任何其他国际文书，应就一项所得，由该被涵盖税收协定缔约管辖区一方给予其与被涵盖税收协定相同或更优惠待遇的任何人；为了确定一个人是否为股息的同等受益人，对于就股息要求享受协定待遇的公司所持有的财产，该人应被视为持有支付股息公司的相同财产。

（四）关于不是公司的实体，“股权”一语是指相当于股权的受益权。

（五）如果一人直接或间接拥有另一人至少50%的受益权（或者，在公司的情况下，拥有公司至少50%的表决权和股权价值），或者第三方直接或间接拥有其他两人每人至少50%的受益权（或者，在公司的情况下，拥有公司至少 50%的表决权和股权价值），则该两个人应是“高度关联方”；如果基于所有相关事实和情形，认定一方控制另一方，或者双方被相同的人控制，则在任何情况下，该两个人应为高度关联方。

十四、简化版利益限制条款应替代被涵盖税收协定的下述规定适用，或在没有相关规定的情形下适用。此类规定用于明确，享受被涵盖税收协定待遇（或者被涵盖税收协定中除有关居民、关联企业、非歧视待遇或并非仅限于缔约管辖区一方居民的待遇以外的协定待遇）的主体，仅限于通过一条或多条标准测试的合格的居民。

十五、公约缔约一方可保留以下权利：

（一）第一款不适用于其被涵盖税收协定，基于其拟采用详细版利益限制条款，以及应对导管融资架构的规则或主要目的测试，以达到 OECD/G20 BEPS 应对措施中防止协定滥用的最低标准；在这种情况下，缔约管辖区各方应努力达成各方满意的解决方案，来达到最低标准。

（二）第一款（以及第四款，如果公约缔约一方已选择适用该款）不适用于已包含下述规定的被涵盖税收协定。此类规定用于明确，如果任何安排或交易，或者与一项安排或交易相关的任何人，其主要目的或主要目的之一是获得协定待遇，则拒绝给予本应根据被涵盖税收协定给予的全部待遇。

（三）简化版利益限制条款不适用于已包含第十四款所述规定的被涵盖税收协定。

十六、除根据第七款规定，公约缔约一方或多方根据被涵盖税收协定适用简化版利益限制条款给予协定待遇的情况外，根据第六款选择适用简化版利益限制条款的公约缔约方可保留权利，使本条整体不适用于被涵盖税收协定。在缔约管辖区另一方或多方未选择适用简化版利益限制条款的情况下，缔约管辖区各方应通过努力达成各方满意的解决方案，来达到 OECD/G20 BEPS 应对措施中防止协定滥用的最低标准。

十七、（一）未就第十五款第（一）项所述内容作出保留的公约缔约各方，应通知公约保存人其各被涵盖税收协定中是否包含未根据第十五款第（二）项保留条款排除在外的第二款所述规定，如果包含的话，还应将各此类规定的条款序号通知公约保存人。如果被涵盖税收协定所有缔约管辖区均已就该协定规定作出此项通知，则由第一款（以及第四款，如适用）规定替代该规定。其他情况下，第一款（以及第四款，如适用）应仅替代被涵盖税收协定中与第一款（以及第四款，如适用）相冲突的规定。公约缔约一方根据本项作出的通知还可包括一项声明，即虽然该公约缔约方接受单独适用第一款作为临时措施，但在可能的情况下其将通过双边谈判采用利益限制条款以补充或者替代第一款。

（二）选择适用第四款的公约缔约方，应将其选择通知公约保存人。第四款仅在被涵盖税收协定的所有缔约管辖区已作出通知的情况下适用于该被涵盖税收协定。

（三）根据第六款选择适用简化版利益限制条款的公约缔约方，应将其选择通知公约保存人。除非该公约缔约方已作出第十五款第（三）项所述保留，该通知还应包括一个清单，列明包含第十四款所述规定的被涵盖税收协定，以及此类规定的条款序号。

（四）未根据第六款选择适用简化版利益限制条款，但选择适用第七款第（一）项或第（二）项的公约缔约方，应将其选择的项目通知公约保存人。除非该公约缔约方已作出第十五款第（三）项所述保留，该通知还应包括一个清单，列明包含第十四款所述规定的被涵盖税收协定，以及此类规定的条款序号。

（五）如果被涵盖税收协定的所有缔约管辖区，均已根据第（三）项或第（四）项，就该协定的某项规定作出此项通知，则该规定应被简化版利益限制条款替代。在其他情况下，简化版利益限制条款应仅替代被涵盖税收协定中与简化版利益限制条款相冲突的规定。

第八条　享受股息低档税率的条件

一、如果被涵盖税收协定规定，作为缔约管辖区一方居民的公司所支付的股息，在受益所有人或者收款人是缔约管辖区另一方居民的公司，且该公司拥有、持有或控制支付股息的公司超过一定数量的资本、股权、股票、表决权或类似所有者权益的情况下，给予免税或者限制对该股息的征税税率，则该规定应仅在包括支付股息日在内的 365 天期间（为计算该期间，直接导致公司重组的持股变化情况的时间不计算在内，比如对持股公司或支付股息公司的合并或分立重组）都符合上述规定所述的所有权条件的情况下适用。

二、第一款规定的最低持有期限应替代第一款所述的被涵盖税收协定规定中的最低持有期限，或者在没有最低持有期限的情形下适用。

三、公约缔约一方可保留以下权利：

（一）本条整体不适用于其被涵盖税收协定；

（二）本条整体不适用于其被涵盖税收协定，如果第一款所述规定已经包括：

1. 最低持有期限；

2. 少于365天的最低持有期限；或

3. 超过365天的最低持有期限。

四、未就第三款第（一）项所述内容作出保留的公约缔约方，应通知公约保存人其各被涵盖税收协定中是否包含未根据第三款第（二）项保留条款排除在外的第一款所述规定，如果包括的话，还应将各此类规定的条款序号通知公约保存人。如果被涵盖税收协定的所有缔约管辖区均已就该协定中的某项规定作出该项通知，则第一款应适用于该被涵盖税收协定的规定。

第九条　转让其价值主要来自于不动产的实体的股权或权益取得的财产收益

一、如果被涵盖税收协定规定，缔约管辖区一方居民从转让其所参与实体的股权或其他权益取得的收益，在这些股权或权益的超过一定比例的价值来自于位于缔约管辖区另一方的不动产（或者该实体超过一定比例的财产由不动产组成）的情况下，可以在该缔约管辖区另一方征税，则该规定：

（一）只要转让前365天内的任一时间可达到相关价值部分的标准，即可适用；

（二）除适用于规定已经涵盖的任何股权或权益以外，还应适用于诸如合伙企业或信托权益（如果尚未涵盖此类股权或权益）的股权或类似权益。

二、第一款第（一）项规定的期限应替代用来确定第一款所述被涵盖税收协定规定中的相关价值标准是否符合的时间期限，或在没有此类时间期限的情形下适用。

三、公约缔约方也可选择第四款适用于其被涵盖税收协定。

四、在被涵盖税收协定中，缔约管辖区一方居民转让股权或类似权益（比如合伙企业或信托中的权益）取得的收益，如果转让前365天内的任一时间，这些股权或类似权益超过50%的价值直接或间接来自于位于缔约管辖区另一方的不动产，则该收益可在该缔约管辖区另一方征税。

五、第四款应替代被涵盖税收协定的相关规定适用，或在没有此类规定的情形下适用。相关规定用于明确，缔约管辖区一方居民转让其所参与实体的股权或其他权益取得的收益，如果这些股权或权益超过一定比例的价值来自于位于缔约管辖区另一方的不动产，或者如果该实体的财产的一定比例由该不动产构成，可在该缔约管辖区另一方征税。

六、公约缔约方可保留以下权利：

（一）第一款不适用于其被涵盖税收协定；

（二）第一款第（一）项不适用于其被涵盖税收协定；

（三）第一款第（二）项不适用于其被涵盖税收协定；

（四）第一款第（一）项不适用于其被涵盖税收协定，如果该被涵盖税收协定已包含第一款所述之类的规定，纳入了用于确定是否达到相关价值标准的期限；

（五）第一款第（二）项不适用于其被涵盖税收协定，如果该被涵盖税收协定已包含第一款所述之类的规定，适用于转让除股权以外的权益；

（六）第四款不适用于其被涵盖税收协定，如果该被涵盖税收协定已包含第五款所述规定。

七、未作出第六款第（一）项所述保留的公约缔约方，应通知公约保存人其每个被涵盖税收协定是否包含第一款所述规定，如果包括的话，还应通知每个此类规定的条款序号。第一款仅在被涵盖税收协定所有缔约管辖区均已就该规定作出通知的情况下，适用于该被涵盖税收协定的规定。

八、选择适用第四款的公约缔约方应将其选择通知公约保存人。第四款应仅在被涵盖税收协定所有缔约管辖区均已作出该项通知的情况下，适用于该被涵盖税收协定。这种情况下，第一款应不适用于该被涵盖税收协定。如果公约缔约一方未作出第六款第（六）项所述保留，而已作出第六款第（一）项所述保留，该通知还应包括其包含第五款所述规定的被涵盖税收协定清单，以及此类规定的条款序号。如果被涵盖税收协定的所有缔约管辖区均已根据本款或第七款就该协定的某项规定作出此项通知，上述规定应被第四款的规定替代。在其他情况下，第四款应仅替代被涵盖税收协定中与第四款相冲突的规定。

第十条　针对位于第三方管辖区的常设机构的反滥用规定

一、如果：

（一）被涵盖税收协定缔约管辖区一方的企业从缔约管辖区另一方取得所得，且首先提及的缔约管辖区一方把该所得视为归属于企业位于第三方管辖区的常设机构的所得；并且

（二）归属于该常设机构的利润在首先提及的缔约管辖区一方免税，则被涵盖税收协定待遇不应适用于任何一项所得，条件是第三方管辖区对该所得的征税，少于首先提及的缔约管辖区一方在假设常设机构位于该缔约管辖区一方的情况下对其就该所得征税的60%。这种情况下，尽管有被涵盖税收协

定的其他规定，本款规定适用的任何所得，仍应按照缔约管辖区另一方国内法的规定征税。

二、如果从缔约管辖区另一方取得的第一款所述的所得，与通过该常设机构进行的积极经营活动相关或附属于该活动（不包括为企业本身开展投资、管理投资，或者仅仅持有投资的活动，除非是银行、保险企业或注册的证券交易商分别开展的银行、保险或证券活动），则第一款应不适用。

三、如果根据第一款，缔约管辖区一方居民取得的一项所得被拒绝给予被涵盖税收协定待遇，在该居民请求下，缔约管辖区另一方主管当局基于该居民未满足第一款和第二款规定的原因，认为给予相关协定待遇具有合理性，仍可就该所得给予这些待遇。缔约管辖区一方主管当局根据前述规定收到缔约管辖区另一方居民的请求后，在给予协定待遇或拒绝请求前，应与该缔约管辖区另一方主管当局商议。

四、第一款至第三款应替代被涵盖税收协定下述相关规定适用，或在没有此类规定的情形下适用。此类规定用于明确，对于缔约管辖区一方企业从缔约管辖区另一方取得但归属于该企业位于第三方管辖区的常设机构的所得，应拒绝或限制本应给予的协定待遇。

五、公约缔约方可保留以下权利：

（一）本条整体不适用于其被涵盖税收协定；

（二）本条整体不适用于其已包含第四款所述规定的被涵盖税收协定；

（三）本条仅适用于其已包含第四款所述规定的被涵盖税收协定。

六、未作出第五款第（一）项或第（二）项所述保留的公约缔约方，应通知公约保存人其每个被涵盖税收协定是否包含第四款所述规定，如果包括的话，还应通知每个此类规定的条款序号。如果被涵盖该税收协定的所有缔约管辖区均已就该协定的某项规定作出此项通知，该规定应被第一款至第三款的规定替代。在其他情况下，第一款至第三款应仅替代被涵盖税收协定中与该三款相冲突的规定。

第十一条　税收协定对居民国征税权的限制

一、被涵盖税收协定应不影响缔约管辖区一方对其居民的征税，根据被涵盖税收协定的以下规定所给予的待遇除外：

（一）要求该缔约管辖区一方，在缔约管辖区另一方根据被涵盖税收协定对该缔约管辖区一方企业的常设机构或关联企业利润的税额作出初始调整后，给予该企业相关或相应调整的规定；

（二）可能影响该缔约管辖区一方对该缔约管辖区一方居民个人的征税，如果该个人因向缔约管辖区另一方或其行政区或地方当局或其他类似机构提供服务取得所得的规定；

（三）可能影响该缔约管辖区一方对该缔约管辖区一方居民个人的征税，如果该个人是符合被涵盖税收协定规定条件的学生、学徒或实习生、教师、教授、讲师、指导员、研究人员或研究学者的规定；

（四）要求该缔约管辖区一方为该缔约管辖区一方居民就所得给予抵扣或免税，如果缔约管辖区另一方根据被涵盖税收协定可对该所得征税（包括根据被涵盖税收协定归属于位于该缔约管辖区另一方的常设机构的利润）的规定；

（五）保护该缔约管辖区一方居民免于在该缔约管辖区受到某些税收征管歧视的规定；

（六）允许该缔约管辖区一方居民请求该缔约管辖区或任何一方缔约管辖区主管当局考虑不符合被涵盖税收协定的征税案件的规定；

（七）可能影响该缔约管辖区一方对该缔约管辖区一方居民个人的征税，如果该个人具有缔约管辖区另一方的外交、政府或领事官员的身份的规定；

（八）关于根据缔约管辖区另一方社会保障法支付的养老金或其他支付，应仅在该缔约管辖区另一方征税的规定；

（九）关于来源于缔约管辖区另一方的养老金和类似支付、年金、赡养费或其他抚养费，应仅在该缔约管辖区另一方征税的规定；或

（十）明确限制缔约管辖区一方对其居民征税的权利，或者明确作为某项所得来源地的缔约管辖区一方对该所得独享征税权的规定。

二、第一款应替代被涵盖税收协定的下述相关规定适用，或在没有此类规定的情形下适用，此类规定用于明确被涵盖税收协定不影响缔约管辖区一方对其居民征税。

三、公约缔约一方可保留以下权利：

（一）本条整体不适用于其被涵盖税收协定；

（二）本条整体不适用于其已包含第二款所述规定的被涵盖税收协定。

四、未作出第三款第（一）项或第（二）项所述保留的公约缔约方，应通知公约保存人其被涵盖税收协定是否包含第二款所述规定，如果包括的话，还应通知每个此类规定的条款序号。在被涵盖税收协定所有缔约管辖区均已就该协定的规定作出该项通知的情况下，该规定应被第一款规定替代。在其

他情况下，第一款应仅替代被涵盖税收协定中与该款相冲突的规定。

第四章　规避常设机构构成

第十二条　通过佣金代理人和类似安排人为规避常设机构构成

一、虽有被涵盖税收协定中定义“常设机构”一语的规定，但除第二款另有规定外，如果一人在被涵盖税收协定的缔约管辖区一方代表企业从事活动，经常订立合同或在合同订立过程中发挥主要作用，合同按惯例订立且企业不进行实质性修改，且该合同：

（一）以该企业的名义订立，或

（二）涉及该企业拥有或有权使用的财产的所有权的转让，或使用权的授予，或

（三）涉及该企业提供的服务，对于该人为该企业从事的任何活动，应认为该企业在该缔约管辖区一方设有常设机构，除非根据被涵盖税收协定（可能被本公约修订）关于常设机构的定义，在该企业通过位于该缔约管辖区一方的固定营业场所开展活动的情况下，不会因为这些活动将该固定营业场所认定为常设机构。

二、如果一人作为独立地位代理人，在被涵盖税收协定的缔约管辖区一方，代表缔约管辖区另一方的企业从事活动，且代理行为是其常规经营的一部分，则第一款应不适用。然而，如果一人专门或者几乎专门代表其一个或多个紧密关联企业从事活动，则不应认为该人是这些企业中任何一个的本款意义上的独立地位代理人。

三、（一）第一款应替代被涵盖税收协定的下述相关规定适用。此类规定用于明确，对于除独立地位代理人之外的人，在缔约管辖区一方为企业从事活动，在何种条件下该企业应被认为在该缔约管辖区一方设有常设机构（或者该人应被认定为缔约管辖区一方的常设机构），但仅限于处理该人有权在该缔约管辖区一方以该企业的名义订立合同并经常行使这种权利的情形。

（二）第二款应替代被涵盖税收协定的下述相关规定适用。此类规定用于明确，对于独立地位代理人代表一个企业在缔约管辖区一方从事活动，不应认为该企业在该缔约管辖区一方设有常设机构。

四、公约缔约方可保留权利，使本条规定整体不适用于其被涵盖税收协定。

五、未作出第四款所述保留的公约缔约方，应通知公约保存人，其各被涵盖税收协定是否包含第三款第（一）项所述规定及各此类规定的条款序号。第一款应仅在被涵盖税收协定的所有缔约管辖区均就该协定规定作出通知的

情况下，适用于该规定。

六、未作出第四款所述保留的公约缔约方，应通知公约保存人，其各被涵盖税收协定是否包含第三款第（二）项所述规定及各此类规定的条款序号。第二款应仅在被涵盖税收协定的所有缔约管辖区均就该协定规定作出通知的情况下，适用于该规定。

第十三条 通过特定活动豁免人为规避常设机构构成

一、公约缔约方可选择适用第二款（A 选项）或第三款（B 选项），或选择都不适用。

A 选项

二、虽有被涵盖税收协定中定义“常设机构”一语的规定，“常设机构”一语应认为不包括：

（一）被涵盖税收协定（被本公约修订之前）中列明的不被认为构成常设机构的活动，无论这些不构成常设机构的例外情形是否取决于该活动为准备性质或辅助性质；

（二）专为本企业开展第（一）项未作规定的任何活动所设的固定营业场所；

（三）专为开展第（一）项和第（二）项所述活动的任意结合所设的固定营业场所；前提是该活动，或者在第（三）项的情况下，固定营业场所的整体活动，属于准备性质或辅助性质。

B 选项

三、虽有被涵盖税收协定中定义“常设机构”一语的规定，“常设机构”一语应认为不包括：

（一）被涵盖税收协定（被本公约修订之前）中列明的不被认为构成常设机构的活动，无论这些不构成常设机构的例外情形是否取决于该活动属于准备性质或辅助性质，除非被涵盖税收协定相关条款明确规定，某个特定活动只有属于准备性质或辅助性质，才不应被认为构成常设机构；

（二）专为本企业开展第（一）项未作规定的任何活动所设的固定营业场所，条件是该活动属于准备性质或辅助性质；

（三）专为开展第（一）项和第（二）项所述活动的结合所设的固定营业场所，条件是上述活动的结合使该固定营业场所的整体活动属于准备性质或辅助性质。

四、被涵盖税收协定（可能被第二款或第三款修订）中对不构成常设机构的活动进行列明的规定，不应适用于企业使用或者所设的固定营业场所，条件是该企业或其紧密关联企业在同一场所或者同一缔约管辖区的另一场所开展活动，并且：

（一）根据被涵盖税收协定定义常设机构的规定，该场所或另一场所构成该企业或其紧密关联企业的常设机构；或者

（二）两个企业在同一场所开展活动的结合，或者同一企业或其紧密关联企业在两个场所开展活动的结合，使整体活动不属于准备性质或辅助性质，前提是两个企业在同一场所开展的营业活动，或者同一企业或其紧密关联企业在两个场所开展的营业活动，构成整体营业活动中功能互补的组成部分。

五、（一）第二款或第三款应替代被涵盖税收协定下述相关部分规定适用。此类规定列明某些特定活动，其即使通过固定营业场所开展，也不视为构成常设机构（或被涵盖税收协定中以类似方式规定的条款）。

（二）第四款应适用于被涵盖税收协定（可能被第二款或第三款修订）的下述相关规定。此类规定列明某些特定活动，其即使通过固定营业场所开展，也不视为构成常设机构（或被涵盖税收协定中以类似方式规定的条款）。

六、公约缔约一方可保留以下权利：

（一）本条规定整体不适用于其被涵盖税收协定；

（二）第二款不适用于其被涵盖税收协定，如果该协定明确规定，某些特定活动只有在每项活动都属于准备性质或辅助性质的情况下才不应构成常设机构；

（三）第四款不适用于其被涵盖税收协定。

七、根据第一款作出选择的公约缔约方，应将其选项通知公约保存人。通知内容还应包括其包含第五款第（一）项所述规定的被涵盖税收协定清单，以及此类规定的条款序号。选项只有在被涵盖税收协定的所有缔约管辖区均已作出同样选择并已就协定规定作出该项通知的情况下，才能适用于该规定。

八、未作出第六款第（一）项或第（三）项所述保留且未根据第一款选择适用任何选项的公约缔约方，应通知公约保存人其各被涵盖税收协定是否包含第五款第（二）项所述规定及各此类规定的条款序号。第四款应仅在被涵盖税收协定的所有缔约管辖区均已根据本款或第七款规定就协定规定作出通知的情况下，适用于该规定。

第十四条　合同拆分

一、在被涵盖税收协定关于特定工程或活动在超过某一时限（或不同时

限）之后构成常设机构的规定中，仅为确定是否超过该时限（或不同时限）的目的：

（一）缔约管辖区一方企业在缔约管辖区另一方的建筑工地、建筑工程、安装工程或被涵盖税收协定相关规定明确的其他特定工程等场所开展活动，或者在被涵盖税收协定规定涉及监督或咨询活动的情况下，开展与该场所相关的监督咨询活动，且这些活动在一个或多个时间段内开展，累计超过30天但未超过被涵盖税收协定相关规定的时限；并且

（二）首先提及企业的一个或多个紧密关联企业在该缔约管辖区另一方的同一建筑工地、建筑或安装工程或被涵盖税收协定相关规定明确的其他场所，在不同时间段开展相关活动（或者在被涵盖税收协定相关规定适用于监督或咨询活动的情况下，开展与该场所相关的监督咨询活动），每个时间段都超过了30天，这些不同时间段应计入首先提及的企业在该建筑工地、建筑或安装工程或被涵盖税收协定相关规定明确的其他场所开展活动的累计时间。

二、第一款应替代被涵盖税收协定的下述相关规定适用，或者在被涵盖税收协定无此类规定的情况下适用。此类规定用于解决第一款所述的通过拆分合同避免使特定工程或活动超过一定期限而构成常设机构的问题。

三、公约缔约一方可保留以下权利：

（一）本条规定整体不适用于其被涵盖税收协定；

（二）本条规定整体不适用于其被涵盖税收协定关于勘探或开发自然资源的规定。

四、未就第三款第（一）项所述内容作出保留的公约缔约方，应通知公约保存人其各被涵盖税收协定是否包含未根据第三款第（二）项保留条款排除在外的第二款所述规定，如果包括的话，还应将各此类规定的条款序号通知公约保存人。如果被涵盖税收协定的所有缔约管辖区均已就该协定的某项规定作出此项通知，则应按照第二款规定，由第一款替代该协定规定。在其他情况下，第一款应仅替代被涵盖税收协定中与第一款相冲突的规定。

第十五条　与企业紧密关联的人的定义

一、被涵盖税收协定的规定被本公约第十二条（通过佣金代理人和类似安排人为规避常设机构构成）第二款、第十三条（通过特定活动豁免人为规避常设机构构成）第四款或第十四条（合同拆分）第一款修订后，如果基于所有相关事实和情况，认定某人和某企业中的一方控制另一方，或双方被相同的人或企业控制，则应认为该人与该企业紧密关联。在任何情况下，如果

一方直接或间接拥有另一方超过 50%的受益权（或者在公司的情况下，超过 50%的表决权和股权或受益权的价值），或者第三方直接或间接拥有该人和该企业超过 50%的受益权（或者在公司的情况下，超过 50%的表决权和股权或受益权的价值），则应认为该人与该企业紧密关联。

二、已按第十二条（通过佣金代理人和类似安排人为规避常设机构构成）第四款、第十三条（通过特定活动豁免人为规避常设机构构成）第六款第（一）项或第（三）项，以及第十四条（合同拆分）第三款第（一）项作出保留的公约缔约方可保留权利，使本条整体不适用于其上述保留适用的被涵盖税收协定。

第五章　改进争议解决

第十六条　相互协商程序

一、如果某人认为，缔约管辖区一方或双方所采取的措施，导致或将导致对其的征税不符合被涵盖税收协定的规定时，该人可不考虑各缔约管辖区国内法律的救济办法，将案件提交缔约管辖区任何一方主管当局。该项案情必须在不符合被涵盖税收协定规定的征税措施第一次通知之日起三年内提出。

二、上述主管当局如果认为所提意见合理，又不能单方面圆满解决时，应设法同缔约管辖区另一方主管当局相互协商解决，以避免不符合被涵盖税收协定的征税。如双方达成协议，其执行不受缔约管辖区国内法律有关时限的限制。

三、缔约管辖区各主管当局应通过相互协商设法解决在解释或实施本协定时所发生的困难或疑义。缔约管辖区各主管当局也可对被涵盖税收协定未作规定的消除双重征税问题进行协商。

四、（一）1. 第一款第一句应替代被涵盖税收协定的下述相关规定（或部分规定）适用，或在未有此规定的情形下适用。此类规定通常表述为：如一人认为，缔约管辖区一方或双方所采取的措施，导致或将导致对其的征税不符合被涵盖税收协定的规定时，该人可不考虑各缔约管辖区国内法律的救济办法，将案情提交该人为其居民的缔约管辖区一方主管当局，包括根据有关规定，如果其案情属于被涵盖税收协定中关于基于国籍的非歧视待遇规定，可将该案情提交该人为其国民的缔约管辖区一方主管当局。

2. 第一款第二句应替代被涵盖税收协定的下述相关规定适用，此类规定通常表述为：第一款第一句所述案情，必须在不符合被涵盖税收协定规定的征税措施第一次通知之日起，在少于三年的期间内提出，或者在被涵盖税收协定未有描述案情必须在一定期间内提出的规定的情况下适用。

（二）1. 第二款第一句应在被涵盖税收协定中未有下述相关规定的情况下适用，此类规定通常表述为：第一款所述的人向其提交案情的主管当局，如果认为所提意见合理，又不能单方面圆满解决时，应设法同缔约管辖区另一方主管当局相互协商解决，以避免不符合被涵盖税收协定的征税。

2. 第二款第二句应在被涵盖税收协定中未有下述相关规定的情况下适用，即关于所达成协议的执行不受缔约管辖区国内法律时限限制的规定。

（三）1. 第三款第一句应在被涵盖税收协定中未有下述相关规定的情况下适用，即关于缔约管辖区各主管当局应通过相互协商设法解决在解释或实施被涵盖税收协定时所发生的困难或疑义的规定。

2. 第三款第二句应在被涵盖税收协定中未有下述相关规定的情况下适用，即关于缔约管辖区各主管当局也可对本协定未作规定的消除双重征税问题进行协商的规定。

五、公约缔约一方可保留以下权利：

（一）第一款第一句不适用于其被涵盖税收协定，基于其意在通过以下方式达到 OECD/G20 BEPS 应对措施关于改进争议解决的最低标准，即确保根据其各被涵盖税收协定（允许一人向缔约管辖区任何一方主管当局提交案情的被涵盖税收协定除外），如一人认为缔约管辖区一方或双方所采取的措施，导致或将导致对其的征税不符合被涵盖税收协定的规定时，该人可不考虑各缔约管辖区国内法律的救济办法，将案情提交该人为其居民的缔约管辖区一方主管当局，或者如果其案情属于被涵盖税收协定中关于基于国籍的非歧视待遇规定，提交该人为其国民的缔约管辖区一方主管当局；该缔约管辖区主管当局在收到提交的请求后，如果认为所提意见不合理，将与缔约管辖区另一方主管当局执行双边通知或协商程序；

（二）第一款第二句不适用于其被涵盖税收协定，如果该协定未规定第一款第一句所述的案件必须在特定时间内提交。该保留是基于其意在通过以下方式达到 OECD/G20 BEPS 应对措施关于改进争议解决的最低标准，即确保为执行所有该类被涵盖税收协定，第一款所述纳税人在不符合被涵盖税收协定规定的征税措施第一次通知之日起，被允许至少在三年内提出；

（三）第二款第二句不适用于其被涵盖税收协定，基于其所有的被涵盖税收协定满足下列条件：

1. 相互协商程序达成的任何协议应被执行，不受各缔约管辖区国内法律

时限限制；或

2. 其拟通过在其双边协定谈判中接受如下协定规定达到 OECD/G20 BEPS 应对措施规定的最低标准，即：

1）经缔约管辖区双方协商同意，在常设机构利润归属的纳税年度结束后的一定期限后，对于缔约管辖区一方企业的常设机构的利润归属，缔约管辖区双方应不再作出调整（该规定应不适用于欺骗、重大过失或故意拖延的情况）；以及

2）经缔约管辖区双方协商同意，对于本应归属于企业的利润，但因被涵盖税收协定中关于关联企业规定所述的条件而未归属于企业的，在利润本该归属于企业的纳税年度结束后的一定期限之后，缔约管辖区双方应不再把该利润归属于该企业并据此征税（该规定应不适用于欺骗、重大过失或故意拖延的情况）。

六、（一）未就第五款第（一）项所述内容作出保留的公约缔约各方，应将其各被涵盖税收协定是否包括第四款第（一）项第 1 目所述规定的情况，以及如果包括的话，每个此类规定的条款序号，通知公约保存人。在所有缔约管辖区已就被涵盖税收协定的规定作出通知的情况下，第一款第一句的规定应替代该规定。在其他情况下，第一款第一句应仅替代被涵盖税收协定中与该句相冲突的规定。

（二）未就第五款第（二）项所述内容作出保留的公约缔约各方，应将下列信息通知公约保存人：

1. 包含如下规定的被涵盖税收协定的清单，即第一款第一句所述的案情，必须在不符合被涵盖税收协定规定的征税措施第一次通知之日起的少于三年的特定期间内提交的规定，以及此类规定的条款序号；如果所有缔约管辖区已就该规定作出该项通知，则被涵盖税收协定规定应被第一款第二句替代；除第 2 目以外的其他情况下，第一款第二句应仅替代被涵盖税收协定中与该句相冲突的规定；

2. 包含如下规定的被涵盖税收协定的清单，即第一款第一句所述的案情，必须在不符合被涵盖税收协定规定的征税措施第一次通知之日起的至少三年的特定期间内提交的规定，以及此类规定的条款序号；如果缔约管辖区任何一方已就被涵盖税收协定作出该项通知，第一款第二句应不适用于该被涵盖税收协定；

（三）公约缔约各方应将下列信息通知公约保存人：

1. 不包含第四款第（二）项第1目所述规定的被涵盖税收协定的清单；仅在所有缔约管辖区已就该被涵盖税收协定作出该项通知的情况下，第二款第一句应适用于被涵盖税收协定；

2. 如果公约缔约一方未就第五款第（三）项所述内容作出保留，不包含第四款第（二）项第2目所述规定的被涵盖税收协定的清单；仅在所有缔约管辖区已就该被涵盖税收协定作出该项通知的情况下，第二款第二句应适用于被涵盖税收协定；

（四）公约缔约各方应将下列信息通知公约保存人：

1. 不包含第四款第（三）项第1目所述规定的被涵盖税收协定的清单；仅在所有缔约管辖区已就该被涵盖税收协定作出该项通知的情况下，第三款第一句应适用于被涵盖税收协定；

2. 不包含第四款第（三）项第2目所述规定的被涵盖税收协定的清单；仅在所有缔约管辖区已就该被涵盖税收协定作出该项通知的情况下，第三款第二句应适用于被涵盖税收协定。

第十七条　相应调整

一、当缔约管辖区一方将缔约管辖区另一方已就该缔约管辖区另一方企业征税的利润——在两个企业之间的关系是独立企业之间关系的情况下，这部分利润本应由首先提及的缔约管辖区一方企业取得——包括在该缔约管辖区一方企业的利润内，并相应征税，则该缔约管辖区另一方应对该部分利润的征税额进行适当调整。在确定上述调整时，应适当考虑被涵盖税收协定的其他规定，如有必要，缔约管辖区双方主管当局应相互协商。

二、第一款应替代下述相关规定适用，或在未有此类规定的情形下适用。此类规定要求缔约管辖区一方，在缔约管辖区另一方将利润包括在其企业的利润中——在两个企业之间的关系是独立企业之间关系的情况下，这部分利润本应由该缔约管辖区另一方企业取得——并据此征税的情况下，应对该缔约管辖区一方企业利润的征税进行适当调整。

三、公约缔约一方可保留以下权利：

（一）本条整体不适用于其已经包括第二款所述规定的被涵盖税收协定；

（二）本条整体不适用于其被涵盖税收协定，基于其被涵盖税收协定中未有第二款所述规定：

1. 其应根据本条第一款进行适当调整；或者

2. 其主管当局应努力根据被涵盖税收协定中关于相互协商程序的规定解

决案情。

（三）在公约缔约一方就第十六条（相互协商程序）第五款第（三）项第 2 目作出保留的情况下，本条整体不适用于其被涵盖税收协定，基于其在双边协定谈判中应接受第一款所述之类的协定规定，条件是缔约管辖区双方能够就该规定以及第十六条（相互协商程序）第五款第（三）项第 2 目所述规定达成一致。

四、未就第三款所述内容作出保留的公约缔约各方，应将其各被涵盖税收协定是否包含第二款所述规定的情况，以及如果包括的话，各此类规定的条款序号，通知公约保存人。

在所有缔约管辖区已就被涵盖税收协定的规定作出该项通知的情况下，第一款规定应替代该规定。在其他情况下，第一款应仅替代被涵盖税收协定中与第一款相冲突的规定。

第六章　仲裁

第十八条　第六章的选择适用

公约缔约一方可选择本章适用于其被涵盖税收协定，并应相应通知公约保存人。本章应仅在被涵盖税收协定缔约双方均已作出该项通知的情况下在缔约管辖区双方间适用。

第十九条　强制性有约束力的仲裁

一、在下列情况下：

（一）根据被涵盖税收协定（可能被第十六条（相互协商程序）第一款修订）规定，即如果某人认为，缔约管辖区一方或者双方采取的措施，导致或将导致对该人的征税不符合被涵盖税收协定（可能被本公约修订）规定，该人可将案情提交给缔约管辖区一方主管当局，一人已将案件提交给缔约管辖区一方主管当局，并且

（二）双方主管当局无法根据被涵盖税收协定（可能被第十六条（相互协商程序）第二款修订）有关规定，视案件情况（除非在达到截止期限前，缔约管辖区双方主管当局对于该案达成了不同的时限，并已通知提起该案的人），从第八款或第九款提及的起始时间开始计算，在两年内就该案的解决达成协议，对于由该案引起的任何未决事项，如果该人书面提出仲裁申请，则上述未决事项应按本章所述形式被提交至仲裁解决，并按照缔约管辖区双方主管当局根据第十款规定达成一致的任何规则或程序进行。

二、如果一方主管当局，因法庭或行政庭正在审理一个具有一项或多项

相同事项的案件，而已中止第一款提及的相互协商程序，第一款第（二）项规定的期间将停止计算，直到法庭或行政庭作出最终裁定，或者该案被中止或撤回。此外，在提交案情的人与主管当局已就中止相互协商程序达成一致的情况下，第一款第（二）项规定的期间将停止计算，直到中止结束。

三、如果双方主管当局一致认为，受案件直接影响的人，在第一款第（二）项规定的期间开始后，未能及时提交任何一方主管当局要求补充的实质性信息，则第一款第（二）项规定的期间应相应延长。延长时间相当于作出提供信息要求的日期至提供信息的日期的期间。

四、（一）对提交仲裁事项的裁决应通过第一款提及案件的相互协商执行。仲裁裁决为最终裁定。

（二）仲裁裁决应对缔约管辖区双方具有约束力，但下列情形除外：

1. 受案件直接影响的人不接受执行仲裁裁决的相互协商结果。在此情况下，该案件不应再被双方主管当局进一步考虑。如果受案件直接影响的任何人，在作出相互协商结果通知之日后60日内，未从任何法庭或行政庭撤回已通过执行仲裁裁决的相互协商结果解决的所有事项，或采取与该相互协商结果一致的方式终止法庭或行政庭就上述事项的审理程序，则应认为执行该案件仲裁裁决的相互协商结果未被该受案件直接影响的人接受。

2. 缔约管辖区一方的法庭作出最终裁定，认为仲裁裁决无效。在此情况下，根据第一款提出的仲裁申请应视为未提出，仲裁程序也应视为未发生（除第二十一条（仲裁程序的保密）和第二十五条（仲裁程序的费用）的情形外）。在此情况下，可以重新提出仲裁申请，除非双方主管当局一致认为不应允许该新申请。

3. 受案件直接影响的人在任何法庭或行政庭，就执行仲裁裁决的相互协商结果已经解决的事项提起诉讼。

五、收到关于提起第一款第（一）项所述相互协商程序初始申请的主管当局，在收到申请的两个公历月内，应：

（一）向提交案情的人发出通知，告知已收到申请；并且

（二）向缔约管辖区另一方主管当局就该申请发出通知，并附上申请的复印件。

六、主管当局一方收到相互协商程序（或者从缔约管辖区另一方主管当局收到申请的复印件）申请的三个公历月内，应：

（一）通知提交案情的人和另一方主管当局已收到对案件进行实质审查所

需的信息；或者

（二）要求该人补充提供相关信息。

七、如果根据第六款第（二）项规定，一方或双方主管当局要求提交案情的人补充提供相关信息，以便对案件进行实质审查，提出要求的主管当局应在收到该人提交的补充信息后的三个公历月内，通知该人和另一方主管当局：

（一）已收到要求的信息；或者

（二）有些要求的信息尚未提供。

八、如果任何一方主管当局都未根据第六款第（二）项要求补充提供信息，第一款所指的起始日期应为下列日期中的较早者：

（一）双方主管当局根据第六款第（一）项通知提交案情的人的日期；和

（二）根据第五款第（二）项通知缔约管辖区另一方主管当局后的三个公历月的日期。

九、如果根据第六款第（二）项要求补充提供信息，第一款所指的起始日期应为下列日期中的较早者：

（一）要求补充提供信息的主管当局根据第七款第（一）项规定向提交案情的人和另一方主管当局作出通知的最晚日期；和

（二）双方主管当局均已收到任何一方主管当局向提交案情的人要求的信息后的三个公历月的日期。然而，如果一方或双方主管当局发出第七款第（二）项所述通知，该通知应认为属于第六条第（二）项规定的补充提供信息的要求。

十、缔约管辖区主管当局各方应就确定实施本章所述规定的方式达成协议（根据相关被涵盖税收协定关于相互协商程序的条款），包括各主管当局对案件进行实质审查所需的最低限度的信息。此类协议应在案件的未决事项第一次符合条件并被提交仲裁之日前签订，并可随时修订。

十一、为使本条适用于其被涵盖税收协定，公约缔约方可保留权利，用三年期限替代第一款第（二）项规定的两年期限。

十二、虽有本条其他规定，公约缔约方可保留权利，使下列规定适用于其被涵盖税收协定：

（一）本应属于本公约规定的适用仲裁范围的相互协商程序案件的任何未决事项，如果缔约管辖区任何一方的法庭或行政庭已经对其作出裁定，应不被提交仲裁。

（二）仲裁申请提交后的任一时间，在仲裁庭向缔约管辖区各主管当局送达裁决之前，如果缔约管辖区一方的法庭或行政庭已对相关事项作出裁定，仲裁程序应即终止。

第二十条　仲裁员的任命

一、除缔约管辖区双方主管当局就不同规则达成协议的情形外，第二款至第四款的规定应为本章的目的而适用。

二、仲裁庭成员的任命应遵循下列规则：

（一）仲裁庭应由具备国际税收专业知识或经验的三位个人成员组成。

（二）各主管当局应在第十九条（强制性有约束力的仲裁）第一款有关仲裁申请提出后60天内任命一位仲裁员。两位被任命的仲裁员，应在其中较晚的任命之日起60天内，共同任命第三位仲裁员，并由该人担任仲裁庭主席。主席应不是缔约管辖区任何一方的国民或居民。

（三）在接受任命时，被任命的每位仲裁员必须中正不偏，独立于缔约管辖区双方主管当局、税务机关和财政部门以及受案件直接影响的所有人及其顾问，并在整个仲裁程序中保持公正性和独立性，以及在案件仲裁结束后的合理期间内，避免任何可能破坏仲裁程序中仲裁员公正性和独立性形象的行为。

三、如果缔约管辖区一方主管当局未能按照第二款规定的或者缔约管辖区双方主管当局同意的方式和期限任命仲裁员，应由经济合作与发展组织税收政策和管理中心的非缔约管辖区任何一方国民的最高职位官员代为任命。

四、如果两位初始仲裁员未能按照第二款规定的或者缔约管辖区双方主管当局同意的方式和期限任命主席，主席应由经济合作与发展组织税收政策和管理中心的非缔约管辖区任何一方国民的最高职位官员代为任命。

第二十一条　仲裁程序的保密

一、仅为适用本章规定以及被涵盖税收协定和缔约管辖区双方国内法中关于信息交换、保密和征管协助的规定的目的，仲裁庭成员和每位成员的最多三位助手（以及预备仲裁员，但仅限于证明其符合仲裁员标准所需的程度）可知悉相关案件信息。仲裁庭或预备仲裁员获取的信息以及双方主管当局从仲裁庭获取的信息，应被认为属于根据被涵盖税收协定中信息交换和征管协助的规定而交换的信息。

二、缔约管辖区双方主管当局应确保，仲裁员及其助手在仲裁庭程序开始前，书面同意对仲裁过程中接触到的信息保密，就像对待被涵盖税收协定信息交换和征管协助条款以及缔约管辖区适用的法律规定的保密和不泄露义务一样。

第二十二条　仲裁结束前的案件解决

为本章以及有关被涵盖税收协定中关于通过相互协商解决案件规定的目的，在仲裁申请提交后的任一时间，在仲裁庭向缔约管辖区各主管当局送达裁决之前，如果发生以下情形，则有关案件的相互协商程序以及仲裁程序应终止：

（一）缔约管辖区双方主管当局就解决案件达成协议；或

（二）提交案件的人撤回仲裁申请或者相互协商程序申请。

第二十三条　仲裁程序的类型

一、除缔约管辖区双方主管当局就不同规则达成协议的情形外，下列规则应适用于本章的仲裁程序：

（一）案件提交仲裁后，缔约管辖区双方主管当局应在协议约定日期前向仲裁庭提交一份解决案件中所有未决事项的建议案（把此前双方主管当局针对该案的所有共识考虑在内）。建议案应局限于对特定金额的处理（比如所得或费用），或者在指明的情况下，对于该案的每一项调整或类似事项，按照被涵盖税收协定规定征税的最高税率。如果缔约管辖区双方主管当局未能就某事项是否符合被涵盖税收协定的适用条件达成协议（以下称“门槛问题”），比如个人是否具有居民身份或者是否构成常设机构，双方主管当局对取决于此类门槛问题的解决才能再作决定的事项，可提交可选择的解决建议案。

（二）各缔约管辖区主管当局还可提交支持性的立场书，供仲裁庭考虑。提交解决建议案或支持性立场书的主管当局，应在解决建议案和支持性立场书提交的截止日期前，向对方主管当局提供一份复印件。各主管当局还可在协议约定日期前就对方主管当局提交的解决建议案和支持性立场书，向仲裁庭提交答辩状。在答辩状提交的截止日期前，应向对方主管当局提供一份答辩状的复印件。

（三）仲裁庭应为每个事项和任何门槛问题，从各主管当局提交的解决建议案中选择一个作为裁决，且应不包括对裁决的任何说明或解释。仲裁裁决应以仲裁员的简单多数方式作出决定。仲裁庭应以书面形式将裁决送达缔约管辖区双方主管当局。仲裁庭的裁决应不具任何先例性价值。

二、为使本条适用于其被涵盖税收协定，公约缔约方可保留权利，使第一款不适用于其被涵盖税收协定。在此情况下，除缔约管辖区双方主管当局就不同规则达成协议的情形外，下列规则应适用于仲裁程序：

（一）案件提交仲裁后，各缔约管辖区主管当局应向所有仲裁员提交作出仲裁裁决可能需要的任何信息，且不得无故延迟提交。除缔约管辖区双方主管当局另有约定外，在双方主管当局收到仲裁申请之前未被双方主管当局获取的信息，在作出裁决时应不予考虑。

（二）仲裁庭应按照被涵盖税收协定的规定，以及从属于这些规定的缔约管辖区国内法规定，裁定被提交仲裁的事项。仲裁员还应考虑缔约管辖区双方主管当局协商同意并明确指出的任何其他信息来源。

（三）仲裁裁决应以书面形式送达双方主管当局，并应说明所依据法律的渊源以及导致结论的推理。仲裁裁决应由仲裁员的简单多数决定。仲裁裁决应不具任何先例性价值。

三、未作出第二款所述保留的公约缔约方，可保留权利，使本条前述各款不适用于其被涵盖税收协定，条件是缔约对方作出了该保留。在此情况下，被涵盖税收协定缔约管辖区各方主管当局应努力就被涵盖税收协定适用的仲裁程序类型达成协议。在协议达成前，第十九条（强制性有约束力的仲裁）应不适用于相关被涵盖税收协定。

四、公约缔约方也可选择就其被涵盖税收协定适用第五款，并应相应通知公约保存人。如果缔约管辖区任何一方已作出通知，第五款应适用于被涵盖税收协定的缔约管辖区双方。

五、仲裁程序开始前，被涵盖税收协定缔约管辖区各方主管当局应确保，提交案情的每个人及其顾问以书面形式同意，不向任何其他人泄露在仲裁程序中从任何一方主管当局或仲裁庭获取的信息。仲裁申请提交后的任一时间，在仲裁庭向缔约管辖区各主管当局送达裁决之前，如果提交案情的人或该人的顾问实质上违反了该协议，根据被涵盖税收协定规定对该案进行的相互协商程序以及根据本章进行的仲裁程序应终止。

六、虽有第四款规定，选择不适用第五款的公约缔约方可保留权利，使第五款不适用于其一个或多个指明的被涵盖税收协定或所有的被涵盖税收协定。

七、选择适用第五款的公约缔约方可保留权利，使本章不适用于其被涵盖税收协定，如果缔约对方根据第六款作出了保留。

第二十四条　同意不同的解决方式

一、为使本章适用于其被涵盖税收协定，公约缔约方可选择适用第二款并相应通知公约保存人。第二款应仅在缔约管辖区双方已作出通知的情况下，适用于被涵盖税收协定缔约管辖区双方。

二、虽有第十九条（强制性有约束力的仲裁）第四款规定，如果缔约管辖区双方主管当局在收到仲裁裁决后的三个公历月内，同意以不同方式解决所有未决事项，则根据本章作出的仲裁裁决应不对被涵盖税收协定各缔约管辖区有约束力，且不应被执行。

三、选择适用第二款的公约缔约方可保留权利，使第二款仅适用于其第二十三条（仲裁程序的类型）第二款适用的被涵盖税收协定。

第二十五条　仲裁程序的费用

在按照本章进行的仲裁程序中，仲裁庭成员的费用和支出，以及缔约管辖区双方在仲裁过程中的相关成本，应通过缔约管辖区双方主管当局之间的相互协商达成协议，确定合适方式由缔约管辖区双方承担。在未能就此达成协议的情况下，缔约管辖区双方应承担其本身及其任命的仲裁员的费用。仲裁庭主席的成本和与仲裁程序相关的支出应由缔约管辖区双方分担。

第二十六条　兼容

一、根据第十八条（第六章的选择适用），本章规定应替代被涵盖税收协定中用来解决相互协商案件未决事项的仲裁规定而适用，或者在未有此类规定的情形下适用。选择适用本章的各公约缔约方应通知公约保存人，其各被涵盖税收协定中，除根据第四款规定的保留范围以外，是否包含此类规定，以及如果包含的话，每个此类规定的条款序号。如果缔约管辖区双方已就其被涵盖税收协定的条款作出通知，则该条款应由本章规定替代。

二、任何相互协商案件的未决事项，虽属本章规定的仲裁程序范围，但如果此前曾根据双边或多边公约中关于对相互协商案件未决事项进行强制性有约束力仲裁的规定，设立了仲裁庭或类似机构对其进行处理，则应不能再提交仲裁。

三、除第一款规定外，本章的任何规定应不影响缔约管辖区承担其已经或将要加入的其他公约或协定中规定的，通过仲裁解决相互协商案件未决事项的，更大范围的义务。

四、公约缔约方可保留权利，使本章不适用于其已包括通过强制性有约束力仲裁解决相互协商案件未决事项的规定的一个或多个列明的被涵盖税收协定（或所有被涵盖税收协定）。

第七章 最终条款

第二十七条 签署和批准、接受或核准

一、自2016年12月31日起，本公约应开放给以下各方签署：

（一）所有国家；

（二）根西岛（大不列颠及北爱尔兰联合王国）；马恩岛（大不列颠及北爱尔兰联合王国）；泽西岛（大不列颠及北爱尔兰联合王国）；以及

（三）基于公约缔约方和签署方的一致决定，被准予成为公约缔约方的任何其他管辖区。

二、本公约需经批准、接受或核准。

第二十八条 保留

一、受第二款制约，除以下条款明确允许外，不得对本公约作出任何保留：

（一）第三条（税收透明体）第五款；

（二）第四条（双重居民实体）第三款；

（三）第五条（消除双重征税方法的适用）第八款和第九款；

（四）第六条（被涵盖税收协定的目的）第四款；

（五）第七条（防止协定滥用）第十五款和第十六款；

（六）第八条（享受股息低档税率的条件）第三款；

（七）第九条（转让其价值主要来自于不动产的实体的股权或权益取得的财产收益）第六款；

（八）第十条（针对位于第三方管辖区的常设机构的反滥用规定）第五款；

（九）第十一条（税收协定对居民国征税权的限制）第三款；

（十）第十二条（通过佣金代理人和类似安排人为规避常设机构构成）第四款；

（十一）第十三条（通过特定活动豁免人为规避常设机构构成）第六款；

（十二）第十四条（合同拆分）第三款；

（十三）第十五条（与企业紧密关联的人的定义）第二款；

（十四）第十六条（相互协商程序）第五款；

（十五）第十七条（相应调整）第三款；

（十六）第十九条（强制性有约束力的仲裁）第十一款和第十二款；

（十七）第二十三条（仲裁程序的类型）第二款、第三款、第六款和第七款；

（十八）第二十四条（同意不同的解决方式）第三款；

（十九）第二十六条（兼容）第四款；

（二十）第三十五条（开始适用）第六款和第七款；以及

（二十一）第三十六条（第六章之开始适用）第二款。

二、（一）尽管有第一款，公约缔约方选择第十八条（第六章的选择适用）适用第六章（仲裁），则可根据第六章（仲裁）所规定的有资格适用仲裁的案件的范围作出一项或多项保留。在其根据本公约成为公约缔约方之后，根据第十八条（第六章的选择适用）而选择适用第六章（仲裁）的缔约管辖区一方，应在根据第十八条（第六章的选择适用）通知公约保存人的同时根据本项作出保留。

（二）就第（一）项作出的保留有待被接受。如果公约缔约方没有在以下时间点前（以较迟者为准）对该保留提出反对，即自保存人通知该保留的十二个公历月结束之日或者交存批准、接受或者核准文件之日起，则就第（一）项作出的保留应该被视为被公约缔约方接受。在其成为公约缔约方之后，根据第十八条（第六章的选择适用）而选择适用第六章（仲裁）的一方，可在其根据第十八条（第六章的选择适用）通知公约保存人的时候，对其他公约缔约方根据第（一）项作出的保留提出反对。如果公约缔约一方就第（一）项的保留提出反对，第六章（仲裁）整体不适用于反对的公约缔约方和作出保留的公约缔约方。

三、除非公约相关条款另有明确规定，根据第一款或第二款作出的保留应：

（一）对作出保留的公约缔约方与公约缔约另一方之间的关系而言，按照保留的范围修订本公约的相关规定；且

（二）对公约缔约另一方与作出保留的公约缔约方之间的关系而言，按照相同范围修订相关规定。

四、对于管辖区或领土缔结的，或由负责其国际关系的公约缔约方代表其缔结的被涵盖税收协定，如果该管辖区或领土并非第二十七条（签署和批准、接受或核准）第一款第（二）项或第（三）项下的公约缔约方，则适用于该被涵盖税收协定的保留应由该公约缔约方提出，且该保留可不同于该公约缔约方自身被涵盖税收协定作出的保留。

五、根据本条第二款、第六款和第九款的规定以及第二十九条（通知）第五款的规定，保留应在签署或交存批准书、接受书或核准书的同时作出。但是，在其根据本协议成为公约缔约方之后，根据第十八条（第六章的选择适用）而选择适用第六章（仲裁）的该一方，应在公约缔约方根据第十八条（第六章的选择适用）通知公约保存人的同时，根据本条第一款第（十六）项、第（十七）项、第（十八）项和第（十九）项作出保留。

六、如果保留在签署时作出，应在交存批准书、接受书或核准书时确认，除非根据本条第二款、第五款和第九款的规定以及第二十九条（通知）第五款的规定，包含保留的文档明确指定它被认为是具有确定性的。

七、如果保留未在签署时作出，应在签署时向公约保存人提供一份预期保留条款的暂定清单。

八、根据以下规定作出保留时，应同时提交相关规定中明确的在保留范围内的依据第二条第一款第（一）项第2目被通知的协定清单（以及，在除第（三）项、第（四）项和第（十四）项以外的条款中作出保留的，每个此类规定的条款序号）：

（一）第三条（税收透明体）第五款第（二）项、第（三）项、第（四）项、第（五）项和第（七）项；

（二）第四条（双重居民实体）第三款第（二）项、第（三）项和第（四）项；

（三）第五条（消除双重征税方法的适用）第八款和第九款；

（四）第六条（被涵盖税收协定的目的）第四款；

（五）第七条（防止协定滥用）第十五款第（二）项和第（三）项；

（六）第八条（享受股息低档税率的条件）第三款第（二）项第1目、第2目和第3目；

（七）第九条（转让其价值主要来自于不动产的实体的股权或权益取得的财产收益）第六款第（四）项、第（五）项和第（六）项；

（八）第十条（针对位于第三方管辖区的常设机构的反滥用规定）第五款第（二）项和第（三）项；

（九）第十一条（税收协定对居民国征税权的限制）第三款第（二）项；

（十）第十三条（通过特定活动豁免人为规避常设机构构成）第六款第（二）项；

（十一）第十四条（合同拆分）第三款第（二）项；

（十二）第十六条（相互协商程序）第五款第（二）项；

（十三）第十七条（相应调整）第三款第（一）项；

（十四）第二十三条（仲裁程序的类型）第六款；以及

（十五）第二十六条（兼容）第四款。

基于以上第（一）项至第（十五）项作出的保留应不适用于未包含在本款规定的清单内的被涵盖税收协定。

九、根据第一款或第二款作出保留的任何公约缔约方可随时通知公约保存人撤销其保留，或以更小范围的保留替代原保留并通知公约保存人。撤销或替代保留或导致作出追加通知的必要，在该种情况下，公约缔约方应根据第二十九条（通知）第六款作出追加通知。

根据第三十五条（开始适用）第七款，该撤销或替代应按如下规定适用：

（一）如果在公约保存人收到撤销或替代保留通知时，被涵盖税收协定的缔约国或管辖区已是公约缔约方：

1. 对于源泉扣缴税收相关规定的保留，适用于自公约保存人传达撤销或替代保留通知之日起满六个公历月后的次年1月1日或以后发生的应税事项；及

2. 对于所有其他规定的保留，适用于自公约保存人传达撤销或替代保留通知之日起满六个公历月后的次年1月1日或以后开始的纳税周期征收的税收；及

（二）如果在公约保存人收到撤销或替代保留通知后，被涵盖税收协定的缔约管辖区一方或多方才成为公约缔约方，该撤销或替代应自公约对这些缔约管辖区最后一个生效之日起适用。

第二十九条　通知

一、受本条第五款、第六款以及第三十五条（开始适用）第七款制约，与以下规定有关的通知应在签署时或交存批准书、接受书或核准书时作出：

（一）第二条（术语解释）第一款第（一）项第2目；

（二）第三条（税收透明体）第六款；

（三）第四条（双重居民实体）第四款；

（四）第五条（消除双重征税方法的适用）第十款；

（五）第六条（被涵盖税收协定的目的）第五款和第六款；

（六）第七条（防止协定滥用）第十七款；

（七）第八条（享受股息低档税率的条件）第四款；

（八）第九条（转让其主要价值来源于不动产的实体的股权或权益取得的财产收益）第七款和第八款；

（九）第十条（针对位于第三方管辖区的常设机构的反滥用规定）第六款；

（十）第十一条（税收协定对居民国征税权的限制）第四款；

（十一）第十二条（通过佣金代理人和类似安排人为规避常设机构构成）第五款和第六款；

（十二）第十三条（通过特定活动豁免人为规避常设机构构成）第七款和第八款；

（十三）第十四条（合同拆分）第四款；

（十四）第十六条（相互协商程序）第六款；

（十五）第十七条（相应调整）第四款；

（十六）第十八条（第六章的选择适用）；

（十七）第二十三条（仲裁程序的类型）第四款；

（十八）第二十四条（同意不同的解决方式）第一款；

（十九）第二十六条（兼容）第一款；以及

（二十）第三十五条（开始适用）第一款、第二款、第三款、第五款和第七款。

二、对于管辖区或领土缔结的，或由负责其国际关系的公约缔约方代表其缔结的被涵盖税收协定，如果该管辖区或领土并非第二十七条（签署和批准、接受或核准）第一款第（二）项或第（三）项下的公约缔约方，则适用于该被涵盖税收协定的通知应由该公约缔约方作出，且该通知可不同于该公约缔约方自身被涵盖税收协定作出的通知。

三、如果通知在签署时作出，应在交存批准书、接受书或核准书时确认，除非根据本条第五款和第六款以及第三十五条（开始适用）第七款的规定，包含通知的文档明确指定它被认为是具有确定性的。

四、如果通知未在签署时作出，应在签署时向公约保存人提供一份预期通知的暂定清单。

五、公约缔约方可随时通过向公约保存人发出通知的方式，根据第二条（术语解释）第一款第（一）项第2目的规定扩展其被涵盖税收协定的清单。公约缔约方应在通知中明确这些协定是否在公约缔约方根据第二十八条（保留）第八款作出的保留的范围内。如果追加的协定是首个在保留范围内的协定，公约缔约方也可根据第二十八条（通知）第八款作出新的保留。公约缔约方还应根据第一款第（二）项至第（十九）项可能的需求，作出追加通知以反映新纳入的被涵盖税收协定。此外，如果追加的税收协定是缔约方纳入的首个其负责国际关系的管辖区或领土缔结的，或该缔约方代表该管辖区或领土缔结的税收协定，则该公约缔约方应该就该管辖区或领土缔结的，或该缔约方代表该管辖区或领土缔结的税收协定作出任何保留（根据第二十八条（保留）第四款）或通知（根据本条第二款）。于追加的协定根据第二条（术语解释）第一款第 2 目成为被涵盖税收协定之日，第三十五条（开始适用）应规定修订对被涵盖的税收协定生效的日期。

六、公约缔约方可通过通知公约保存人的方式，根据第一款第（二）项至第（十九）项作出追加通知。该通知应按如下规定适用：

（一）如果在公约保存人收到追加通知时，被涵盖税收协定的缔约国或管辖区已是公约缔约方：

1. 对于源泉扣缴税收相关规定的通知，适用于自公约保存人传达追加通知之日起满六个公历月后的次年 1 月 1 日或以后发生的应税事项；及

2. 对于所有其他规定的通知，适用于自公约保存人传达追加通知之日起满六个公历月后的次年 1 月 1 日或以后开始的纳税周期征收的税收；以及

（二）如果在公约保存人收到追加通知后，被涵盖税收协定的缔约管辖区一方或多方才成为公约缔约方，该追加通知应自公约对这些缔约管辖区最后一个生效之日起适用。

第三十条　被涵盖税收协定后续修订

本公约的规定不影响被涵盖税收协定的缔约管辖区日后修订该协定。

第三十一条　公约缔约方会议

一、为了按公约规定所要求或认为合适的方式作出决定或执行任何职能，公约缔约方可召集公约缔约方会议。

二、公约缔约方会议应由公约保存人组织。

三、任何公约缔约方均可向公约保存人申请要求召集公约缔约方会议。公约保存人应就任何申请告知所有公约缔约方。随后，如果在公约保存人告知六个公历月内，超过三分之一的公约缔约方支持该申请，公约保存人应召集公约缔约方会议。

第三十二条　解释和执行

一、在解释或执行经本公约修订的被涵盖税收协定规定时，如果遇到任

何问题，应根据被涵盖税收协定中关于解决被涵盖税收协定的解释或适用问题的相互协商规定（这些条款可能会被公约修订）解决。

二、在解释或执行本公约时遇到的任何问题，可根据第三十一条（公约缔约方会议）第三款通过召集公约缔约方会议解决。

第三十三条　修订

一、任何公约缔约方都可通过向公约保存人提交修订案，提出对本公约的修订。

二、可根据第三十一条（公约缔约方会议）第三款召集公约缔约方会议对修订案进行审议。

第三十四条　生效

一、本公约应于交存第五份批准书、接受书或核准书之日起满三个公历月后的次月第一日生效。

二、对于在交存第五份批准书、接受书或核准书之后完成本公约的批准、接受或核准的签署方，公约应于签署方交存批准书、接受书或核准书之日起满三个公历月后的次月第一日生效。

第三十五条　开始适用

一、本公约的规定对被涵盖税收协定的各缔约管辖区的适用情况如下：

（一）对于支付给或归于非居民的款项源泉扣缴的税收，适用于自公约对被涵盖税收协定的最后一个缔约管辖区生效之日起的下一个公历年度的第一日起发生的应税事项；及

（二）对于缔约管辖区征收的所有其他税收，适用于自公约对被涵盖税收协定的最后一个缔约管辖区生效之日起满六个公历月（或者更短的期限，如果所有缔约管辖区通知保存人其希望适用较短期限）或以后开始的纳税周期征收的税收。

二、仅为适用第一款第（一）项和第五款第（一）项的目的，公约缔约一方可选择用“纳税周期”替代“公历年度”，并应通知保存人。

三、仅为适用第一款第（二）项和第五款第（二）项的目的，公约缔约一方可选择用“期限届满之日或以后的次年 1 月 1 日或以后开始的纳税周期”替代“期限届满之日或以后开始的纳税周期”，并应通知保存人。

四、虽有本条之前的规定，对于被涵盖税收协定，第十六条（相互协商程序）应对本公约在各缔约管辖区生效的当日或以后提交给被涵盖税收协定缔约管辖区主管当局的案件生效适用，除了那些被涵盖税收协定在被本公约

修改之前不符合提交资格的案件，不考虑案件涉及纳税期间的情况。

五、对于根据第二条（术语解释）第一款第（一）项第 2 目及第二十九条（通知）第五款规定新增的被涵盖税收协定，本公约条款应对公约缔约各方按如下规定适用：

（一）对于支付给或归于非居民的款项源泉扣缴的税收，适用于公约保存人传达新增被涵盖税收协定通知之日后的三十日或以后开始的下个公历年度的第一日或以后发生的应税事项；及

（二）对于缔约管辖区征收的所有其他税收，自公约保存人传达新增被涵盖税收协定通知之日起满九个公历月（或者更短的期限，如果所有缔约管辖区通知公约保存人其希望适用较短期限）或以后开始的纳税期间征收的税收。

六、公约缔约方可保留权利，使第四款不适用于其被涵盖税收协定。

七、（一）公约缔约方可保留权利将：

1. 第一款和第四款中提及的“公约对被涵盖税收协定的最后一个缔约管辖区生效之日”；及

2. 第五款中提及的“公约保存人传达新增被涵盖税收协定通知之日”；替换为“公约保存人收到作出第三十五条（开始适用）第七款所述保留的各缔约管辖区作出的最后一个说明其已完成特定被涵盖税收协定开始适用的内部程序的通知之日后三十日”；

3. 第二十八条（保留）第九款第（一）项提及的“公约保存人传达撤回或替换保留通知之日”；及

4. 第二十八条（保留）第九款第（二）项提及的“公约对这些缔约管辖区最后一个生效之日”；替换为“公约保存人收到作出第三十五条（开始适用）第七款所述保留的各缔约管辖区作出的最后一个说明其已完成对特定被涵盖税收协定作出的撤销或替代保留的内部程序通知之日后三十日”；

5. 第二十九条（通知）第六款第（一）项提及的“公约保存人传达追加通知之日”；及

6. 第二十九条（通知）第六款第（二）项提及的“公约对这些缔约管辖区最后一个生效之日”；替换为“在公约保存人收到作出第三十五条（开始适用）第七款所述保留的各缔约管辖区作出的最后一个说明其已完成就特定被涵盖税收协定作出追加通知的内部程序之日后三十日”；

7. 第三十六条（第六章之开始适用）第一款和第二款提及的“本公约对于被涵盖税收协定缔约管辖区各方中最后一个生效的日期”；替换为“在公约

保存人收到作出第三十五条（开始适用）第七款所述保留的各缔约管辖区作出最后一个说明其已完成特定被涵盖税收协定中涉及本公约相关条款的内部程序通知之日后三十日”；及

8. 第三十六条（第六章之开始适用）第三款提及的“公约保存人传达新增被涵盖税收协定通知之日起”；

9. 第三十六条（第六章之开始适用）第四款提及的“公约保存人传达撤销保留通知之日”、“公约保存人传达替换保留通知之日”和“公约保存人传达撤销反对保留通知之日”；及

10. 第三十六条（第六章之开始适用）第五款提及的“公约保存人传达追加通知之日”；替换为“在公约保存人收到作出第三十五条（开始适用）第七款所述保留的各缔约管辖区作出最后一个通知其已完成就特定被涵盖税收协定涉及第六章（仲裁）相关条款的内部程序之日后三十日”。

（二）根据第（一）项作出保留的公约缔约方应同时向保存人和其他缔约管辖区各方作出完成内部程序确认的通知。

（三）如果被涵盖税收协定缔约管辖区一方或多方就本款作出保留，本公约条款、保留的撤销或替换、对该被涵盖税收协定的追加通知，或第六章（仲裁）的开始适用的日期，应适用于被涵盖税收协定的所有缔约管辖区。

第三十六条　第六章之开始适用

一、虽有第二十八条（保留）第九款、第二十九条（通知）第六款和第三十五条（开始适用）第一款至第六款的规定，对于被涵盖税收协定的缔约管辖区双方，第六章（仲裁）规定的适用确定如下：

（一）对于提交给缔约管辖区一方主管当局的案件（根据第十九条（强制性有约束力的仲裁）第一款第（一）项所述），自本公约对于被涵盖税收协定缔约管辖区各方中最后一个生效的日期或以后开始适用；

（二）对于在本公约对被涵盖税收协定缔约管辖区生效的较晚日期前提交给缔约管辖区一方主管当局的案件，从缔约管辖区各方将其根据第十九条（强制性有约束力的仲裁）第十款达成协议之事通知公约保存人之日起开始适用，同时应考虑根据该协议确定的条件，该案被视为已经提交给缔约管辖区一方主管当局的日期（根据第十九条（强制性有约束力的仲裁）第一款第（一）项所述）。

二、公约缔约方可保留权利，使第六章（仲裁）在双方主管当局同意的情况下，适用于在本公约对于被涵盖税收协定缔约各方生效的较晚日期前提

交给缔约管辖区一方主管当局的案件。

三、对于根据第二条（术语解释）第一款第（一）项第 2 目及第二十九条（通知）第五款规定新增的被涵盖税收协定，本条第一款和第二款提及的“本公约对于被涵盖税收协定缔约管辖区各方中最后一个生效的日期”应被“公约保存人传达希望扩展被涵盖税收协定清单通知之日”替代。

四、对于第二十六条（兼容）第四款中根据第二十八条（保留）第九款作出的对保留的撤回或替代，或者为使第六章（仲裁）适用于被涵盖税收协定的缔约管辖区双方而对第二十八条（保留）第二款作出的反对保留的撤销，除所提及的“本公约对于被涵盖税收协定缔约管辖区各方中最后一个生效的日期”被“公约保存人传达撤销保留通知之日”、“公约保存人传达替代保留通知之日”或“公约保存人传达撤销反对保留通知之日”分别替代的情形外，应根据本条第一款第（一）项和第（二）项适用。

五、根据第二十九条（通知）第一款第（十六）项作出的追加通知，除本条第一款和第二款所提及的“本公约对于被涵盖税收协定缔约管辖区各方中最后一个生效的日期”应被“公约保存人传达追加通知之日”替代的情形外，应根据第一款第（一）项和第（二）项适用。

第三十七条　退约

一、公约缔约方可以通过通知公约保存人的方式随时退出本公约。

二、根据第一款提出的退约，应自公约保存人收到通知之日起开始执行。如果在缔约方退约开始执行前，公约已对被涵盖税收协定的所有缔约管辖区生效，则该被涵盖税收协定仍应按本公约修订。

第三十八条　与议定书的关系

一、本公约可由一个或多个议定书补充。

二、一国或管辖区只有成为本公约的缔约方，才可成为议定书的缔约方。

三、公约缔约方不受议定书的约束，除非该缔约方根据其规定成为议定书的缔约方。

第三十九条　公约保存人

一、经济合作与发展组织秘书长应作为本公约和从属于第三十八条（与议定书的关系）的任何议定书的公约保存人。

二、公约保存人应于下列情况发生之日起一个公历月内通知缔约方和签署方：

（一）根据第二十七条（签署和批准、接受或核准）进行的签署；

(二) 根据第二十七条（签署和批准、接受或核准）交存任何批准书、接受书或核准书；

(三) 根据第二十八条（保留）作出的对任何保留的提出、撤销或替换；

(四) 根据第二十九条（通知）作出的通知或追加的通知；

(五) 根据第三十三条（修订）提出的任何对本公约修订的提案；

(六) 根据第三十七条（退约）提出的任何退约；以及

(七) 与本公约有关的任何其他通信。

三、公约保存人应保存以下可供公众获取的清单：

(一) 被涵盖税收协定；

(二) 公约缔约方作出的保留；

(三) 公约缔约方作出的通知。

下列签署人，经正式授权，在本公约上签字，以昭信守。

本公约于 2016 年 11 月 24 日在巴黎订立，一式一份，用英语和法语写成，两种文本同等作准，该文本在经济合作与发展组织存档。

附录3 中国签订的避免双重征税协定（安排）

表1　　中国签订的避免双重征税协定一览表

序号 Serial No.	国家（地区） Jurisdiction	签署日期 Signed on	生效日期 Effective from	执行日期 Applicable since
1	日本 JAPAN	1983. 9. 6	1984. 6. 26	1985. 1. 1
2	美国 U. S. A.	1984. 4. 30	1986. 11. 21	1987. 1. 1
3	法国 FRANCE	1984. 5. 30	1985. 2. 21	1986. 1. 1
	法国 FRANCE	2013. 11. 26	2014. 12. 28	2015. 1. 1
4	英国 U. K.	1984. 7. 26	1984. 12. 23	1985. 1. 1
	英国 U. K.	2011. 6. 27	2013. 12. 13	中（China）：2014. 1. 1 英（UK）：所得税和财产收益税（Income Tax and Capital Gains Tax）：2014. 4. 6； 公司税（Corporation Tax）：2014. 4. 1
5	比利时 BELGIUM	1985. 4. 18	1987. 9. 11	1988. 1. 1
	比利时 BELGIUM	2009. 10. 7	2013. 12. 29	2014. 1. 1

续表

序号 Serial No.	国家（地区） Jurisdiction	签署日期 Signed on	生效日期 Effective from	执行日期 Applicable since
6	德国[①] GERMANY	1985. 6. 10	1986. 5. 14	1985. 1. 1/7. 1
	德国 GERMANY	2014. 3. 28	2016. 4. 6	2017. 1. 1
7	马来西亚 MALAYSIA	1985. 11. 23	1986. 9. 14	1987. 1. 1
8	挪威 NORWAY	1986. 2. 25	1986. 12. 21	1987. 1. 1
9	丹麦 DENMARK	1986. 3. 26	1986. 10. 22	1987. 1. 1
	丹麦 DENMARK	2012. 6. 16	2012. 12. 27	2013. 1. 1
10	新加坡 SINGAPORE	1986. 4. 18	1986. 12. 11	1987. 1. 1
	新加坡 SINGAPORE	2007. 7. 11	2007. 9. 18	2008. 1. 1
11	加拿大 CANADA	1986. 5. 12	1986. 12. 29	1987. 1. 1
12	芬兰 FINLAND	1986. 5. 12	1987. 12. 18	1988. 1. 1
	芬兰 FINLAND	2010. 5. 25	2010. 11. 25	2011. 1. 1
13	瑞典 SWEDEN	1986. 5. 16	1987. 1. 3	1987. 1. 1
14	新西兰 NEW ZEALAND	1986. 9. 16	1986. 12. 17	1987. 1. 1

① 中华人民共和国政府于 1985 年 6 月 10 日、1987 年 6 月 8 日先后与德意志联邦共和国、德意志民主共和国政府签订避免对所得和财产双重征税协定、避免对所得双重征税和防止偷漏税协定。1990 年 10 月 3 日，德意志联邦共和国与德意志民主共和国统一为德意志联邦共和国，中华人民共和国政府 1985 年 6 月 10 日与德意志联邦共和国政府签订的避免对所得和财产双重征税协定继续适用于中国和统一以后的德意志联邦共和国。

续表

序号 Serial No.	国家（地区） Jurisdiction	签署日期 Signed on	生效日期 Effective from	执行日期 Applicable since
15	泰国 THAILAND	1986. 10. 27	1986. 12. 29	1987. 1. 1
16	意大利 ITALY	1986. 10. 31	1989. 11. 14	1990. 1. 1
17	荷兰 THE NETHERLANDS	1987. 5. 13	1988. 3. 5	1989. 1. 1
	荷兰 THE NETHERLANDS	2013. 5. 31	2014. 8. 31	2015. 1. 1
18	捷克斯洛伐克 （适用于斯洛伐克）① CZECHOSLOVAKIA	1987. 6. 11	1987. 12. 23	1988. 1. 1
19	波兰 POLAND	1988. 6. 7	1989. 1. 7	1990. 1. 1
20	澳大利亚 AUSTRALIA	1988. 11. 17	1990. 12. 28	1991. 1. 1
21	南斯拉夫（适用于波斯尼亚和黑塞哥维那）② YUGOSLAVIA （BOSNIA AND HERZEGOVINA）	1988. 12. 2	1989. 12. 16	1990. 1. 1
22	保加利亚 BULGARIA	1989. 11. 6	1990. 5. 25	1991. 1. 1

① 中华人民共和国政府于1987年6月11日与捷克斯洛伐克社会主义共和国政府签订避免对所得双重征税和防止偷漏税协定。1990年，捷克斯洛伐克社会主义共和国先后改国名为捷克斯洛伐克联邦共和国、捷克和斯洛伐克联邦共和国，上述协定继续适用。1993年1月1日，捷克和斯洛伐克联邦共和国分解为捷克共和国和斯洛伐克共和国，上述协定继续适用于中国和上述两国。2009年8月28日，中华人民共和国政府与捷克共和国政府签订避免对所得双重征税和防止偷漏税协定，该协定适用于捷克共和国。

② 中华人民共和国政府于1988年12月2日与南斯拉夫社会主义联邦共和国议会联邦执行委员会（南斯拉夫政府）签订避免对所得和财产双重征税协定，后来南斯拉夫解体，据外交部告，该协定由解体后的各国继承，后来中国政府陆续与解体后的各国政府签订避免对所得和财产双重征税协定，仅有波斯尼亚和黑塞哥维那政府未单独签订，上述协定继续适用于中国和波斯尼亚和黑塞哥维那。

续表

序号 Serial No.	国家（地区） Jurisdiction	签署日期 Signed on	生效日期 Effective from	执行日期 Applicable since
23	巴基斯坦 PAKISTAN	1989. 11. 15	1989. 12. 27	1989. 1. 1/7. 1
24	科威特 KUWAIT	1989. 12. 25	1990. 7. 20	1989. 1. 1
25	瑞士 SWITZERLAND	1990. 7. 6	1991. 9. 27	1990. 1. 1
	瑞士 SWITZERLAND	2013. 9. 25	2014. 11. 15	2015. 1. 1
26	塞浦路斯 CYPRUS	1990. 10. 25	1991. 10. 5	1992. 1. 1
27	西班牙 SPAIN	1990. 11. 22	1992. 5. 20	1993. 1. 1
28	罗马尼亚 ROMANIA	1991. 1. 16	1992. 3. 5	1993. 1. 1
	罗马尼亚 ROMANIA	2016. 7. 4		
29	奥地利 AUSTRIA	1991. 4. 10	1992. 11. 1	1993. 1. 1
30	巴西 BRAZIL	1991. 8. 5	1993. 1. 6	1994. 1. 1
31	蒙古 MONGOLIA	1991. 8. 26	1992. 6. 23	1993. 1. 1
32	匈牙利 HUNGARY	1992. 6. 17	1994. 12. 31	1995. 1. 1
33	马耳他 MALTA	1993. 2. 2	1994. 3. 20	1995. 1. 1
	马耳他 MALTA	2010. 10. 18	2011. 8. 25	2012. 1. 1
34	阿联酋 UNITED ARAB EMIRATES	1993. 7. 1	1994. 7. 14	1995. 1. 1

续表

序号 Serial No.	国家（地区） Jurisdiction	签署日期 Signed on	生效日期 Effective from	执行日期 Applicable since
35	卢森堡 LUXEMBOURG	1994. 3. 12	1995. 7. 28	1996. 1. 1
36	韩国 KOREA	1994. 3. 28	1994. 9. 27	1995. 1. 1
37	俄罗斯 RUSSIA	1994. 5. 27	1997. 4. 10	1998. 1. 1
	俄罗斯 RUSSIA	2014. 10. 13	2016. 4. 9	2017. 1. 1
38	巴新 PAPUA NEW GUINEA	1994. 7. 14	1995. 8. 16	1996. 1. 1
39	印度 INDIA	1994. 7. 18	1994. 11. 19	1995. 1. 1
40	毛里求斯 MAURITIUS	1994. 8. 1	1995. 5. 4	1996. 1. 1
41	克罗地亚 CROATIA	1995. 1. 9	2001. 5. 18	2002. 1. 1
42	白俄罗斯 BELARUS	1995. 1. 17	1996. 10. 3	1997. 1. 1
43	斯洛文尼亚 SLOVENIA	1995. 2. 13	1995. 12. 27	1996. 1. 1
44	以色列 ISRAEL	1995. 4. 8	1995. 12. 22	1996. 1. 1
45	越南 VIET NAM	1995. 5. 17	1996. 10. 18	1997. 1. 1
46	土耳其 TURKEY	1995. 5. 23	1997. 1. 20	1998. 1. 1
47	乌克兰 UKRAINE	1995. 12. 4	1996. 10. 18	中（China）：1997. 1. 1 乌（Ukraine）：股息、利息、特许权使用费及个人所得税（Dividend，Interest，Royalties and Individual Income Tax）：1996. 12. 17； 企业所得税（Corporate Income Tax）：1997. 1. 1

续表

序号 Serial No.	国家（地区） Jurisdiction	签署日期 Signed on	生效日期 Effective from	执行日期 Applicable since
48	亚美尼亚 ARMENIA	1996. 5. 5	1996. 11. 28	1997. 1. 1
49	牙买加 JAMAICA	1996. 6. 3	1997. 3. 15	1998. 1. 1
50	冰岛 ICELAND	1996. 6. 3	1997. 2. 5	1998. 1. 1
51	立陶宛 LITHUANIA	1996. 6. 3	1996. 10. 18	1997. 1. 1
52	拉脱维亚 LATVIA	1996. 6. 7	1997. 1. 27	1998. 1. 1
53	乌兹别克斯坦 UZBEKISTAN	1996. 7. 3	1996. 7. 3	1997. 1. 1
54	孟加拉国 BANGLADESH	1996. 9. 12	1997. 4. 10	中（China）98. 1. 1 孟（Bangladesh）98. 7. 1
55	南斯拉夫联盟（适用于塞尔维亚和黑山）① YUGOSLAVIA（SERBIA AND MONTENEGRO）	1997. 3. 21	1998. 1. 1	1998. 1. 1
56	苏丹 SUDAN	1997. 5. 30	1999. 2. 9	2000. 1. 1
57	马其顿 MACEDONIA	1997. 6. 9	1997. 11. 29	1998. 1. 1
58	埃及 EGYPT	1997. 8. 13	1999. 3. 24	2000. 1. 1
59	葡萄牙 PORTUGAL	1998. 4. 21	2000. 6. 7	2001. 1. 1

① 中华人民共和国政府于1997年3月21日与南斯拉夫联盟共和国联盟政府（南斯拉夫联盟政府）签订避免对所得和财产双重征税协定。2003年2月4日，南斯拉夫联盟共和国改国名为塞尔维亚和黑山共和国，上述协定继续适用。2006年6月3日，塞尔维亚和黑山共和国分解为塞尔维亚共和国和黑山共和国，上述协定继续适用于中国和上述两国。

续表

序号 Serial No.	国家（地区） Jurisdiction	签署日期 Signed on	生效日期 Effective from	执行日期 Applicable since
60	爱沙尼亚 ESTONIA	1998. 5. 12	1999. 1. 8	2000. 1. 1
61	老挝 LAOS	1999. 1. 25	1999. 6. 22	2000. 1. 1
62	塞舌尔 SEYCHELLES	1999. 8. 26	1999. 12. 17	2000. 1. 1
63	菲律宾 THE PHILIPPINES	1999. 11. 18	2001. 3. 23	2002. 1. 1
64	爱尔兰 IRELAND	2000. 4. 19	2000. 12. 29	中（China）2001. 1. 1 爱（Ireland）2001. 4. 6
65	南非 SOUTH AFRICA	2000. 4. 25	2001. 1. 7	2002. 1. 1
66	巴巴多斯 BARBADOS	2000. 5. 15	2000. 10. 27	2001. 1. 1
67	摩尔多瓦 MOLDOVA	2000. 6. 7	2001. 5. 26	2002. 1. 1
68	卡塔尔国 KATAR	2001. 4. 2	2008. 10. 21	2009. 1. 1
69	古巴 CUBA	2001. 4. 13	2003. 10. 17	2004. 1. 1
70	委内瑞拉 VENEZUELA	2001. 4. 17	2004. 12. 23	2005. 1. 1
71	尼泊尔 NEPAL	2001. 5. 14	2010. 12. 31	2011. 1. 1
72	哈萨克斯坦 KAZAKHSTAN	2001. 9. 12	2003. 7. 27	2004. 1. 1
73	印度尼西亚 INDONESIA	2001. 11. 7	2003. 8. 25	2004. 1. 1
74	阿曼 OMAN	2002. 3. 25	2002. 7. 20	2003. 1. 1
75	尼日利亚 NIGERIA	2002. 4. 15	2009. 3. 21	2010. 1. 1

续表

序号 Serial No.	国家（地区） Jurisdiction	签署日期 Signed on	生效日期 Effective from	执行日期 Applicable since
76	突尼斯 TUNIS	2002. 4. 16	2003. 9. 23	2004. 1. 1
77	伊朗 IRAN	2002. 4. 20	2003. 8. 14	2004. 1. 1
78	巴林 BAHRAIN	2002. 5. 16	2002. 8. 8	2003. 1. 1
79	希腊 GREECE	2002. 6. 3	2005. 11. 1	2006. 1. 1
80	吉尔吉斯斯坦 KYRGYZSTAN	2002. 6. 24	2003. 3. 29	2004. 1. 1
81	摩洛哥 MOROCCO	2002. 8. 27	2006. 8. 16	2007. 1. 1
82	斯里兰卡 SRILANKA	2003. 8. 11	2005. 5. 22	2006. 1. 1
83	特立尼达和多巴哥 TRINIDAD AND TOBAGO	2003. 9. 18	2005. 5. 22	针对不同所得项目分别于 2005. 6. 1 和 2006. 1. 1 起执行
84	阿尔巴尼亚 ALBANIA	2004. 9. 13	2005. 7. 28	2006. 1. 1
85	文莱 BRUNEI	2004. 9. 21	2006. 12. 29	2007. 1. 1
86	阿塞拜疆 AZERBAIJAN	2005. 3. 17	2005. 8. 17	2006. 1. 1
87	格鲁吉亚 GEORGIA	2005. 6. 22	2005. 11. 10	2006. 1. 1
88	墨西哥 MEXICO	2005. 9. 12	2006. 3. 1	2007. 1. 1
89	沙特阿拉伯 SAUDI ARABIA	2006. 1. 23	2006. 9. 1	2007. 1. 1
90	阿尔及利亚 ALGERIA	2006. 11. 6	2007. 7. 27	2008. 1. 1
91	塔吉克斯坦 Tajikistan	2008. 8. 27	2009. 3. 28	2010. 1. 1

续表

序号 Serial No.	国家（地区） Jurisdiction	签署日期 Signed on	生效日期 Effective from	执行日期 Applicable since
92	埃塞俄比亚 ETHIOPIA	2009. 5. 14	2012. 12. 25	2013. 1. 1
93	土库曼斯坦 TURKMENISTAN	2009. 12. 13	2010. 5. 30	2011. 1. 1
94	捷克 CZECH	2009. 8. 28	2011. 5. 4	2012. 1. 1
95	赞比亚 ZAMBIA	2010. 7. 26	2011. 6. 30	2012. 1. 1
96	叙利亚 SYRIA	2010. 10. 31	2011. 9. 1	2012. 1. 1
97	乌干达 UGANDA	2012. 1. 11	（尚未生效）	
98	博茨瓦纳 BOTSWANA	2012. 4. 11	（尚未生效）	
99	厄瓜多尔 ECUADOR	2013. 1. 21	2014. 3. 6	2015. 1. 1
100	智利 CHILE	2015. 5. 25	2016. 8. 8	2017. 1. 1
101	津巴布韦 ZIMBABWE	2015. 12. 1	2016. 9. 29	2017. 1. 1
102	柬埔寨 CAMBODIA	2016. 10. 13	（尚未生效）	

表2　　　　内地与香港、澳门签订的避免双重征税安排

序号 Serial No.	地区 Region	签署日期 Signed on	生效日期 Effective from	执行日期 Applicable since
1	香港特别行政区 HKSAR	2006. 8. 21	2006. 12. 8	内地（Mainland）：2007. 1. 1 香港（HKSAR）：2007. 4. 1
2	澳门特别行政区 MCSAR	2003. 12. 27	2003. 12. 30	2004. 1. 1

表3　　　　大陆与台湾签订的避免双重征税协议

序号 Serial No.	地区 Region	签署日期 Signed on	生效日期 Effective from	执行日期 Applicable since
1	台湾 Taiwan	2015. 8. 25	（尚未生效）	

注：截至2016年11月，我国已对外正式签署102个避免双重征税协定，其中98个协定已生效，内地和香港、澳门两个特别行政区签署了税收安排，大陆与台湾签署了税收协议。

附录4 “走出去”企业国际税收案例

第一部分 “走出去”企业被中国税务机关调查的案例

案例1 滥用公司组织形式的税收风险

某集团的中国境内企业S公司独立承担生产、销售等一系列职能，销售收入完全归属于该集团。S公司在中国香港地区设立了贸易公司后，销售路径变为由该公司先销售至香港地区的贸易公司，再由香港地区的贸易公司向客户销售。利润由该公司与香港地区的贸易公司分享。香港地区的贸易公司从本地招聘两名行政人员，负责听从S公司的指令，处理相关订单与开票事宜。香港税务机关根据贸易公司的经营与贸易性质，判定其销售收入符合离岸收入资质，获得的利润免缴香港利得税。该公司未就香港贸易公司的所得在中国内地申报缴纳企业所得税。

根据《企业所得税法》，依照外国（地区）法律成立但实际管理机构在我国境内的企业，属于我国的居民企业，其所得需要缴纳企业所得税。在本案例中，香港地区的贸易公司完全受S公司的控制与管理，本身并不具备独立经营的条件，因此，其所得需要在中国内地缴纳企业所得税。

案例点评：

“走出去”企业只是在股权架构与收入认定上实现“走出去”，而实际的经营管理仍然在我国境内发生。税务机关依据“实质重于形式”原则，判断企业决策与管理行为在我国境内发生，并由此对境外子公司的税收居民身份做出认定，就可能使企业面临税务调查风险。企业应避免刻意筹划，对实际管理机构在境内的，应主动申请居民身份认定，避免事后调整的风险。

（摘自：霍志远，杨雷东. 我国“走出去”企业税收风险管控的思考［J］. 税务研究，2016（11）：68-70.）

案例2 受控外国企业税收风险

A公司是一家设立在中国内地某市的生产型企业，从事家具产品制造、销售。其在中国香港设立全资子公司B，主要从事国际贸易、信息咨询和投资业务；B公司在中国香港设立了全资子公司C公司，主要从事股权投资；C公司拥有中国境内三家从事实体经营的外商投资企业D、E、F公司各90%的股份；D、E、F公司的剩余10%的股权比例由A直接持有。

2011年，B公司与荷兰G公司签订了股权转让协议，将其持有的C公司100%的股权转让给该荷兰公司。扣除相关股权成本，B公司取得约3亿元的转让。由于C公司持有境内三家企业（即D、E、F公司）各90%的股份，因此这一交易实际是间接转让了境内三家企业的权益。2012年，B公司向税务机关提出居民企业身份申请，但未得到批准。对于应当归属于其母公司（A公司）的利润，B公司一直未作分配。

税务机关针对交易的境外架构，开展了进一步深入的反避税调查。首先，就B公司间接转让D/E/F公司股权事项征收预提所得税3000万元。此外，税务机关认定B公司符合《企业所得税法》下“受控外国企业”的条件，对应归属A公司的利润（3亿元）进行了特别纳税调整。归属于其母公司（A公司）的利润应当按照25%的税率全额缴纳企业所得税，股权转让所得缴纳的企业所得税不能进行抵免。

案例点评：

在本案件中，在低税负地区设立的中间控股公司B公司是否有“合理的商业目的”或“实质性经营活动”是税务机关最终认定B公司为“受控外国企业”的关键。对于中间控股公司而言，“实质性经营活动”的存在既是享受与投资目的地国之间的税收协定某类优惠的前提条件，也是避免落入CFC税制规制的有效保障。

（摘自：霍志远，杨雷东.我国“走出去”企业税收风险管控的思考[J].税务研究，2016（11）：68-70.）

案例3　向境外关联方支付特许权使用费税收风险

知名服装企业A在中国运营与销售多年。2014年末，A将自有品牌以20万元的价格转让给开曼群岛的全资子公司B，后者在当地完成注册。从2015年开始，B向A授权该品牌的使用，并约定A向B支付商标的特许权使用费（依照A销售收入的3%，2015年B向A收取商标使用费共计300万元）。2015年末，B未对A作股息分配。

中国税务机关认为，B尽管是品牌的法律所有者，但由于品牌的一切创造与经济贡献全部来源于A，同时，由于关联关系的存在，品牌转让费用明显低于品牌的实际价值，A就自身开发与维护的品牌向B支付大额的特许权使用费缺乏商业实质。因此，A公司的特许权使用费不得在企业所得税税前扣除。

案例点评：

该案例反映的是企业利用无形资产及劳务交易来加大税务机关对其交易实质的甄别难度，从而逃避纳税义务。和实物购销交易相比，我国的母公司与其境外子公司之间进行无形资产与劳务交易，在真实性、有效性、受益性等方面更难核实与甄别。《国家税务总局关于企业向境外关联方支付费用有关企业所得税问题的公告》（国家税务总局2015年第16号公告）特别针对这两项交易提出了更高的审核要求。企业向没有对价值创造做出贡献的无形资产境外法律所有人支付的特许权使用费，可能存在不能扣除的风险。

（摘自：霍志远，杨雷东.我国“走出去”企业税收风险管控的思考［J］.税务研究，2016（11）：68-70.）

案例4　无偿向境外输出无形资产，侵蚀境内企业利润

境内某高新技术企业A公司在境外投资设立生产性公司B，A公司向B公司转让专有技术使用权用于B公司产品生产，但是未按照独立交易原则收取特许权使用费。被调查后，最终B公司按照独立交易原则向境内母公司A支付特许权使用费，A公司相应申报补缴企业所得税及滞纳金。

案例点评：

中国“走出去”企业应对跨境关联交易和转让定价问题予以足够关注和重视，向境外输出无形资产时应收取无形资产使用费，体现境内企业收入和我国税收利益。

（摘自：中国税务报）

第二部分　“走出去”企业被东道国税务机关调查案例

案例1　“走出去”企业在东道国面临的转让定价风险

2004年，中国企业S公司在柬埔寨王国金边市投资建厂。自2004年度起，S公司在柬埔寨持续亏损，收入与成本呈“倒挂”现象。主管税务机关意识到这将成为S公司跨境投资最大的税收隐患，随时有可能被当地税务局列入反避税调查范围，对S公司进行了以下风险提醒：一是交易形式全关联，柬埔寨公司是由S公司100%投资控股的子公司，采购和销售均为集团内部关联交易；二是承担简单生产职能却长期亏损，有侵蚀当地税基，将利润转移至中国之嫌；三是关联交易不符合独立交易原则，柬埔寨子公司原材料采购成本加成率及产品售价均高于市场同类产品，不符合独立交易原则；四是利润率指标低于可比企业中位值，柬埔寨公司的利润率水平远低于可比企业中位值。

为了合理控制税收损失，S公司在主管税务机关的帮助下，实施了转让定价风险应对预案。预案具体内容包括：第一，合理运用公司所得税免征优惠减少税收损失。根据《柬埔寨王国投资法修正法实施细则》的规定，投资企业获利后，可免征3年公司所得税。根据投资行业的不同，投资企业还可以追加2年至5年的免税期。因此，即使企业经转让定价调整后获利，仍可享受3年至8年的所得税免征优惠。建议企业合理运用该项优惠政策，减少税收损失。第二，合理运用再投资优惠政策控制损益。柬埔寨政府对于符合政府鼓励的投资项目且取得的利润在柬境内进行再投资的企业，给予加速折旧税收优惠。根据《柬埔寨王国投资法》的规定，柬埔寨子公司自身具备的劳动密集型产业属于为当地创造就业机会的政府鼓励的重点投资领域。因此，若企业经当地税务机关经转让定价调整后，可以通过再投资方式享受此项优惠，合理控制损益。第三，合理享受经济特区税收优惠。根据《柬埔寨关于特别经济区设立和管理的第148号法令》的规定，在政府设置的经济特区内进行投资开发的企业，可享受免缴公司所得税的待遇，免税期限最长为9年。子公司正处于柬埔寨政府设置的经济特区内，建议企业一旦被实施转让定价调整，应立刻启动该项优惠政策，将税收损失降至最低。

案例点评：

面对BEPS行动计划成果逐步落地，各国对跨国集团转让定价行为加大了调查力度，中国“走出去”企业的盈利模式和税收筹划将面临一系列考验和挑战。针对这些挑战，企业一方面可通过重塑盈利模式来应对风险，比如增加子公司的经营功能和风险承担，给予子公司合理的经营回报率；另一方面，应了解东道国的税收优惠政策，合理利用税收优惠政策，实现利润最大化。

（摘自：浙江省永嘉县国税局. 境外投资转让定价案例［N］. 中国税务报，2016-07-08.）

案例2　境外承包工程国内供货部分被预扣所得税

X公司EPC（设计、采购、施工）工程是按照境内供货合同和境外服务合同两种形式谈签的，即在中国境内实施设计、采购、施工，然后到印度实施安装等服务项目，两个合同各自在中国和印度核算，按照各自国家的税法计算纳税。多年来，X公司在印度只是就印度境内合同纳税。

2013年，印度税务机关要求将境外合同和境内合同合并为EPC交钥匙工程，对收到的全部合同款按照10%的认定利润率征收42.23%的所得税，而印度境外的供货合同在中国国内已经申报纳税了。

根据印度政府对该公司四个在建项目境外合同下达的预扣证书，保守估计该公司还需额外承担3824万美元的税负。为此，X公司提请其所在省国税局报请中国国家税务总局，根据中印避免双重征税的税收协定机制给予解决，以维护中国企业在印度建设项目的合法权益。中国国家税务总局迅速启动与印度税务机关的多轮磋商行动，但由于国际税收纠纷固有的复杂性，目前磋商仍在继续。

案例点评：

“走出去”企业应该依据东道国政策的变化，对商业模式和合同条件重新安排或调整，在商业目标和转让定价安排角度之间重新审视，并做有效的布局。

第三部分 “走出去”企业适用税收协定或申请相互协商程序案例

案例1 “走出去”企业享受税收协定待遇

2009年，中国A公司与X国B公司签署了战略联盟协议及相互投资的股权认购协议，相互持有对方股份。截至2011年5月，B公司向A公司进行了4次分红。按照X国税法规定，对于其境内公司向境外公司分红要代扣代缴企业所得税，B公司向A公司分红时，由B公司代扣代缴税款，2009年12月31日以前税率为18%，之后为19%。B公司共代扣代缴税款2264万欧元，约合人民币2.1亿元。

2011年，中国税务机关在工作中发现，A公司在X国缴税很多。经过详细了解得知，该企业不知我国与X国已经签署了避免双重征税的税收协定，其从B公司的分红所得未享受按协定税率10%缴纳所得税的优惠待遇。对此，中国税务机关立即向该企业传递了相关政策信息，提醒该企业尽快申领《中国税收居民身份证明》，及时向X国税务当局申请享受协定待遇。

A公司持中国税务机关出具的《中国税收居民身份证明》，与X国税务当局进行了多次沟通，申请享受中国与X国的税收协定待遇，要求X国税务当局退还其从2009年度到2011年度多缴的税款1062万欧元，约合人民币9828万元。最终，A公司收到了上述多缴税款。

案例点评：

凡是中国居民到境外从事经营活动，如其所在国家与中国有税收协定，“走出去”企业应持《中国税收居民身份证明》向对方国家要求享受税收协定规定的相关待遇。由于税收协定仅适用于“缔约国一方或者同时为双方居民的人”，因此，要享受税收协定的待遇，“走出去”企业必须首先证明自己的中国税收居民身份。

根据《国家税务总局关于开具〈中国税收居民身份证明〉有关事项的公告》（国家税务总局公告2016年第40号）规定，企业或者个人（以下统称申请人）为享受中国政府对外签署的税收协定（含内地与香港、澳门，大陆与台湾签署的税收安排或者协议）、航空协定税收条款、海运协定税收条款、汽车运输协定税收条款、互免国际运输收入税收协议或者换函（以下统称税收协定）待遇，可以向税务机关申请开具《税收居民证明》。

申请人向主管其所得税的县国家税务局、地方税务局申请开具《税收居民证明》。中国居民企业的境内、外分支机构应当通过其总机构向总机构主管税务机关提出申请。合伙企业应当以其中国居民合伙人作为申请人，向中国居民合伙人主管税务机关提出申请。申请人申请开具《税收居民证明》应当提交申请表和相关资料，缔约对方税务主管当局对《税收居民证明》样式有特殊要求的，申请人应当提供书面说明以及《税收居民证明》样式，主管税务机关可以按照上述规定予以办理。

（摘自：深圳市国家税务局，深圳市地方税务局，德勤会计师事务所.税收面对面——“一带一路”沿线国家对外投资税务服务手册.2017.）

案例2　同一关联交易被交易双方主管税务部门调查的税收风险

中国外商独资企业X公司与日本关联企业Y公司因关联交易价格问题同时被中日双方税务部门调查，面临5300万元的重复征税。X公司和Y公司根据中日税收协定及时向两国税务部门提出国际磋商申请，经两国税务部门多次磋商，最终消除了重复征税。

案例点评：

在某些情况下，关联交易双方可能因同一关联交易而被双方主管税务部门进行转让定价调整。如该交易是跨国关联交易，会导致两国对同一所得的重复征税；如该交易是国内关联交易，在双方税负不同的情况下，也可能被一方税务部门调整。因此，集团总部应做好下列风险控制：

1. 关联交易定价应遵循独立交易原则，按照独立第三方在同等交易条件下所能同意的价格定价，充分体现功能风险与收益的配比。

2. 按规定准备同期资料，说明关联交易的定价符合独立交易原则。

3. 申请签订预约定价安排。根据风险的大小，可以选择申请签订单边、双边预约定价安排。

（摘自：深圳市国家税务局，深圳市地方税务局，德勤会计师事务所. 税收面对面——“一带一路”沿线国家对外投资税务服务手册. 2017.）

案例 3　“走出去”企业被东道国认定为常设机构

中国境内 A 公司是一家实力雄厚的民营科技企业，20 多年来已在世界范围内建立了 100 多个分支机构，并成为全球领先的电信供应商，但是 2009 年，一个税务问题却险些让该公司在 R 国的发展折戟沉沙。原来，为了避免被国外税务机关认定为常设机构，A 公司经过税收筹划，在 R 国采用了“由当地子公司签订服务合同，由总机构签订商品销售合同”的经营方式，以规避双重征税。但是 2009 年 2 月，R 国某基层税务分局却认定该中国公司在 R 国构成常设机构，要求其补缴增值税、所得税和滞纳金等共计 2000 多万美元。

A 公司虽然委托了国际知名中介机构积极抗辩，并诉至 R 国法院，但收效甚微。中国国内主管税务机关了解到 A 公司的处境后，对其境外税收争议焦点问题做了认真分析，建议 A 公司按照税收协定和《中国居民（国民）申请启动税务相互协商程序暂行办法》的相关规定，申请启动两国税务机关之间的相互磋商。

最终，经过两国税务机关多个回合的谈判，R 国税务局于 2009 年 11 月底复审裁决撤销原判罚，使 A 公司避免了近 2 亿元的损失。

案例 4　东道国税务当局不执行税收协定优惠税率

中国 W 公司 2010 年在哈萨克斯坦（以下简称哈国）投资注册了子公司，母公司以租赁的方式将设备交给子公司经营。哈国主管税务机关对 W 公司哈国子公司向境外支付的租金按照 20%的税率代扣代缴所得税。

按照中国与哈国的税收协定第十二条规定，对于中国在哈国投资取得的租金收入，应按特许权使用费执行 10%的税率。W 公司为此向哈国主管税务机关发起了退税申请，但哈国主管税务机关坚持执行国内法，驳回了 W 公司的退税申请。根据中哈税收协定规定的协商程序，W 企业填写《启动相互协商程序申请书》，经中国省国税局报国家税务总局，启动中国与哈国相互协商程序。经过多轮艰苦的谈判，哈国最终退回了多征的150万元税款。

案例5 东道国税务当局不给予税收协定中的“免税金融机构”免税待遇

某中国“走出去”企业在T国设立的子公司从中国一家政府全资拥有的某银行取得贷款并支付利息，贷款合同的包税规定使得相关利息的税收负担由某银行转嫁给了该“走出去”企业在T国的子公司。T国税务当局以该笔贷款不满足“由缔约国一方政府、地方当局或中央银行担保或保险”这一条件为由，拒绝按照两国税收协定对该笔利息给予免税待遇。

中国国家税务总局就此案致函T国税务主管当局，向其提起相互协商，说明对方所要求的“由缔约国一方政府、地方当局或中央银行担保或保险的贷款而支付的利息”，并非利息享受免税待遇的必要条件，而只是两个或有条件之一，另一个或有条件为“（利息）支付给缔约国另一方的政府、地方当局、中央银行或者任何完全由政府拥有的金融机构”。本案中，贷款的提供方某银行为“完全由政府拥有的金融机构”，且为两国税收协定议定书中列名的免税金融机构，符合免税条件。最终，T国税务主管当局与我国达成一致，同意向某银行支付的利息可在T国享受税收协定免税待遇。

案例6 东道国对常设机构征收分公司利润税

2010年，M国税务机关在对我国公司在M国设立的常设机构征收了2009年度企业所得税后，又对其税后利润征收了15%的分公司利润税，但我国与M国税收协定的股息条款并没有分公司利润税的规定。为此，我们向其税务主管当局提起了相互协商。经过多次沟通，对方最终认可我方意见，同意进行退税。

在中国签署的税收协定中，个别税收协定的股息条款有分公司利润税的规定，即像子公司向母公司分配股息时征收预提税一样，将常设机构的利润视同股息征税。但是，与中国签订的税收协定无此条款的国家不应对中国“走出去”企业在该国的常设机构征收分公司利润税。

案例7 东道国对常设机构利润归属不合理

中国“走出去”企业与I国某公司签订了一项关于电站的设计、采购和建造（EPC）总承包项目。为执行该项目，该“走出去”企业在I国设立了项目部，负责在岸供货及服务活动，并构成了其在I国的常设机构。I国的税务机关在计算常设机构的利润归属时，除纳入常设机构在岸供货及服务所得之外，还将离岸设备供货部分的价款也纳入其中。

对此，中国税务机关向 I 国税务主管当局提起相互协商。我方认为，离岸设备供货活动完全在中国完成，常设机构并未参与离岸设备相关供货活动，根据两国税收协定，该部分所得不应归属于常设机构，应仅在中国征税。目前，两国税务机关尚未就此案达成一致。

案例 8　东道国技术服务费条款适用不当

2010 年，中国某企业与 X 国的一家公司签订维修合同，在我国境内为该公司维修货船，X 国税务局将维修费认定为技术服务费，由该 X 国公司扣缴了所得税。中方认为，货船维修不属于税收协定技术服务费的范围，就此向 X 国提起相互协商。在相互协商会谈中，X 国税务局同意中方意见，并告知了其国内法的退税程序。

案例 9　东道国不执行国际运输协定

2014 年，国内某航空公司驻 K 国办事处接到当地税务局通知，称中国和 K 国签署的航空运输协定尚未得到 K 国议会批准，不具法律效力，因此中方运输企业不能按照该协定享受免税待遇。我航空公司被要求补交过去 4 年的税款和滞纳金 1000 多万美元。经了解，中国和 K 国的航空运输协定自签字之日起生效，十几年来中方一直执行该协定，K 国航空企业在中国一直享受免税待遇。

经中国国家税务总局与 K 国税务主管当局反复沟通，双方以签署执行协议的方式妥善解决了这个问题，维护了航空运输协定的效力，保护了中国航空公司的利益。此后中方又有一家航空公司在 K 国遇到同样问题，在向该国税务机关出示了上述协议后，该国税务机关放弃了征税要求。

“走出去”企业申请相互协商程序案例点评：

相互协商程序是税收协定中规定的缔约国之间相互协商税收问题所应遵循的规范化程序，是一种解决国际税务争议的国际法程序，是处理国际税务争端的有效途径之一。当“走出去”企业发现或认为缔约对方国家（地区）所采取措施已经或将会导致不符合税收协定规定的征税行为，可以根据《国家税务总局关于发布〈特别纳税调查调整及相互协商程序管理办法〉的公告》（国家税务总局公告 2017 年第 6 号）规定的程序，及时向税务部门反映并提出申请，由国家税务总局与缔约对方主管税务当局协商解决，通过政府间的正式接洽来解决税务争端和纠纷，维护自身的合法经济利益。

附录5 英文缩略语

英文缩略语表

ADR	Alternative Dispute Resolution	替代争端解决方法
AEOI	Automatic Exchange of Information	金融账户涉税信息自动交换
ATAF	African Tax Administration Forum	非洲税收征管论坛
ATDA	Anti Tax Avoidance Directive	反避税指令
BEPS	Base Erosion and Profit Shifting	税基侵蚀和利润转移
CbC	Country-by-Country Report	国别报告
CFC	Controlled Foreign Company	受控外国公司
CIAT	Inter-American Center of Tax Administration	美洲税收管理组织
CREDAF	Exchange and Research Centre for Leaders of Tax Administrations	税务部门负责人会晤与研究中心
CRS	Common Reporting Standard	统一报告标准
CRS MCAA	the CRS Multilateral Competent Authority Agreement	金融账户涉税信息自动交换多边主管当局间协议
EBITDA	Earnings Before Interest, Taxes, Depreciation and Amortization	息税折旧摊销前利润
ECAL	Environment and Climate Adaptation	环境和气候适应税
FACTA	Foreign Account Tax Compliance Act	海外账户税收合规法案
FDI	Foreign Direct Investment	外商直接投资
FTS	Federal Tax Service	俄罗斯联邦税务局
GAAR	General Anti-Avoidance Rule	一般反避税规则
G20	Group Twenty	二十国集团
GST	Goods & Services Tax	货物劳务税

IMF	International Monetary Fund	国际货币基金组织
IOTA	Inter-European Organization of Tax Administration	欧洲税收管理组织
IRS	Internal Revenue Service	美国国内收入局
JITSIC	Joint International Taskforce on shared Intelligence and Collaboration	国际联合信息分享与协作特别工作组
LOB	Limitation on Benefits Provision	利益限制条款
MAP	Mutual Agreement Procedure	相互协商程序
MOSF	Ministry of Strategy and Finance	韩国战略和财政部
MNE	Multinational Enterprise	跨国企业
OECD	Organization for Economic Co-operation and Development	经济合作与发展组织
OTIP	Offshore Tax Information Program	离岸税务线人计划
PE	Permanent Establishment	常设机构
PEM	Profit Enterprise Management	营利事业实际管理处所
PPT	Principal Purpose Test	主要目的测试
SGATAR	Study Group on Asian Tax Administration and Besearch	亚洲税收管理与研究组织
SPE	Surrogate Parent Entity	代理母体实体
TFEU	Treaty on the Functioning of the European Union	欧盟运作条约
UPE	Ultimate Parent Entity	最终母体实体
UN	United Nation	联合国
VAT	Value Added Tax	增值税
WB	World Bank	世界银行

参考文献

［1］德洛里斯·R. 赖特，哈里·A. 基兹，贾斯汀·路易斯，等. BEPS 行动计划 8 最终报告：经济学家的看法（上）［J］. 陈新，译. 国际税收，2016（8）.

［2］德洛里斯·R. 赖特，哈里·A. 基兹，贾斯汀·路易斯，等. BEPS 行动计划 8 最终报告：经济学家的看法（下）［J］. 陈新，译. 国际税收，2016（9）.

［3］《中国石油应对 BEPS 行动计划策略研究》课题组. 中国石油应对 BEPS 行动计划策略研究，2016.

［4］经济合作与发展组织. OECD/G20 税基侵蚀和利润转移（BEPS）项目 2015 年成果最终报告（Ⅰ-Ⅵ）［M］. 国家税务总局国际税务司，译. 北京：中国税务出版社，2016.

［5］Veronika Daurer and Richard Krever，“Choosing Between the UN and OECD Tax Policy Models：An African Case Study”，African Journal of nternational and Comparative Law，Vol. 22，2014.

［6］王开智. 走出去企业涉税风险与防范［J］. 国际税收，2012（1）.

［7］离岸架构风险警示与海外投资新路径［EB/OL］. 中国财经网. http：//finance. china. com/fin/hgyw/201402/24/7723494. html.

［8］孔丹阳，曹珊珊. 积极探索走出去企业税收风险管理模式［J］. 中国税务，2017（1）.

［9］刘五丰. 海外投资税务架构设计思路解析［J］. 中国经贸导刊，2015（22）.

［10］李炳军. 企业走出去与税收协定待遇——以中俄税收协定为例［J］. 国际税收，2016（7）.

［11］李娜. 中国税收协定政策与金砖国家税收合作［J］. 国际税收，2016

(11).

[12] 宋兴义. 进一步完善我国受控外国企业税制 [J]. 涉外税务，2011 (1).

[13] 张卫斌. 国际税收协定与国内税法关系探讨——以受控外国公司税制为视角 [J]. 西南政法大学学报，2009 (6).

[14] 张宇璨. “走出去” 企业面临的税收风险及应对方法 [J]. 财会学习，2017 (6).

[15] 张泽平. BEPS 行动计划对我国国内税收立法的影响及应对——以打击有害税收实践行动方案为视角 [J]. 国际税收，2015 (6).

[16] 陈躲. 企业走出去需要税务团队帮其规避风险 [J]. 中国石油石化，2015 (12).

[17] 庞淑芬，王文静，黄静涵. “一带一路” 下我国企业走出去的税收风险解析 [J]. 国际税收，2017 (1).

[18] 施正文，叶丽娜. 发展中国家税基侵蚀和利润转移问题研究 [J]. 中国法学，2015 (2).

[19] 高峰. BEPS 行动计划 14、第二阶段成果 7：让税收争议解决更有效 [J]. 国际税收，2015 (10).

[20] 龚辉文.《BEPS 多边公约》是一个怎样的公约？[N]. 中国税务报，2017-07-19.

[21] 韩霖，高阳. 国际视野下税收协定的最新发展与展望——专访国家税务总局国际税务司副司长蒙玉英 [J]. 国际税收，2017 (6)：8-12.

[22] 鲁文 · S. 阿维-约纳. 国际法视角下的跨国征税 [M]. 熊伟，译. 北京：法律出版社，2008.

[23] 廖体忠. 让经济增长的火炬照亮世界前程——G20 杭州峰会国际税收议题评述 [J]. 国际税收，2016 (10).

[24] 温彩霞，刘嘉怡，于嘉音，等. 积极参与国际税收改革——国家税务总局公布 G20 税基侵蚀和利润转移项目 2014 年成果 [J]. 中国税务，2014 (12).

[25] 颜洪立. 税基侵蚀和利润转移对我国税收的影响——以北京市朝阳区地方税务局为例 [J]. 税收征纳，2017 (1).

[26] 董立强. 浅析 BEPS 中的转让定价规则 [J]. 江苏商论，2016 (20).

[27] 廖体忠. BEPS 行动计划的影响及我国的应对 [J]. 国际税收，2014

(7).

[28] 何杨，张慧祎. BEPS行动计划对政府及企业的影响分析［J］. 国际税收，2016（12）.

[29] 高阳，贾兰霞. 深入解读《一般反避税管理办法（试行）》——访国家税务总局国际税务司副司长王晓悦［J］. 国际税收，2015（1）.

[30] 廖体忠. 2016年世界税收十件大事点评［J］. 国际税收，2017（2）.

[31] 吴青伦. BEPS下各国（地区）防止税收协定滥用的最新趋势［J］. 国际税收，2015（9）.

[32] 韩霖，高阳，王平. FTA：税务局长访谈录［J］. 国际税收，2016（6）.

[33] 张棚. 基于乌兹别克斯坦最新经济改革背景下的中资企业投资环境优势分析［J］. 时代金融，2017（9）.

[34] 肖太寿. 关于国际避税"适度治理"问题的探析［J］. 经济研究参考，2013（57）.

[35] 姜延迪. 国际反避税立法发展与困境的思考［J］. 税务与经济，2008（4）.

[36] 王磊. 政府与企业之间的税收博弈［J］. 现代经济信息，2013（9X）.

[37] 黄世相，杨捷. 国家经济利益因素与国际冲突的缘起及反思——以二战的起源为个案的探讨［J］. 江西师范大学学报（哲学社会科学版），2005，38（5）.

[38] 温彩霞，刘嘉怡，于嘉音，等. 国际税收合作迈上新台阶——BEPS项目最终成果公布［J］. 中国税务，2015（12）.

[39] 王玮. "走出去"企业税务管理探讨［J］. 时代金融，2015（33）.

[40] 王开智. "走出去"企业涉税风险与防范［J］. 国际税收，2012（1）.

[41] 张玉梅. 关于企业纳税筹划运用的思考［J］. 商品与质量：理论研究，2012（S4）.

[42] 李静. 略论现代企业如何运用税收筹划［J］. 中国棉花加工，2011（2）.

[43] 蔡伟年. 企业"走出去"应建立高效的税务策略［J］. 中国经济周刊，2014（2）.

［44］杨蓉，李明利. 人力资源管理转型折射的价值链思想［J］. 中国流通经济，2011，25（2）.

［45］阿基姆·普洛斯. 税收征管论坛不遗余力推进国际税改［J］. 国际税收，2016（5）.

［46］詹清荣.“一带一路”跨国投资经营战略的税务风险防控要点［J］. 国际税收，2015（6）.

［47］黄晓里. BEPS 行动计划 2、成果 2 消除混合错配安排的影响［J］. 国际税收，2014（10）.

［48］甄真. BEPS 方略下的国际税收新秩序及中国应对措施［J］. 全球化，2016（12）.

［49］高运根. 我国税收情报交换中存在的主要问题及建议［J］. 国际税收，2008（10）.

［50］佚名. 国际税收征管协作中的问题和对策［J］. 国际税收，2017（1）.

［51］蔡伟年. 企业“走出去”应建立高效的税务策略［J］. 中国经济周刊，2014（2）.

［52］陈益刊，缪琦. 国际反避税规则重大变局　中企“避税港注册”或事与愿违［N］. 第一财经日报，2015-10-13.

［53］龚辉文. 对 BEPS 行动计划及其成果的若干认识［N］. 中国财经报，2017-07-12.

［54］吴嘉源，安洁.“走出去”企业面临六大税务挑战［N］. 中国税务报，2016-03-04.

［55］谭舒. 国际反避税与 BEPS 行动计划［J］. 山西青年，2016（13）.

［56］陈奇志. G20 重点关注 6 种无形资产避税手段［N］. 中国税务报，2015-07-10.

［57］郝昭成. 百年重塑国际税收新体系［J］. 国际税收，2016（11）.

［58］刘馨颖. 日本消费税增税改革的几点启示［N］. 中国财经报，2016-10-25.

［59］刘馨颖. 亚洲主要国家税改最新动向［N］. 中国税务报，2016-05-12.

［60］易明翔，何振华. 落实 BEPS 计划：G20 国家在行动［N］. 中国税务报，2016-10-11.

［61］宋博奇. 沙特将开征增值税和特殊商品消费税［N］. 经济日报，

2017-06-06.

［62］国家工商总局国际合作司. 智利市场准入法律制度浅析［N］. 中国工商报，2017-09-05.

［63］柳阎. 西班牙《财税改革法》明年1月实施［N］. 法制日报，2014-12-16.

［64］叶益豪. BEPS逐步落地，“走出去”企业需重塑盈利模式［N］. 中国税务报，2016-01-29.

［65］王金水. 发展新常态下企业“走出去”风险防控［J］. 上海市经济管理干部学院学报，2016（6）.

［66］孙楠.“走出去”企业须关注全球税制变化［N］. 国际商报，2016-06-20.

［67］崔文苑. 企业“走出去”做足“税功课”［N］. 经济日报，2015-04-10.

［68］倪勇军. 中国企业走出去须关注当地税务环境［N］. 中国经营报，2014-12-29.

［69］李高超. 跨国企业须重视税收合规风险［N］. 国际商报，2016-04-05.

［70］李传翠. 转让定价：需更注重交易实质［N］. 中国税务报，2015-11-13.

［71］杨后鲁.《公约》来临：应对需要更广阔的视野［N］. 中国税务报，2016-03-11.

［72］邓睿. 有税收饶让，投资国减免税才能“落袋”［N］. 中国税务报，2015-12-04.

［73］张剀. 增加税收饶让助企业“走出去”［N］. 中国税务报，2016-04-15.

［74］OECD/G20税基侵蚀和利润转移（BEPS）项目常见问题解答［EB/OL］. http：//blog. sina. com.

［75］国际税改取得重大成果，中国签署《BEPS多边公约》［EB/OL］. http：//www. ccstock. com.

［76］中国政府签署《BEPS多边公约》［EB/OL］. http：//news. eastday. com.

［77］英国宣布下调公司所得税至17%［EB/OL］.（2016-03-21）. http：//www. caam. org.

[78] 加拿大联邦严查海外资产，税局追到中国查逃税［EB/OL］. http：//blog. sina. com.

[79] 齐洪涛. BEPS 下各国防止税收协定滥用的最新趋势［EB/OL］. http：//blog. sina. com.

[80] 肯尼亚颁布《税收程序法案 2015》［EB/OL］.（2016-03-15）. http：//www. caam. org.

[81] 王军出席金砖国家税务局长第四次会议［EB/OL］. http：//news. sina. com.

[82] 德勤案例：“走出去”中国企业需关注的七大重点领域［EB/OL］.（2017-1-5）. http：www. 360doc. co.

[83] 刘天永. 税务筹划的三个境界，你在哪一层［EB/OL］. http：//blog. sina. com.

[84] 盈科所税务律师服务内容介绍［EB/OL］. http：//www. 66law. cn/.

[85] 税收协定谈签提速护航“一带一路”［EB/OL］. http：//www. jjckb. cn.

[86] 范苏蓉. BEPS 行动计划在扬州国税转让定价管理中的应用研究［D］. 扬州：扬州大学，2017.